Sozialwissenschaftliches Forum Band 5

Herausgegeben von der Sozialwissenschaftlichen Forschungsgesellschaft Stuttgart e.V. durch Stefan Leber

Eigentum

Die Frage nach der Sozialbindung des Eigentums an Boden und Unternehmen

Mit Beiträgen von Christian Czesla,
Roland Geitmann, Heinz Genswein,
Helmut Hagenauer, Benediktus Hardorp,
Jobst von Heynitz, Axel Janitzki, Karl Kossmann,
Stefan Leber, Albrecht Quecke, Albert Schmelzer,
Dietrich Spitta und Christoph Strawe

Verlag Freies Geistesleben

ISBN 3-7725-1535-5

1. Auflage 2000
Verlag Freies Geistesleben
Landhausstraße 82, 70190 Stuttgart
Internet: www.geistesleben.com

Druck: WB Druck, Rieden am Forggensee

Inhalt

Vorwort und Einleitung

Die Idee der Dreigliederung des sozialen Organismus gibt in den Wirrnissen der Zeit gesellschaftspolitische Anregungen zur Gesundung der sozialen Verhältnisse. Die Reihe *Sozialwissenschaftliches Forum* hat bisher unterschiedliche Beiträge zu den Themengebieten aus der Dreigliederung heraus zur Diskussion gestellt:

1. Das soziale Hauptgesetz
2. Die wirtschaftlichen Assoziationen
3. Wesen und Funktion des Geldes
4. Der Staat

Im vorliegenden Band wird nun das gewichtige Thema des *Eigentums* erörtert. Es handelt sich beim Eigentum um eine ehrwürdige soziale Institution, die über die Existenz der Menschen entscheidet, denn es gibt Eigentümer und Eigentumslose. Dadurch ist das Eigentum ein entscheidender Grund für die Spaltung der Gesellschaft in zwei Lager: in solche, die darüber gebieten, und solche, denen es fehlt.

Doch es wäre ein Irrtum zu glauben, daß die Aufhebung der Eigentumsordnung zu einer Besserung führte. Wie der Zusammenbruch des Staatssozialismus zeigt, ist die Verstaatlichung des Eigentums keineswegs der Königsweg zum sozialen Heil. Die Verhältnisse liegen offenkundig komplizierter.

Eigentum ist zuallererst eine Frage der Rechtsordnung. Und nach geltendem Recht heißt Eigentum das absolute dingliche Recht, über eine Sache in den von der Rechtsordnung gezogenen Grenzen frei, also nach Belieben, zu bestimmen und zu verfügen. Andere sind demnach naturgemäß vom Eigentum ausgeschlossen. Das Eigentum erstreckt sich nur auf Einzelsachen, nicht auf Sachgesamtheiten (z.B. Warenlager) oder Sachbestandteile. Davon ist freilich das Wohnungseigentum ebenso wie unwesentliche Bestandteile des Eigentums ausgenommen. Das Eigentum gewährt eine umfassende Herrschaftsmacht (das *dominium* des römischen Rechts). Es berechtigt den

Eigentümer zum Besitz und zu tatsächlichen Einwirkungen auf die Sache sowie zur rechtsgeschäftlichen Verfügung über sein Recht (positive oder innere Wirkung des Eigentums). Kraft des Eigentums ist anderen die unerlaubte Einwirkung auf Sache und Recht verboten (negative oder äußere Wirkung des Eigentums). Bei Verletzung von Sache oder Recht durch einen anderen oder die öffentliche Gewalt sind Abwehr- und Ausgleichsrechte gegeben (Eigentumsschutz). Vom *Besitz* unterscheidet es sich dadurch, daß es eine rechtliche und nicht bloß eine tatsächliche Sachherrschaft ermöglicht.

Das Eigentum hat unterschiedliche Betrachtungen gefunden. So sieht das biblische Verständnis «die ganze Erde» – als Gottes Schöpfung – zugleich als Gottes Eigentum, das zum rechten Gebrauch verpflichtet. Der Mensch ist nur lehensweise Nutzer. Demnach hat das Privateigentum am Boden und an den Naturschätzen als Gottesbeziehung eine moralisch zu verantwortende Dimension, die heute erst mühsam wieder der Einsicht zugänglich gemacht werden muß.

Wir wissen, daß sich bei Jäger- und Sammlervölkern ein gemeinsames Nutzungseigentum gegenüber der genutzten Natur findet; zugleich gab es schon früh nachweisbar den Brauch individueller Grabbeigaben, der bereits aus der Altsteinzeit, auch schon seit der Periode des Neandertalers, bekannt ist. Bei solchen Völkern gibt es Formen von Gemein- und Privateigentum. Sie streifen nicht ziellos umher, sondern haben feste, z.B. durch Landmarken und Wasserläufe begrenzte Territorien, die ihnen günstige Wasser- oder Wildverhältnisse garantieren. Die Einhaltung der gezogenen Grenzlinien ist für sie oft lebensnotwendig. Im Konfliktfall werden die Grenzen deshalb von der Lokal- bzw. Territorialgruppe gemeinsam verteidigt. Allen anerkannten Mitgliedern der Lokalgruppe steht die Nutzung des Territoriums zu. Neben den für alle geltenden Nutzungsrechten wird als Privateigentum alles das anerkannt, was der einzelne selbst herstellt: Waffen, Geräte, Kleidung oder Schmuck. Privateigentum gründet sich allein auf die individuelle Arbeitsleistung; nur der Eigentümer darf darüber auch verfügen. Ebenso wird geistiges Eigentum beansprucht und respektiert. Daneben gibt es bei den Jäger- und Sammlervölkern auch ein Privateigentum kraft Erstentdekkung, so etwa Bäume mit Bienenvölkern oder Löcher für die Eislochfischerei u.a. Der Erstanspruch wird durch öffentliche Erklärung oder durch Anbringung von Eigentumsmarken angemeldet und von anderen auch respektiert.

Im abendländischen Recht gibt es zwei Rechtslinien unterschiedlicher Art:

1. Eine germanische Tradition, nach der vor allem das Eigentum am Boden gemeinschaftsrechtlich überformt war. Die Rechtsgenossen hatten gleichen Anteil an der Nutzung der landwirtschaftlichen Flächen, ebenso der Forsten. Die Nutzung wurde in einem rollierenden Verfahren jährlich neu festgelegt oder durch Los entschieden. Selbst als sich durch den Feudalismus private Eigentumsformen ausgebildet hatten, bestanden daneben genossenschaftliche Formen fort, etwa die Allmende. Im germanisch-deutschen Recht ist das Eigentum gegenüber den Formen begrenzter Sachherrschaft nicht privilegiert, es gibt z.B. keine besondere Klage aus dem Eigentum.
2. Das klassisch-römische Recht, durch welches das Eigentum zum Angelpunkt des Sachenrechts ausgestaltet wurde. Diese Rechtsform wurde allmählich in den traditionell germanisch-genossenschaftlichen Gebieten rezipiert. Doch es dauerte lange, bis mit der Rezeption des römischen Rechts dessen Eigentumsbegriff auch in Deutschland bekannt wurde und Einfluß auf die Wissenschaft zu gewinnen vermochte. Freilich vollzog sich der Umsetzungsprozeß in der Gesetzgebung und Rechtsprechung nur langsam, der Eigentumsbegriff wurde nur zögernd angenommen: die vielfachen überkommenen Sozialbindungen des Eigentums blieben bis zum 19. Jahrhundert erhalten, unterstützt durch Gesetzgebungen wie das Preussische Allgemeine Landrecht (1794).

Eine Eigentumsordnung, die der des römischen Rechts ähnelt, hat erst der Liberalismus des 19. Jahrhunderts verwirklicht (Bauernbefreiung) und damit dann die Regelung des BGB von 1900 bestimmt. Gegenläufige Tendenzen machen sich seit der Weimarer Reichsverfassung von 1919 (Art. 153 f.) unter sozialistischem Einfluß zunehmend bemerkbar.

Es wurde im Laufe der Entwicklung immer deutlicher, daß das Eigentum niemals unabhängig von der Sozialbindung gedacht werden kann. Im vorwiegend sozialphilosophisch, theologisch und politisch bestimmten Streit über die Natur des Eigentums, ob nämlich von einem «angeborenen Menschenrecht» oder einem «Recht, fremde unbezahlte Arbeit oder ihre Produkte sich anzueignen» auszugehen sei, und die daraus resultierende Rechtfertigung und Begründung der sozialen Funktionen nimmt das heute geltende Recht nunmehr einen vermittelnden Standpunkt ein. Es anerkennt im Grundgesetz (Art. 14) das Eigentum (neben der persönlichen Handlungsfreiheit) als Freiheitsrecht (Eigentumsgarantie), erklärt es aber – in Abkehr von einem liberal-individualistischen absoluten Eigentumsbegriff – «dem Wohl der Allgemeinheit» für verpflichtet (sog. Sozialpflichtigkeitsgarantie).

Die verfassungsrechtliche Sozialpflichtigkeit des Eigentums wirkt sich unmittelbar auf den Inhalt eines jeden Eigentumsrechts aus; sie findet ihre Konkretisierung auch in zahlreichen Gesetzen, die «Inhalt und Schranken» des Eigentums bestimmen. Demzufolge kann das Eigentum heute nicht mehr – wie noch zur Zeit der Verkündung des BGB – als unumschränktes Herrschaftsrecht aufgefaßt werden. Es ist vielmehr ein sozialgebundenes Recht, das sowohl privatrechtlich als auch öffentlich-rechtlich Einschränkungen (Eigentumsbeschränkung) unterliegt. Im öffentlichen Interesse kann in Einzelfällen auch über die allgemeine Sozialbindung hinaus in das Eigentum eingegriffen oder Eigentum gänzlich entzogen werden.

Welche Eigentumsformen sind möglich, so daß zwischen der notwendigen Ausgrenzung von anderen bei der Nutzung, die durch das Eigentum geschieht, und der notwendigen Sozialbindung eine sinnvolle und sozial gesunde Gleichgewichtslage entsteht? Dazu hat Rudolf Steiner fundamentale und richtungsweisende Gedanken vorgebracht, die einen großen Spielraum der konkreten Ausgestaltung zulassen. Davon zeugen die nachfolgenden Beiträge im Hinblick auf das Bodenrecht.

Dann gibt es aber ein weiteres Problem: Obgleich es sich um dieselbe Materie handelt, bildet das Eigentum an Produktionsmitteln einen qualitativ anderen Tatbestand als der an Grund und Boden. War vom Ursprung her das Eigentum an Produktionsmitteln dem Persönlichen näher stehend als das am Boden, weil es sich vornehmlich der Fähigkeit, Anstrengung und Leistung des einzelnen zu verdanken scheint, während das andere eher als Werk Gottes und dessen Geschenk anzusehen ist, verbindet beide, daß sie geeignet sind, andere durch Machtspruch davon auszuschließen. Zwar waren Sachgüter wohl immer unterschiedlich verteilt, aber in einem genossenschaftlichen Rahmen hielten sich die Unterschiede in Grenzen. Erst im mittelalterlichen Feudalismus entsteht auf heutigem deutschen Territorium ein stärkeres Gefälle durch die unterschiedliche Ausstattung der Vasallen mit Ländereien. Die politische Macht beginnt sich allmählich auch in Bauten zu repräsentieren, wodurch Sacheigentum augenscheinlich hervortritt. Das ändert sich allmählich durch die Heraufkunft der gewerblichen und zünftigen Wirtschaft: Sacheigentum kann sich weitgehend unabhängig vom Bodeneigentum ausbilden. Allerdings entstehen erst beim Übergang von der Zunftordnung zur unzünftigen und damit arbeitsteiligen Wirtschaft Eigentumszusammenballungen, wie man sie vorher nur beim Boden kannte: Gewaltige Vermögensmassen können von denjenigen angeeignet und angehäuft werden, die als Geldgeber die Mittel für die Produktion zur Verfügung stellen. Dabei ist keineswegs nötig, daß sie selbst ihre Fähigkeit einsetzen.

Da sie als Eigentümer das Risiko tragen, steht ihnen der Verlust und der Gewinn zu. Da es sich *per saldo* häufig um Gewinn handelt, wächst ihr Eigentum und mit dem Eigentum die Macht. Der Widerspruch tut sich dort auf, wo die wirklich Tätigen vom Gewinn und vom Wachstum eines Unternehmens ausgeschlossen bleiben und der Profit allein dem Eigentümer zukommt. In diesem Fall entstehen soziale Spannungen. Dies war der Ansatz für sozialistische Überlegungen zur Vergesellschaftung des Eigentums an Produktionsmitteln.

Auch zum Eigentum an Produktionsmitteln hat Steiner eine funktionale Ideengestalt entworfen, die als Eigentum auf Zeit charakterisiert werden kann. Auch davon handeln im nachfolgenden mehrere Beiträge.

Bei der Vorbereitung zu diesem Band traf sich der größere Teil der Autoren zu einem vielstündigen Kolloquium, um sich im Anliegen und den gegensätzlichen Positionen abzustimmen. Freilich: Nicht alle konnten ihre Zusagen in Form von Beiträgen einlösen, so sind die volkswirtschaftlichen und soziologischen Beiträge unter-, die juristischen überrepräsentiert, was offenkundig der Sache entspricht.*

Wir gliedern die Beiträge in drei Teile:

Der *erste* kreist um das Bodenrecht und vergegenwärtigt einerseits die heutige Rechtslage, dann aber auch die Möglichkeiten, die offenstehen, wenn man das Ziel kennt, das es anzustreben gilt.

Der *zweite* entfaltet die Problematik des Eigentums an Produktionsmitteln und berührt Versuche, den Umgang damit durch Neugestaltung auf andere Wege zu bringen.

Der *dritte* bringt einerseits grundlegende Betrachtungen über die Gebärden des Kapitals, andererseits konkrete Beschreibungen neuer Unternehmensformen und gibt eine Aufstellung der Rechtsformen von Unternehmen, die heute bereitstehen. Und die Besprechung einer Dissertation rundet den Band ab.

Manche meinen, es müßten die Beiträge so weit harmonieren, daß ein eindeutiges Bild entstehe, erst dann sei die Wahrheitssphäre erreicht. Dieser Meinung huldigt der Herausgeber nicht, er sieht gerade auch in Widersprüchen etwas Anregend-Belebendes, das zum Selbstdenken anregt, und genau darum war es Steiner im Sozialprozeß zu tun.

Stefan Leber

* Wir verweisen in diesem Zusammenhang auch auf den Beitrag von Dietrich Wasser, Bodenordnung im Zeichen der Bewusstseinsseele oder: Sind Grund und Boden unverkäuflich?, in: Lorenzo Ravagli (Hrsg.), *Jahrbuch für anthroposophische Kritik 1999,* München 1999.

I. Neugestaltung des Bodenrechts

Axel Janitzki

Eigentum und Soziale Dreigliederung

> «Die Grundprinzipien der Demokratie divergieren: Freiheit und Gleichheit. Sie widersprechen einander und können nie zu idealer Vereinigung gelangen, denn Gleichheit trägt in sich die Tyrannei und Freiheit die anarchische Auflösung. Die Aufgabe der Menschheit ist heute, ein neues Gleichgewicht zwischen ihnen zu finden, sie eine neue Verbindung eingehen zu lassen, in der sich freilich nicht die Tatsache wird verleugnen können, daß Gerechtigkeit die herrschende Idee der Epoche, ihre Verwirklichung, soweit sie in Menschenkräften steht, eine Angelegenheit des Weltgewissens geworden ist. Die bürgerliche Revolution muß sich ins Ökonomische fortentwickeln, die liberale Demokratie zur sozialen werden.»
>
> *Thomas Mann*[1]

Ausgangslage

«Einhunderttausend deutsche Juristen beschäftigen sich Tag für Tag mit dem Recht. Ebenso viele Studenten studieren an unseren Universitäten. Über Gerechtigkeit lernen sie nichts.»[2] Diese Aussage von Uwe Wesel – wie auch seine Äußerung, die große Maschine der Justiz funktioniere ohne Reflexion über die Thematik der Gerechtigkeit[3] – mag überzogen sein, sie trifft aber im Kern zu.

Sie trifft insbesondere auf die Eigentumsproblematik zu. Für die «Maschine Justiz» in erster Linie ein schwierig zu bewältigendes technisches Problem. Und in den Augen von Jurastudenten ist Eigentum «ein technischer Begriff, für den es technische Regeln gibt, an unauffälliger Stelle im Bürgerlichen Gesetzbuch».[4] Da mag dann beispielsweise gerätselt werden, ob im («gefürchteten») Eigentümer-Besitzer-Verhältnis (EBV) ein Verwendungsersatzanspruch besteht, obwohl der Eigentümer von der Verwendung nichts wußte (noch komplizierter wird es, wenn Dritte Ansprüche geltend machen), ob ein rechtspolitisches Bedürfnis auch für einen gutgläubigen Zweiterwerb von Vormerkungen besteht (sind Ansprüche auf Bestellung von Grundstücksrechten «zirkulationsfähig»?) oder ob Bereicherungsansprüche bei unrichtigen Rangeintragungen im Grundbuch bestehen.

Die im Sachenrecht – nach höchstrichterlichen Entscheidungen – angebotenen Fallösungen sind abstrakter und komplizierter als in anderen Rechtsgebieten und setzen neben einer Fülle von Detailwissen auch die Akzeptanz bereits getroffener, rechtspolitischer Entscheidungen voraus, z.B. die Entscheidung für das sogenannte Abstraktionsprinzip. («Es sieht ganz einfach aus, ist aber die komplizierteste Regelung, die es auf der Welt gibt. Unser berühmtes Abstraktionsprinzip. Man muß es kennen, um zu wissen, was deutsche Rechtswissenschaft leisten kann.»[5])

Das Abstraktionsprinzip bedeutet, daß Eigentum auch ohne Rechtsgrund (causa) erworben werden kann, mit der Folge, daß eine Übereignung wirksam ist, auch wenn das zugrundeliegende Rechtsgeschäft unwirksam ist und somit dingliche und schuldrechtliche Rechtsposition nicht übereinstimmen. Daran – ohne daß dies hier näher erörtert werden könnte – schließt sich manche «juristische Akrobatik»[6] an, die zur Ausbildung juristischen Denkens führen kann, die Ausbildung der Methode (Technik) allerdings auch allzuleicht zum Selbstzweck werden läßt.

Die Technisierung juristischen Denkens ist somit ein wesentlicher Grund für die fehlende inhaltliche Auseinandersetzung mit der Eigentumsproblematik.

Ein anderer Grund ist, daß eine solche Auseinandersetzung nicht wirklich gewollt ist; die Eigentumsfrage scheint letztlich abgeklärt zu sein. Sie hat zwar weitgehende Bedeutung («weil eben Privatrecht letztlich das Recht des privaten Eigentums ist»[7] und weil das Privatrecht im geltenden Recht eine zentrale Stellung hat), wird aber nicht problematisiert, weil einerseits in Anwendung des § 903 BGB[8] das Eigentumsrecht als allgemeingültiges Recht (Naturrecht) aufgefaßt wird, das als solches einer weiteren Differenzierung nicht bedarf, und andererseits auch eingewendet wird, § 903 BGB[8] sei in mancher Beziehung überholt, weil Gesetze und Gerichte inzwischen die in Art. 14 des Grundgesetzes[9] angeordnete Sozialbindung vielfach durchgesetzt haben.

Ob für die Eigentumsproblematik ein Interesse entwickelt werden kann, wird auch – vielleicht maßgeblich – beeinflußt durch die eigene gesellschaftliche Stellung. So sehen wir auf der einen Seite eine Äußerung wie die von Rousseau (1754): «Der erste, der ein Stück Land eingezäunt hatte und sich herausnahm zu sagen: ‹Das ist mein› und Leute fand, die so dumm waren, das zu glauben, er ist der wahre Gründer der bürgerlichen Gesellschaft gewesen. Wieviele Verbrechen, Kriege, Morde, Leiden und Schrecken würde einer dem Menschengeschlecht erspart haben, hätte er die Pfähle herausgerissen oder den Graben zugeschüttet und seinesgleichen zugerufen: ‹Hört bloß nicht auf diesen Betrüger. Ihr seid verloren, wenn ihr vergeßt, daß die Früchte allen gehören und die Erde niemandem!›»[10] Auf der anderen Seite formuliert etwa ein liberal-konservativer Jurist wie Johannes von Miquel, preußischer Finanzminister, 1893: «Nicht das Eigentum hat die menschliche Ungleichheit erzeugt, sondern es ist aus der ewigen menschlichen Ungleichheit entstanden.»[11] Stellt man die zwei Auffassungen gegenüber, wird klar: Beide können nicht logisch-definitorisch abgeleitet werden und damit objektive Gültigkeit im Sinne einer abschließend-zutreffenden Beschreibung der Lebenswirklichkeit beanspruchen. Sie sind das Ergebnis einer bewertenden Betrachtung und lassen offen, unter welchen Gesichtspunkten wirklichkeitsnahe Wertmaßstäbe entwickelt werden können.

Welche Wertmaßstäbe kommen aber in Betracht? Das Eingehen auf eine solche Fragestellung hat keinesfalls nur rechtstheoretische Bedeutung. Die Eigentumsproblematik versteckt sich nicht nur äußerlich. Sie liegt jedem Lebenssachverhalt – verdeckt – zugrunde und kann insbesondere durch Vertragsgestaltungen nicht umgangen werden. Hinter vertraglichen (schuldrechtlichen) Rechtsverhältnissen verbergen sich sogenannte dingliche Positionen, Herrschaftsansprüche, die – entgegen allen anderslautenden Vereinbarungen (die Rechtsordnung «schützt» den Eigentümer sogar vor sich selbst) – vielfach nicht aufgegeben sind und zur Überraschung aller Beteiligten wieder in Erscheinung treten können. Beispielswiese kann auch durch langfristige Verträge ein (außerordentliches) Kündigungsrecht des Eigentümers nicht ausgeschlossen werden. Dieses Kündigungsrecht kann jederzeit geltend gemacht werden. Hierdurch kann – als eine nicht zu unterschätzende und das Recht überlagernde tatsächliche Gegebenheit – ein ungeklärter Rechtszustand eintreten, der die Beteiligten zur freiwilligen Beendigung so manchen langfristig geplanten Vertragsverhältnisses führen kann.

Und es ist im Gesellschaftsrecht, um ein weiteres Beispiel zu nennen, als Ausfluß des Eigentumsrechtes möglich, daß bei Beendigung der gesellschaftsrechtlichen Verhältnisse Abfindungsansprüche auftauchen und unter Umständen wirksam geltend gemacht werden, die nach Überzeugung aller, und zwar einschließlich des Anspruchstellers, zuvor vertraglich ausgeschlossen waren. Solche Abfindungsansprüche können dann die wirtschaftliche Existenz derjenigen, die sich ihnen ausgesetzt sehen, bedrohen. Es kann, ohne hier weitere Beispiele aufzuführen, wohl zu Recht als eine Erfahrung der Rechtspraxis angesehen werden, daß dauerhaft wirksame Gestaltungen vor allem im Bereich innovativer gesellschaftlicher Initiativen und der Selbstverwaltungsprojekte auch die dingliche Ebene (Eigentumsebene) mit umfassen müssen.[12]

Bewertungsmaßstäbe und Wertungsrelationen innerhalb einer Gesellschaft wandeln sich. Nachfolgend soll der Versuch eines zeitgemäßen, dem heutigen Bewußtsein entsprechenden Zuganges zu der Eigentumsproblematik unternommen werden. Aus dem Umstand, daß der Verfasser seinen beruflichen Schwerpunkt in der Anwendung des geltenden Eigentumsrechtes und der Bemühung um praktisch umsetzbare Formen neuer Eigentumsgestaltungen hat, ist der aphoristisch bleibende Charakter der Darstellung vielleicht verständlich und – hoffentlich – entschuldbar. Jede der angesprochenen Fragestellungen bedürfte einer weiteren und umfassenderen Untersuchung, jede der vorgeschlagenen Formulierungen ist vorläufig und ergänzungsbedürftig.

1. Gütergemeinschaft als «ursprünglich» bestehende Rechtsinstitution

Die Wurzeln des Eigentums innerhalb der geschichtlichen Entwicklung liegen nicht in der Idee des sich selbst verwirklichenden Menschen, sondern im Gegenteil in der Gütergemeinschaft als ursprünglich bestehende Rechtsinstitution. Ab wann es überhaupt einen Sinn macht, von «Recht» oder «Eigentum» zu sprechen, mag zweifelhaft sein. Wann setzt Recht, rechtlich verstandene Sachherrschaft ein? Heutigem Selbstverständnis kann entgegengehalten werden, daß «von den mindestens zwei Millionen Jahren ihrer Existenz die Menschen nur zehntausend nicht als Sammler und Jäger gelebt (haben)»,[13] lange Zeit also («was sind drei Tage gegen eine Ewigkeit?»[14]) ohne die Notwendigkeit zur Wahrung ihrer Besitzstände. «Meistens» (inhaltlich begründet durch die Tatsache, daß erstmalig der römische Bürger sich als Rechtssubjekt verstand) «setzt die Geschichte des Rechts ein, wo es schon voll entwickelt ist, im antiken römischen.»[15] Privateigentum bedeutete den römischen Okkupationstheoretikern – Cicero prägte den Begriff der «prima occupatio» (der erste Zugriff als wirksamer Eigentumsbegründungstatbestand) – gegenüber dem von Gott (der Natur) allen Menschen gleichermaßen zur Verfügung gestellten Gemeinschaftseigentum nicht nur ein zeitlich nachgeordnetes, sondern auch defizitäres Rechtsinstitut, das nur eingeführt wurde, weil «die moralische Depravation der Menschen, ihre sittliche Verrohung und Verwilderung ein Leben im Gemeinbesitz unmöglich gemacht hatte».[16]

Dennoch: Infolge der Akzeptanz der «prima occupatio» als privatrechtlichem Verteilungsprinzip war die Gütergemeinschaft in ihrer ausschließlichen Berechtigung in Frage gestellt und als Gleichmacherei («aequationem bonorum») problematisierbar. «Leute ..., die sich als Volksfreunde ausgeben und aus diesem Grunde entweder die Agrarreform in Angriff nehmen, so daß die Besitzer von ihrem Wohnsitz vertrieben werden, oder glauben, es müßten Schuldbeträge ... erlassen werden, erschüttern die Grundlage des Gemeinwesens ... Denn das ist ... die eigentliche Aufgabe einer Bürger- und Stadtgemeinde, daß die Wahrung des jeweiligen Privatbesitzes frei und ungefährdet sei.»[17] Cicero – wie auch die ihm folgenden Okkupationstheoretiker – unterscheidet nicht nach den Gütern, die dem Aneignungsrecht unterliegen, etwa nach Verbrauchsgütern und Landbesitz.[18]

Das Prinzip der «prima occupatio», mit der Folge, daß das auf diese Weise entstandene Eigentum im Rahmen eines sozialen Konsenses (Vertrag) gehandhabt werden kann, wird durch die Patristik im Mittelalter noch einmal grundlegend in Frage gestellt und als widerrechtliche Usurpation verurteilt: «Sage mir, woher stammt dein Reichtum? Du verdankst ihn einem anderen? Und dieser andere, wem verdankt er ihn? Seinem Großvater, sagt man, seinem Vater. Wirst du nun, im Stammbaum weit zurückgehend, den Beweis liefern können, daß dieser Besitz auf gerechtem Wege erworben ist? Das kannst du nicht. Im Gegenteil, der Anfang, die Wurzel desselben liegt notwendigerweise in irgendeinem Unrecht. Warum? Weil Gott von Anfang an nicht den einen reich, den anderen arm erschaffen und keine Ausnahme gemacht hat, indem er dem einen den Weg zu Goldschätzen zeigte und den anderen hinderte, solche aufzuspüren, sondern allen dieselbe Erde zum Besitz überlassen hat.»[19]

Die Entwicklung zum Privateigentum erhält dann aber maßgebliche Impulse durch Thomas von Aquin (1225–1274), der mit den Folgen einer Privatrechtsordnung, in der die Bürger zu persönlichem Einsatz und größerer Leistung motiviert werden können, argumentiert. Die Auffassung, durch die mit der Privateigentumsordnung verbundene größere Verantwortlichkeit werde die friedlichere Verfassung der Menschen besser gewahrt, belegt den Wandel, der sich mit Thomas in der christlichen Bewertung des Privateigentums vollzogen hat. Und im 16. und 17. Jahrhundert war es wiederum Cicero mit seiner historisch-nüchternen Betrachtungsweise in bezug auf die Notwendigkeit des Privateigentums, der weitgehende Beachtung fand und wohl einer der meistgelesenen und -zitierten Autoren war.[20]

2. Die Idee des Eigentums als Selbstbefreiung

Als John Locke (1632–1704) im fünften Kapitel seines «Second Treatise of Government» von 1689 zum ersten Mal in der Geschichte der Eigentumstheorie die Behauptung aufstellte, das Recht an äußeren Gegenständen werde durch persönliche Arbeit und Leistung, nicht aber durch Okkupation und Vertrag erworben, bedeutete dies mehr als nur die Variation eines theoretischen Details. Es bedeutete das Ende einer fast zweitausend Jahre als gültig akzeptierten und anerkannten Theorie, «das Ende ... der ... Vorstellung einer endlichen und begrenzten Gütermenge, die nur *verteilt,* nicht aber *vermehrt* werden» könne.[21]

Bezogen sich die Okkupationstheoretiker noch auf das Vaterprinzip («domini est terra»), richtet sich der Blick jetzt auf den einzelnen Menschen und seine Leistungsfähigkeit. Eigentum bedeutet nach dem beginnenden neuzeitlichen Verständnis nicht in erster Linie eine soziale Beziehung zwischen Menschen, also letztlich ein soziales Rechtsinstitut, sondern eine Beziehung (Herrschaftsverhältnis) des Menschen zur Sache (Brocker: «An die Stelle des Dialogs tritt der Monolog mit der Natur»).[22]

Dem einzelnen wird das Recht und die Pflicht zur Selbsterhaltung zuerkannt, die «communio» wird nicht mehr als ein (zumindest in der Vergangenheit) lebbares Ideal angesehen, statt dessen wird «selfownership» als Ausgang und Quelle zur Eigentumsbegründung betrachtet, für die es einer vertraglichen Legitimation nicht mehr bedarf. Eigentum ist damit notwendig Privateigentum geworden.

Eine solche Eigentumsauffassung ist absolut. Wer nicht arbeitet, soll nicht essen und soll mit Zuchtmitteln zu Fleiß und Anstand erzogen werden, sei es in öffentlichen Arbeitshäusern oder besser auf königlichen Handels- und Kriegsschiffen «under strict discipline, at soldiers pay».

Ungeachtet dessen: Das Initiativrecht zur Aneignung durch Arbeit bedeutet in seinem historischen Werdegang Emanzipation: Es befreit den einzelnen von dem Erfordernis eines umfassenden sozialen Konsenses (der Vertrag aller mit allen als Eigentumsbegründungserfordernis führt nach John Locke letztlich zum Hungertod), ermöglicht Produktivität des einzelnen und vermehrt damit das gemeinsame Vermögen der Menschen, unter der für Locke selbstverständlichen Voraussetzung eines immerwährenden Überflusses an Ressourcen.

Die Begründungen für den allseits anerkannten emanzipativen Charakter des Eigentumserwerbs durch Arbeit sind vielfältig und lassen sich nicht mit den Kategorien «konservativ» oder «progressiv» erfassen. Für den deutschen Idealismus wird Eigentum zu einer Manifestation menschlicher Freiheit, der Prozeß der Güteraneignung zu einem Prozeß der Selbstverwirklichung und Selbstbefreiung. So heißt es in der *Rechtsphilosophie* Hegels in § 41: «Die Person muß sich eine äußere Sphäre ihrer Freiheit geben ... Das Vernünftige des Eigentums liegt nicht in der Befriedigung der Bedürfnisse, sondern darin, daß sich die bloße Subjektivität der Persönlichkeit aufhebt. Erst im Eigentum ist die Person als Vernunft.»[23]

Eine solche Auffassung grenzt sich von klösterlichen Verhaltensweisen ab,[24] aber auch von Formen staatlicher «Beglückung»: «Die Idee des platonischen Staates enthält das Unrecht gegen die Person, des Privateigentums unfähig zu sein, als allgemeines Prinzip. Die Vorstellung von einer frommen oder freundschaftlichen und selbst erzwungenen Verbrüderung der Menschen mit Gemeinschaft der Güter und der Verbannung des privateigentümlichen Prinzips kann sich der Gesinnung leicht darbieten, welche die Natur der Freiheit des Geistes und des Rechts verkennt ...»[25]

Erstaunlicherweise wurden auch Sozialisten und Kommunisten des 19. Jahrhunderts – in der Variante der Arbeitswerttheorie – Anhänger Lockes. Das Recht des Arbeiters auf Eigentum an den von ihm produzierten Gütern liegt als «ewige Norm» der marxistischen Eigentumsauffassung zugrunde, wobei offengelassen wird, ob es in einer kommunistischen Gesellschaft überhaupt noch Privateigentum geben kann.

«Die Gründe ..., warum mit einem Male Lockes Arbeitstheorie allen – ‹Progressiven› wie ‹Konservativen› gleichermaßen – so plausibel erschien ..., sind offenbar auf einer anderen Ebene als der politisch-ökonomischen zu suchen ... Eine Suche nach den Gründen für die ‹Revolution› in der Eigentumstheorie des 17. Jahrhunderts und das Ausbleiben einer solchen ‹Revolution› im 19. Jahrhundert müßte folglich bei einer Analyse der spezifischen Unterschiede des Welt- und (menschlichen) Selbstbewußtseins ansetzen ..., das für eine Epoche (wie etwa die – der Arbeitstheorie verpflichtete – Neuzeit) bestimmend und für ihr Denken prägend ist.»[26]

3. Zur Widersprüchlichkeit eines primär leistungsorientierten Eigentumsbegriffes

Die Verfassungsgeber der Bundesrepublik Deutschland haben dem Eigentum einen Wesensgehalt zugeordnet und das Grundrecht auf Eigentum in Art. 14 des Grundgesetzes der Unveränderbarkeitsklausel des Art. 79 Abs. 3 GG unterstellt, unter Einschluß der Wesensgehaltsgarantie des Art. 19 Abs. 2 GG. Es handelt sich dabei um eine «Wertentscheidung des Grundgesetzes von besonderer Bedeutung für den sozialen Rechtsstaat»,[27] wobei die Frage zu stellen ist, welchen wesentlichen Inhalt das geschützte Eigentum hat, insbesondere ob die Institutsgarantie auch für das Produktiveigentum gilt.[28]

Die besondere Bedeutung der Wertentscheidung des Grundgesetzes liegt einerseits in der Bindung von Gesetzgebung und Verwaltung an die – durch das Bundesverfassungsgericht im Einzelfall zu konkretisierende – Privateigentumsgarantie, andererseits in der Bindung der Gesellschaftsmitglieder untereinander, damit nicht «ständig eine Mehrheit darauf ausgeht, einer Minderheit ihr Eigentum durch demokratische Entscheidung zu nehmen».[29]

Der scheinbare Allgemeingültigkeitsanspruch der Eigentumsgarantie leitet sich aus dem Leistungsprinzip der primär wirtschaftlich orientierten Gesellschaftsauffassung ab. Jeder hat «nach dem Inhalt der Eigentumsgarantie einen Anspruch darauf, daß ihm der wirtschaftliche Nutzen seiner Arbeit zugeordnet wird».[30] «Art. 14 Abs. 1 GG schützt das Erworbene, das Ergebnis der Betätigung.»[31] Es soll «die eigene Leistung als besonderer Schutzgrund für die Eigentümerposition anerkannt werden».[32]

Die «mit einem Male von *allen* empfundene Plausibilität ..., wonach allein Arbeit und eigene Leistung Güterrechte begründen können»,[33] die «Arbeits-, Produktions- und Leistungseuphorie»[34] schlägt so sehr in den Bann, daß bis heute der Widerspruch der herrschenden Eigentumsauffassung zu der Tatsache der die Gesellschaft maßgeblich prägenden Existenz arbeitsunabhängigen Einkommens (Kapitalzins und Bodenrente) weitgehend verdrängt wird, auch – und nicht zuletzt – manifestiert im geltenden Erbrecht. «Das Eigentumsrecht in dieser [unserer, A. J.] Gesellschaft ist denn auch nicht, wie es behauptet wird, eindeutig in der Idee der Realisierung äußerer Freiheit und der Entfaltung individueller Fähigkeiten begründet ... Beispielsweise dürfte die Begründung des Eigentumsrechtes in der Entfaltung individueller Initiative und eigener Fähigkeiten mit dem Erbrecht an den sogenannten ‹Produktionsmitteln› unvereinbar sein; dieses Erbrecht ist aber unleugbar ein integrierender Bestandteil der bürgerlichen Gesellschaft – in verschiedener Hinsicht ihr raison d'être.»[35] Das geltende Erbrecht – in Artikel 14 der Verfassung in einem Zuge mit dem Eigentumsrecht genannt – verursacht leistungsunabhängigen Eigentumserwerb. Er erscheint in «geradezu majestätischer Unbewegtheit».[36] Selbst an der unbeschränkten Erbfolge und der Ablehnung eines Abbruches des Erbrechtes z.B. nach dem vierten Parentel wird bis heute festgehalten und gleichzeitig das hohe Lied des durch Leistung begründeten Eigentums gesungen.

Das Auseinanderfallen von Leistung und Eigentum in weitgehenden Bereichen gesellschaftlicher Wertschöpfung muß die Eigentumstheorie Lockes für die Legitimation eines wesentlichen Teils der bestehenden Eigentumsordnung unbrauchbar machen und dazu aufrufen, die bestehenden Eigentumsformen beispielsweise an Boden und Kapital in Frage zu stellen. Das vor allem von Marx beschriebene Phänomen, daß der «Reichtum der wenigen ... fortwährend wächst, obgleich sie längst aufgehört haben zu arbeiten»,[37] und die Armut der Armen, härter Arbeitenden, zunimmt, ist unleugbar. Die weitgehend an Eigenleistungskriterien orientierte Rechtsprechung des Bundesverfassungsgerichtes wird dieser Problematik nicht gerecht. Die Anerkennung der Kapitaleinkünfte als eigene Leistung und der Gewinn durch Bodenbesitz – beispielsweise bei der privaten Abschöpfung von Planungsgewinnen – zeigt, daß der Leistungsgedanke gerade nicht angewandt wird und die Argumentation sich in einen Widerspruch zu den eigenen Voraussetzungen setzt. Die nicht stringente Eigenleistungsorientiertheit wird mit dem Hinweis auf die heute allgemein herrschende Auffassung begründet, «das, was der einzelne sich durch eigene Leistung *und eigenen Kapitalaufwand* erworben hat, in besonderem Sinne als sein Eigentum anzuerkennen und gegenüber Eingriffen als schutzwürdig anzusehen».[38]

Der fragwürdige Hinweis auf die herrschende Auffassung ist allerdings immerhin noch überzeugender als der Versuch, die Einkommenserzielung aus Kapital- und Spekulationsgeschäften als «Leistung» zu begründen. So führt etwa Leisner aus: «Es wäre auch wirklichkeitsfremd, demjenigen, der gewerbsmäßig Aktien oder Grundstücke kauft oder verkauft, abzusprechen, daß er *arbeite.* Allein schon das Kaufen und Verkaufen ist Arbeit, ebenso das Besitzen und Verwalten, gar nicht zu sprechen von der Mühe der Marktbeobachtung.»[39] Man kann eine solche Äußerung wohl zu Recht – wie Brocker es tut – in den Bereich der Sophismen verweisen oder gar dem der Humoresken zuordnen, wenn der Eigentumsfrage nicht der beschriebene Ernst zukäme («wieviel Verbrechen, Kriege, Morde, Leiden und Schrecken ...», vgl. oben).

Es bleibt festzuhalten, daß nicht der im 17. Jahrhundert begonnene emanzipative Entwurf der Individualisierung der Güterzuordnung im persönlichen Bereich in Frage zu stellen ist, jedoch eine weitgehende kritiklose Übertragung auf gesellschaftliche Bereiche, die gerade nicht durch Vermögenszuwächse auf der Grundlage persönlicher Leistung gekennzeichnet sind.

Die Rechtsprechung des Bundesverfassungsgerichtes läßt Differenzierungen in bezug auf die Intensität des Eigentumsschutzes erkennen. Für den Bereich des Bodenrechtes wird anerkannt, daß das Recht am Boden «weder volkswirtschaftlich noch in seiner sozialen Bedeutung mit anderen Vermögenswerten gleichzustellen ist».[40] Für den Bereich des Produktiveigentums führt das Bundesverfassungsgericht aus: «Soweit es um die Funktion des Eigentums als Element der Sicherung der persönlichen Freiheit des einzelnen geht, genießt dies einen besonders ausgeprägten Schutz ... Dagegen ist die Befugnis des Gesetzgebers zur Inhalts- und Schrankenbestimmung um so weiter, je mehr das Eigentumsobjekt in einem sozialen Bezug und einer sozialen Funktion steht ... Maßgebend hierfür ist der in Art. 14 Abs. 2 GG Ausdruck findende Gesichtspunkt, daß Nutzung und Verfügung in diesem Fall nicht lediglich innerhalb der Sphäre des Eigentümers bleiben, sondern Belange anderer Rechtsgenossen berühren, die auf die Nutzung des Eigentumsobjektes angewiesen sind ...»[41]

Ob diese Differenzierungen schon als ein «Durchbruch»[42] zu einer notwendigen Typologisierung der Eigentumsarten angesehen werden kann, soll hier dahingestellt sein.

4. Verschiedene Formen des Eigentums

Die Kritik eines nur leistungsorientierten, einheitlichen Eigentumsbegriffes, der Hinweis auf die Widersprüchlichkeit, Inkonsistenz und Unklarheit der Arbeitstheorie[43] kann dazu führen, die Suche nach einem «Wesensgehalt» des Eigentums ganz aufzugeben (Brocker: «Es gibt kein ... über-positives Eigentumsrecht»[44]). Das als «soziales Artefakt»[45] entlarvte Eigentum braucht keine Eigentumsidee, sondern wird ausschließlich politisch-legislativer Entscheidungskompetenz unterworfen: «Artikuliert und beschlossen aber werden die Bedingungen und Grenzen der wechselseitig zuzugestehenden Gebrauchs- und Nutzungsrechte in der Legislativ-Körperschaft einer (politisch verfaßten) Gesellschaft: Was dort mehrheitlich beschlossen wird, *ist* Inhalt des (allein *gesellschaftlich* existenten) Eigentumsrechtes.»[46]

Oder: «... Was als Objekt überhaupt Gegenstand einer individuellen, kollektiven oder staatlichen Verfügungsbefugnis sein soll, (wird) im (Rechts-) Staat demokratisch ausgehandelt. Dabei *entsteht* aber erst das, was im *rechtlichen* Sinne ‹Eigentum› genannt werden kann. ‹Eigentum› ist damit nichts anderes als die *Summe der Bedingungen,* unter denen die Rechtspersonen sich den Gebrauch der Sachgüter wechselseitig gestatten.»[47]

Die Theorie des «Rechtsbündels» («bundle of rights») führt dazu, daß verschiedene Formen des Eigentums innerhalb einer Rechtsordnung nebeneinander bestehen können. Sie ermöglicht und fordert Differenzierungen der Eigentumsbestimmungen nach Subjekt, Objekt und Inhalt. Für Eigentum an Mobilien, Immobilien, Produktionsmitteln – die Aufzählung ist nach dieser Auffassung beliebig erweiterbar – gelten demnach unterschiedliche Gesetzmäßigkeiten, die zu unterschiedlichen positiv-rechtlichen Regelungen führen. «Anstelle der ‹Schranken›-Lehre, die von einem ursprünglichen absoluten (oder nahezu absoluten) vorpositivrechtlichen ‹Eigentum› ausgeht, das nachträglich allenfalls in seinem Umfang durch positive Gesetze ‹eingeschränkt› wird, drängt sich ein ‹Eigentum› auf, das erst *durch* die positive Rechtsordnung in seinem Zweck und Umfang definiert wird.»[48] Die «Theorie des Rechtsbündels» hat den Vorteil vollständiger Widerspruchslosigkeit und risikofreier Konsistenz. Die Eigentumsordnung wird aus Bausteinen zusammengesetzt, aus idealtypischen Elementen herausgearbeitet, bis hin zu mathematischer Kombinatorik (Lawrence C. Becker entwickelt dreizehn Elemente, die entsprechend kombiniert 4080 Eigentumskonzeptionen möglich erscheinen lassen).[49]

Der Risikofreiheit einer solchen Auffassung, die zu Recht einen nicht stringenten monolithischen Eigentumsbegriff in Frage stellt, steht gegenüber, daß qualitative Problemlagen schlicht quantitativ behandelt werden. Die inhaltliche Ausfüllung des Eigentumsbegriffes wird zudem auf die Legislative übertragen und weist damit Rechtsprechung und Rechtswissenschaft weitgehend die Funktion der formalen Rechtsanwendung und -auslegung zu. Eine solche Übertragung ist in Wahrheit eine Unterwerfung im Sinne der Formel «auctoritas non veritas facit legem» nach der Lehre eines Thomas Hobbes. Schon Hans Kelsen hat in der *Reinen Rechtslehre* (1934) vertreten, jeder beliebige Inhalt könne Recht sein («es gibt kein menschliches Verhalten, das als solches kraft seines Gehaltes ausgeschlossen wäre, Inhalt einer Rechtsnorm zu sein»[50];

kurz: Die Autorität des Staates und nicht die Wahrheit bestimmt, was Recht ist.[51] «Und die Gerechtigkeit? Man kann sich nach diesen Sätzen denken, wo sie bleibt. Sie kommt zum Schluß, im Anhang. Dort durchleuchtet Kelsen ihre einzelnen Grundsätze, die letzten zweieinhalbtausend Jahre, von der Gleichheit des Aristoteles über ‹Jedem das Seine› der römischen Juristen bis zum kategorischen Imperativ Immanuel Kants, 50 klar geschriebene Seiten, logisch einwandfrei, und einer nach dem anderen springt über die Rasierklinge. Es ist alles nichts gewesen, Maßstäbe ohne Maß, Zollstöcke ohne Zoll, leere Programmsätze, viel zu ungenau, alles Methode Stange im Nebel und ungeeignet zur Beurteilung von Recht. Leider. Meine Damen und Herren, reden wir nicht weiter darüber. Das Recht ist ein Befehl und die Gerechtigkeit ‹ein schöner Traum der Menschheit›.»[52]

5. Innere Gesten einer notwendigen Eigentumstypologie. Eigentum und Soziale Dreigliederung

Das den Rechtspositivismus erzeugende Bedürfnis ist verständlich: Allgemeine Eigentumsphilosophien haben sich als nicht wirklichkeitsgemäß erwiesen. Individualeigentum als prinzipiell defizitär einzustufen entspricht nicht dem Freiheitsbewußtsein einer sich individualisierenden Gesellschaft. Ein ausschließlich privat orientiertes Eigentum andererseits bedroht durch nicht gewährleistete Legitimationsprozesse vom Entstehungsmoment an die Friedensfähigkeit der Gesellschaft und verkennt die Begrenztheit lebensnotwendiger Güter und deren ökologische Belastbarkeiten.

Die der Systematik des Art. 14 GG immanente Schrankenlehre allein – insofern ist Brocker und den Vertretern der Bündeltheorie Recht zu geben – erweist sich als nicht ausreichend, um die Eigentumsfrage zufriedenstellend zu lösen; so findet doch die Einschränkung der Rechtsausübung ihre eigene Begrenzung in dem Wesensgehalt des Grundrechtes (Art. 19 II GG). Damit kehrt die Auseinandersetzung an ihren Ausgangsort zurück mit der unumgänglichen Fragestellung, welche innere Berechtigung dem Recht auf Eigentum substantiell zukommt.

Abstrakt-definitorisch werden sich dabei Lösungsansätze nicht ergeben bzw. deren Widersprüchlichkeit leicht aufdeckbar sein. Es sind jedoch Annäherungen an Grundphänomene möglich, die einerseits dem Selbstverständnis des heutigen Menschen entsprechen[53] und andererseits als erkennbare Notwendigkeiten des gesellschaftlichen Zusammenlebens verstanden werden können. In einer solchen phänomenologischen Betrachtungsweise in Anknüpfung an vorhandene menschenkundliche und gesellschaftliche Gesetzmäßigkeiten liegt die Chance der Überwindung des Rechtspositivismus, vorausgesetzt, daß die Existenz solcher Gesetzmäßigkeiten nicht von vornherein als nicht möglich angesehen und die Beschäftigung mit solchen Gesetzmäßigkeiten als ideologisch abgetan wird.

Die von Rudolf Steiner vertretene Dreigliederung des sozialen Organismus ist in diesem Sinne keine Programmatik. Sie geht – in Anknüpfung an die Lehre der Gewaltenteilung und die bekannten Ideale der Französischen Revolution – davon aus, daß es drei unterschiedliche Bereiche des gesellschaftlichen Lebens gibt, die auch drei unterschiedliche Arten der Selbstverwaltung bedingen. Die Idee der Sozialen Dreigliederung beschreibt Verhaltensweisen, die den Menschen nicht vorgeschrieben oder durch Gesetze verordnet werden können, die aber gleichwohl Voraussetzungen sind für den sozialen Fortschritt einer Gesellschaft.

Der Anspruch, Brüderlichkeit, Gleichheit und Freiheit in Verbindung mit fundamentalen Erfordernissen einer modernen Gesellschaft zu bringen, ist keine weltferne Restauration überkommener Revolutionsideale, sofern – mit kritischem Blick auf bestehende gesellschaftliche (Schein-)Verhältnisse – der Versuch der gedanklichen Annäherung an die Grundgesten eines wirklich freien Geisteslebens, eines wirklich demokratischen Rechtslebens oder einer wirklich sozialen (Markt-)Wirtschaft unternommen wird.

In bezug auf die Eigentumsfrage ergeben sich dann Auswirkungen, auf die nachfolgend – als Versuch einer Annäherung und ohne Anspruch auf Vollständigkeit – eingegangen werden soll.

a) Persönliches Eigentum

Unter persönlichem Eigentum soll zunächst Sachherrschaft über Gegenstände des persönlichen Bedarfs verstanden werden. In diesem Bereich ist zweifelsfrei die Hegelsche Auffassung berechtigt, daß Eigentumsbildung keine personale Beziehung, sondern äußere Manifestation individueller Freiheit, freie Willensentfaltung ist: «Die Person hat das Recht, in jede Sache ihren Willen zu legen, welche dadurch die *meinige* ist, da sie einen solchen nicht in sich selbst hat.»[54]

Wird eine solche Willenssubstanz («Ich-Kraft») nicht entwickelt, kommt es zu Verwechslungen der Zuordnungssphären (kurz: von «mein» und «dein»), mit der Folge wechselseitiger Nichtrespektierung und nachhaltiger gesellschaftlicher Vertrauensstörung.

Persönliches Eigentum begrenzt sich aber nicht nur auf Gegenstände des persönlichen Bedarfs, zumal dieser persönlichen Wertungen unterliegt und auch ganz willkürlich gegriffen werden kann und wird. Maßgeblich für die Zuerkennung persönlichen Eigentums ist darum der Grad der objektiven sozialen Eingebundenheit. Freie Verfügungsrechte haben ihren Ort dort, wo es auf individuelle Fähigkeiten und Begabungen ankommt, mithin in dem Bereich, in dem der Mensch geistig tätig wird, sich bewußt von allen Menschen unterscheiden will und muß, und zwar umfassend: im Bereich des Geisteslebens des einzelnen Menschen und der Gesellschaft. «Das Privateigentum ist die Rechtsform, in welcher sich das Geistesleben des Menschen und damit auch der Gesellschaft vom Wirtschaftsleben abgrenzt, und es verkörpert die sprödeste und abstrakteste Schicht des Rechts, weil die geistige Entwicklung jedes Menschen absolut individuell verläuft, das heißt der Freiheit des Sich-selbst-Bestimmens auch gegenüber jedem Mitmenschen bedarf.»[55]

Aus einer solchen Sichtweise und unter Berücksichtigung, daß die verwendeten Begriffe ihren Gehalt aus dem jeweiligen Lebenssachverhalt erhalten, könnte Art. 14 I 1 GG modifiziert bzw. ergänzt werden, in etwa mit folgendem Wortlaut: «Der persönliche Eigentümer einer Sache kann – soweit nicht Gesetze oder Rechte Dritter entgegenstehen – mit der Sache nach Belieben verfahren.»

b) Treuhandeigentum an Grund und Boden

«Ideal-real»[56] ist jeder Mensch kraft Geburt Inhaber des auf ihn entfallenden Anteils an Grund und Boden. Folgt man einem solchen Gedanken, können die Verfügungsrechte über Grund und Boden und in einem gewissen Umfang auch Gebäude (als «wesentliche Bestandteile») weder dem persönlichen (absoluten) Eigentum noch einem marktwirtschaftlichen Geschehen unterworfen sein. Immobilien sind nicht beliebig erzeugbar und darum nicht beliebig als Gegenstand des Warenverkehrs oder als Spekulationsobjekte handhabbar. Eigentum an Grund und Boden ist seinem Wesen nach Treuhandeigentum: Mit Inanspruchnahme von Grund und Boden wird ein Teil der Lebensgrundlage aller Menschen ergriffen. Die Berechtigung des Eigentums in diesem Lebensbereich ergibt sich aus der verantwortlichen und konkreten Nutzung und ist somit notwendig eine Berechtigung auf Zeit.

Christof Lindenau weist zu Recht darauf hin, daß bei der Standortbestimmung eines demokratischen Rechtslebens vielfach zu sehr auf bestimmte Formen der Meinungs- und Willensbildung, wie beispielsweise freie Wahlen, abgestellt und dabei der Gesichtspunkt vernachlässigt wird, daß eine solche mündige Gesellschaft nur möglich ist, «wenn der Zugang zu Boden, Kapital und Arbeitskraft gegenüber jeglichem Marktgeschehen neutralisiert, freien Verhandlungen offensteht».[57] Aus einem solchen erweiterten Demokratieverständnis – eine mündige Gesellschaft setzt Veränderbarkeit der Verfügungsrechte über Grund und Boden und Kapitel voraus, sobald das Eigentumsrecht in ein Mittel zur ungerechten Machtentfaltung umschlägt – erwächst die Notwendigkeit, Einrichtungen zu schaffen, die gewährleisten, daß mit Grund und Boden konkret ausgeübte Verantwortlichkeit verbunden ist.

Rudolf Steiner formuliert diese Notwendigkeit 1919 im Jahre des Inkrafttretens der Erbbaurechtsverordnung, die aus ähnlichen Erwägungen geschaffen wurde, wie ein Grundgesetz des Verfügungsrechtes über Grund und Boden: «Die Überleitung von Grund und Boden von einer Person oder Personengruppe auf eine andere soll nicht durch Kauf oder Erbschaft, sondern durch eine Übertragung auf dem Rechtsboden bzw. aus den Prinzipien des geistigen Lebens heraus erfolgen.»[58]

Folgt man der Auffassung, daß Eigentum an Grund und Boden vor allem aus den Prinzipien des Rechtslebens zu konkretisieren ist, dem Erfordernis der Gleichheit (Recht auf gleichen Zugang) zu entsprechen hat und diesem Erfordernis der Treuhandgedanke nahekommt, so könnte ein neugefaßter Artikel 14 I 2 GG die Aussage enthalten: «Eigentum an Grund und Boden ist Treuhandeigentum. Es besteht zeitlich begrenzt durch die verantwortliche Nutzung des Rechtsinhabers.»

c) Eigentum innerhalb des Wirtschaftslebens

Das Eigentum innerhalb wirtschaftlicher Prozesse ist sozialer Gerechtigkeit verpflichtet. Produktionsprozesse sind Gemeinschaftsprozesse. § 950 I 1 1. Halbsatz BGB lautet: «Wer durch Verarbeitung oder Umbildung eines oder mehrerer Stoffe eine neue bewegliche Sache herstellt, erwirbt das Eigentum an der neuen Sache.»

Zu keinem Zeitpunkt – auf diese erstaunliche Tatsache machte K.H.

Denzlinger in einem Vortrag[59] anläßlich der Juristentagung am Goetheanum aufmerksam – ist es der Juristenschaft, einschließlich des sogenannten kritischen oder linken Flügels, eingefallen, in Frage zu stellen, daß als «Hersteller» im Sinne dieser Vorschrift nur der Organisator des Arbeitsprogrammes angesehen wird, «wodurch der am Herstellungsvorgang beteiligte ‹Arbeitnehmer› hier ganz selbstverständlich zum ‹Nullum› deklariert wird.»

Und weiter: «Kapital entsteht durch soziale Prozesse in menschlichen Gemeinschaften, wird aber bekanntlich auf der Grundlage des undifferenzierten Eigentumsbegriffs privat angeeignet. Das ungeheure Anwachsen dieses Kapitals durch die Befreiung der menschlichen geistigen Energien in der Neuzeit, deren Verstärkung durch Maschinenkräfte, durch die Anwendung der materialistischen Naturwissenschaft zur Produktivitätssteigerung, der Verwendung der Produktivität zur Erschließung neuer Quellen der Produktivität, ist der Ursprung der besonderen Konfliktlage der technisch-industriellen Weltzivilisation. Charakteristisch ist die Dynamik dieses Kapitals unter dem Gesetz der Konkurrenz der einander im Weltmaßstab zunächst unverbunden gegenüberstehenden Kapitaleigentümer. Rasche Entwertung des Sachkapitals, der Drang zur bestmöglichen Verwertung des Geldkapitals zwingen zur Abwälzung sozialer und ökologischer Kosten auf die Allgemeinheit und zu Bündnissen bestimmter Produzenten gegen den ‹Rest der Menschheit›. Kapital wird aggressiv eingesetzt, um vorhandenes Kapital zu entwerten. Der Aggressivität des Kapitaleinsatzes entspricht die Aggressivität der zur Kapitalerzeugung und Produktivitätssteigerung eingesetzten wissenschaftlichen Methoden. Schließlich entartet die Überlebensstrategie des Kapitaleigentums da und dort zur psychopathologischen Profitgier.»

Begründungsmodelle und rechtliche Absicherungen ungerechtfertigter privater Aneignungsstrategien finden sich einerseits in einer in bezug auf ökologische Prozesse überkommenen liberalistischen Denkweise (Hegge: «Die liberalistische Denkweise liegt noch immer auf der politisch-ökonomischen Theorie und Praxis wie ein Alpdruck»[60]) – mit der Folge, «daß oft von ‹Freiheit› gesprochen wird, wenn eigentlich die Freiheit zur individuellen Aneignung ökonomischer Güter gemeint ist»,[61] mithin individuelle Freiheit kritiklos mit Egoismus verbunden wird – und andererseits in einem abstrakten Eigentumsrecht, das diese ungerechtfertigte Aneignung ermöglicht und den Anspruch aufgibt, Eigentumsordnung im Sinne einer differenzierten Gestaltung zu sein.

Hegge kommt zu einer Zustandsbeschreibung der bestehenden wirtschaftlichen Verhältnisse, die der von Denzlinger nicht nachsteht: «Dieser allumfassende Kommerzialismus ist auf seine Art nicht weniger totalitär – d.h. Individualität und Sozialität unterdrückend – als die politische Unterdrückung, die wir aus den Diktaturen kennen ... Es ist eine generelle Weise, zu denken und sich zu verhalten, die den Mitmenschen zu einem ... potentiellen Feind [macht]. In dieser Hinsicht repräsentiert das Konkurrenzprinzip in der kommerzialisierten Gesellschaft mental gesehen eine Form von Kriminalität. Ja, die kommerzialisierte Gesellschaft stimuliert zu Brutalität und Gewalt.»[62]

Wie können aber die wirtschaftlichen Verhältnisse so umgestaltet werden, daß sie ihren «gewaltstimulierenden» Charakter verlieren?

Humanwirtschaftliche Ansätze werden sich einerseits an neuen Zielbildern orientieren, in deren absoluten Mittelpunkt nicht eine Gewinnorientierung steht in dem Sinne, daß möglichst viele verkäufliche Produkte entstehen, die – im Interesse weniger – einen möglichst hohen Erlös auf dem Markt erzielen. Ziel des Wirtschaftens wird sein, daß sich möglichst viele Menschen in einen sinnvollen Arbeitsprozeß eingliedern können, die Produktion bedarfsorientiert wird und der Herstellungs- und Verteilungsprozeß einen Stellenwert erhält wie das Produkt selbst. Dies setzt Koordinationsgespräche zwischen Verbrauchern, Händlern und Produzenten voraus, die Bildung von «Assoziationen».

Unter Assoziationen verstand Rudolf Steiner – im Gegensatz zu Genossenschaften, deren (berechtigter) Zweck es ist, die Belange der Genossen zu fördern – Einrichtungen, in denen die am Arbeitsprozeß Beteiligten und die vom wirtschaftlichen Prozeß Betroffenen (Konsumenten, Händler und Produzenten) vertrauensvoll zusammenwirken. Dabei handelt es sich nicht um abstrakte Vergesellschaftungen, sondern um individuelle Verfügungsrechte, die in einen sozialen Kreislauf eingebunden sein sollen. «Auch die Soziale Dreigliederung geht davon aus, daß das egoistische Moment dem wirtschaftenden Menschen nicht auszutreiben ist, aber sie will es nicht auf mechanische, sondern auf menschliche Weise in den Wirtschaftsprozeß einfügen.»[63]

Es wird auf die Initiative vieler einzelner ankommen, die sich – ohne Aufgabe ihrer Initiativkraft – in assoziative Prozesse einbringen. Wir sollten «die befreiende Wirkung der ‹Privatisierung› im Bereich des Wirtschaftslebens nicht unterschätzen ... Vielleicht erklärt sich hieraus die Entwicklung vieler Sozialutopien zu Zwangsregimen und die heutige ‹Zählebigkeit› des Liberalismus: Diese sozialen Bewegungen haben die Beziehung zwischen individueller Freiheit und dem Wirtschaftsleben außer acht gelassen.»[64]

Ermöglicht werden von Besitz- und Erbschaftsverhältnissen unabhängige unternehmerische Initiativen nicht allein durch individuelle Einsichten, sondern durch geeignete Rechtsformen, vor allem aber auch durch assoziative Kapital- und Verwaltungsstellen, so wie sie sich in vielen europäischen

Ländern in Form anthroposophischer Bankeinrichtungen bereits begründet haben.

Die soziale Einbettung der Verfügungsrechte über Produktionsmittel (Kapital, Gebäude, Werkzeuge usw.) wird durch die entsprechenden Unternehmungsverfassungen gewährt, in der Weise, daß «nur die Individuen verfügen können, die die erforderlichen Einsichten und Fähigkeiten tatsächlich haben – und zwar nur so lange, wie sie sie haben … Hinsichtlich der Produktionsmittel müßte das Eigentum zu etwas umgewandelt werden, was man besser als Nutzungsrecht bezeichnen sollte.»[65]

Nicht das Halten oder Haben von Vermögen kann somit im wirtschaftlichen Bereich eine besondere Bedeutung erhalten, sondern vielmehr die gesellschaftsrechtliche Gestaltung der tatsächlich ja gemeinsam stattfindenden Herstellungsprozesse und die Gestaltung der Verfügungsrechte über Produktionsmittel in diesem Zusammenhang. Übertragungen von Beteiligungen an Mitarbeiter erweisen sich dann als kontraproduktiv und so, daß statisches Eigentum erhalten bleibt, wenn in diesem Sinne lediglich Einzeleigentum (Einzelegoismus) durch Gruppeneigentum (Gruppenegoismus) ersetzt wird. Durch gemeinnützig gebundene Beteiligungen (Stiftungseigentum) und Eigenanteile («das Unternehmen gehört sich selbst»), aber auch andere geeignete Rechtsformen, die Mitarbeiterbeteiligungen einschließen, kann erreicht werden, daß Eigentum «neutralisiert» wird und damit den in anderen gesellschaftlichen Bereichen ganz oder teilweise berechtigten Herrschaftsanspruch verliert. In diesem Zusammenhang gibt es einen Sinn, von «Nutzungseigentum» zu sprechen, obwohl insofern nach heute herrschendem Verständnis ein Widerspruch in sich vorzuliegen scheint. Eine Berechtigung zur Neutralisierung ergibt sich allerdings nur dann und insoweit dies verantwortlich geschieht und sich insbesondere Neutralisierung nicht als Anonymisierung auswirkt. Erforderlich sind Unternehmensverfassungen, auf deren Grundlage einerseits die innerbetriebliche Arbeitsorganisation mehr und mehr als Gemeinschaftsvorgang erfolgt und andererseits eine Öffnung in einen den einzelbetrieblichen Bereich übergreifenden gesellschaftlichen Sozialprozeß. «Wer dieses Recht [Nutzung der Produktionsmittel] im konkreten Einzelfall bekommen soll, darf nicht von politischen Behörden, sondern muß von Organen entschieden werden, die mit dem Geistes- oder Kulturleben verbunden sind …»[66]

Es sind dabei die freiwilligen – auf der Grundlage entsprechender Unternehmensverfassungen möglichen – Kooperationsformen in bezug auf die Unternehmensleitung gemeint, nicht zu verwechseln mit notwendigen betriebsverfassungsrechtlichen Strukturen, die im rechtlich-sozialen Bereich ihre Bedeutung haben, sich aber, wenn sie sich in Richtung Demokratisierung der Unternehmensleitung auswirken, als schädlich erweisen.

Ob die Eigentumsqualität innerhalb assoziativ-sozialer Wirtschaftsprozesse, die Regelung der Verfügungsgewalt über Produktivvermögen innerhalb einer «wirklich» sozialen Marktwirtschaft auf der Tatbestandsebene einer Verfassungsnorm (schon) beschreibbar ist, bleibt hier ebenso offen wie die Frage, ob eine solche Beschreibung anstrebenswert ist. Der Staat kann soziale Verhaltensweisen weder vorschreiben noch gewährleisten. Das Ergreifen des «Sozialen» kann wirksam nur durch die gesellschaftlichen Kräfte – hierbei kommt dem Wirtschaftsleben die Hauptaufgabe zu – erfolgen. Diese gesellschaftlichen Kräfte werden durch Verstaatlichungs- und Verrechtlichungstendenzen geschwächt. Berechtigt kann somit nur eine Formulierung sein, die die Notwendigkeit einer Sozialgestalt wirtschaftlicher Unternehmungen verdeutlicht, aus deren Mitte heraus und im Zusammenhang zu entwickelnder Assoziationsformen auch die Gesichtspunkte für die Vergabe der Verfügungsrechte entwickelt werden, ohne daß definitorische Festlegungen erfolgen.

Art. 14 I 3 GG könnte sich demgemäß – unter Zugrundelegung eines erweiterten Unternehmensverfassungsbegriffs im Sinne einer notwendigen Öffnung in den dreigliedrigen gesamtgesellschaftlichen Sozialprozeß – auf folgenden Wortlaut beschränken: «Eigentum an Wirtschaftsunternehmen wird nach Maßgabe der Unternehmensverfassungen gewährt.»

Perspektiven

Der Versuch der Annäherung an die Eigentumsfragen aus dem Blickpunkt der Sozialen Dreigliederung wirft die Frage nach notwendigen Handlungsimpulsen auf: «Nicht eine Äußerlichkeit ist es, daß gerade auf anthroposophischem Boden auch der Versuch gemacht wurde, nicht zu ‹sozialen Ideen›, sondern zu sozialen *Impulsen* zu kommen.»[67]

Aus dieser Äußerung Rudolf Steiners und der zwischen den Zeilen lesbaren und in dem zitierten Text noch ausdrücklich folgenden Kritik an einem Verbleiben in Ideen wird deutlich, daß die Dreigliederungsbewegung von Anfang an die Spannbreite der Erfassung der Sozialen Dreigliederung als Idee bis hin zu Verwirklichungsformen in allen Lebensbereichen aufwies.

Dieter Brüll weist zu Recht darauf hin, daß dies nicht zu einer Aufteilung der Dreigliederungsbewegung in ein Lager der Erkenntnistheoretiker und in ein Lager der Praktiker führen muß («wie meist in einem Streitfall, haben beide Parteien Recht»). Einerseits gibt es im Bereich institutioneller menschlicher Zusammenarbeit («Mesosphäre») und im Bereich konkreter menschlicher Beziehungen («Mikrosphäre») keinen Sinn, bereits von Dreigliederung als gesellschaftlicher Aufgabenstellung zu sprechen, weil diese Zusammenarbeit bzw. die Beziehungen partikulär und durch die konkrete Zielsetzung bedingt sind, so daß Erfordernisse autonomer, strikt durchgeführter Selbstverwaltungsstrukturen nicht im gleichen Maße bestehen wie auf allgemeiner – von konkreten Personen unabhängiger – gesamtgesellschaftlicher Ebene; andererseits gibt es «überhaupt keinen Grund, die Dreigliederung als ein ausschließliches Makroproblem zu betrachten»: «Wenn – wie wohl kein Dreigliederer bestreiten wird – die Dreigliederung dem Wesen des Menschen abgelauscht ist, dann nimmt der Mensch, weil er sein Wesen mitbringt, das Dreigliederungsproblem in jede Lage mit.»[68]

Es kann nicht bestritten werden, daß ein zu ausschließliches Verweisen auf den «Selbstversuch» und damit verbundene voluntaristische Intentionen zu gesellschaftlicher Nischenbildung, zu Täuschung über gesellschaftliche Relationen, zu persönlicher Überforderung und geradezu zur Ablenkung von gesellschaftlich notwendigen Erkenntnis- und Handlungserfordernissen führen kann.

Die Idee der Sozialen Dreigliederung ist gerade nicht dazu da, «vorzuschreiben, was Menschen tun oder unterlassen sollen, sondern sie möchte die Wege aufzeigen, auf denen wir selber herausfinden können, was im je konkreten Falle von uns sinnvoll getan oder unterlassen werden kann».[69]

Soziale Gesetzmäßigkeiten sind allerdings nicht nur beschreibbar wie Naturgesetze. Ihre Nichterfüllung und ein Untätigbleiben der diese sozialen Gesetzmäßigkeiten Erkennenden hat gesellschaftliche Konsequenzen. In Anlehnung an Gedankengang und -struktur Rudolf Steiners formuliert Lindenau darum zu Recht freilassend, aber mit Hinweis auf Konsequenzen die Gesetzmäßigkeiten der Sozialen Dreigliederung wie folgt: «Die Befriedigung von Bedarf innerhalb einer Gesamtheit von Menschen gelingt um so lebensgemäßer, je mehr Brüderlichkeit unter den beteiligten Menschen praktiziert wird. – Die Vereinbarungen von Rechten und Pflichten innerhalb einer Gesamtheit von Menschen erweisen sich um so tragfähiger, je mehr sie auf die Gleichheit der Partner gegründet sind. – Die Zusammenarbeit innerhalb einer Gesamtheit von Menschen entwickelt sich um so fruchtbarer, je mehr sie aus der Freiheit aller darin tätigen Menschen entspringt.»[70]

Im Hinblick auf die Eigentumsfrage könnte – ohne daß es auf den Wortlaut im einzelnen ankommt – formuliert werden:

Eine Gesellschaft ist um so kreativer, friedensfähiger und wirtschaftlich erfolgreicher,

- je entschlossener Individualeigentum im Bereich der individuellen Gestaltungssphäre des einzelnen und der Gesellschaft als notwendiges Freiheitselement verstanden und gewährt wird
- je entschiedener Einrichtungen (selbstverwaltete Kommunalstellen, gemeinnützige Treuhandstellen und Gemeinschaftsstiftungen, Non-Profit-Banken) begründet werden, die unter Entwicklung «elastischer» Eigentums- und Finanzierungsformen (Treuhandeigentum und -kapital) ermöglichen, daß gesellschaftliche und jedem Menschen zustehende Güter (Grund und Boden, notwendiges Kapital, Zugang zur Arbeit u.a.m.) nicht nach wirtschaftlichen, sondern (grund-)rechtlichen und geistigen Gesichtspunkten verteilt werden
- je mehr Kapital in assoziativen Prozessen und unterstützt durch geeignete Unternehmensverfassung als Initiativkapital fähigkeitsorientiert und damit nachhaltig zur Verfügung gestellt wird.

Angesprochen ist damit eine Gesellschaft der sich selbst verwaltenden, dem Grundsatz der Subsidiarität nicht nur formal verbundenen, initiativ werdenden Bürger, eine radikale «Vergesellschaftung» des Staates.[71] «Wenn es den Individuen unmöglich gemacht wird, innerhalb der etablierten Institutionen verändernd zu wirken – und dies dürfte im großen und ganzen der Fall sein –, so können sie sich doch in verschiedenen Bereichen ihre eigenen Institutionen schaffen ... Das Neue [kann] aus seiner Alternativposition heraus als ‹Sauerteig› vis-à-vis des Etablierten wirken und auch dieses nach und nach verändern.»[72]

Anmerkungen

1 Thomas Mann, *Über mich selber. Autobiographische Schriften,* Fischer Verlag, Frankfurt/Main 1994, S. 25.
2 Uwe Wesel, *Fast alles, was Recht ist,* Eichborn-Verlag, Frankfurt/Main 1992, S. 407. Mittlerweile sind es mehr als einhunderttausend Juristen: Seit 1999 sind es allein einhunderttausend Rechtsanwälte, die sich bundesweit «mit dem Recht beschäftigen».
3 Ebd.
4 Ebd., S. 106.
5 Ebd., S. 110 (der leicht ironische Anklang wird sicherlich nicht verborgen bleiben).
6 Ebd., S. 111.
7 Ebd., S. 106.
8 BGB § 903: «Der Eigentümer einer Sache kann, soweit nicht das Gesetz oder Rechte Dritter entgegenstehen, mit der Sache nach Belieben verfahren und andere von jeder Einwirkung ausschließen.»
9 Art. 14 Grundgesetz: «Das Eigentum und das Erbrecht werden gewährleistet. Inhalt und Schranken werden durch die Gesetze bestimmt. Eigentum verpflichtet. Sein Gebrauch soll zugleich dem Wohle der Allgemeinheit dienen.»
10 Jean-Jacques Rosseau, *Über den Ursprung der Ungleichheit unter den Menschen.*
11 Uwe Wesel, a.a.O. (Anm. 2), S. 10.
12 Vgl. Axel Janitzki, Besitz und Nutzung in der Landwirtschaft, in: *Kooperation oder Konkurs? Die Landwirtschaft braucht neue Sozialformen,* hrsg. von Heinz Gengenbach und Max Limbacher, Verlag Freies Geistesleben, Stuttgart 1989, S. 27 f.; und Axel Janitzki, Aspekte zur Neugestaltung der Wohnverhältnisse, in: *Alternativen zu Mietwohnung und Eigenheim – gemeinsam finanzieren, selbst verwalten,* Verlag Freies Geistesleben, Stuttgart 1992, S. 19 ff.
13 Uwe Wesel, *Geschichte des Rechts,* C.H. Beck Verlag, München 1997, S. 17.
14 Ebd.
15 Ebd., S. 13.
16 Manfred Bocker, *Arbeit und Eigentum. Der Paradigmenwechsel in der neuzeitlichen Eigentumstheorie,* Wissenschaftliche Buchgesellschaft, Darmstadt 1992, S. 3.
17 Cicero, *De officiis,* II, 78; zitiert nach M. Brocker, ebd., S. 32.
18 M. Brocker, ebd., S. 25.
19 Johannes Chrysostomos, zitiert nach M. Brocker, ebd., S. 37, der dessen Wirken wie folgt charakterisiert: «Vor allem für Joh. Chrysostomos war die – nach dem Vorbild der urchristlichen Gemeinden (vergl. Apostelgeschichte 2, 44/45) einge-

richtete – auf gegenseitiger Liebe gründende Gütergemeinschaft die Idealform der wirtschaftlichen und gesellschaftlichen Organisation. Er entwickelte während seiner kirchlichen Tätigkeit in Antiochien und Konstantinopel bis ins Detail gehende Vorschläge und Pläne für ihre Verwirklichung.»

20 So M. Brocker, ebd., Anm. 1 zum Kapitel «Die Okkupationstheorie».

21 Ebd., S. 125.

22 Ebd., S. 287.

23 G.W.F. Hegel, *Grundlinien der Philosophie des Rechts,* Werke Bd. II, § 41 («Das Eigentum»).

24 Hegel: «So haben viele Staaten mit Recht die Klöster aufgehoben, weil ein Gemeinwesen letztlich kein solches Recht am Eigentum hat, als die Person» (ebd., § 46).

25 Ebd.

26 M. Brocker, a.a.O. (Anm. 16), S. 339.

27 BVerfGE 14, 277.

28 Vgl. Michael Kirn, *Der deutsche Staat in Europa. Aufgaben und Ziele des vereinigten Deutschland,* Stuttgart 1991, S. 179.

29 Issing/Leisner, *«Kleineres Eigentum». Grundlage unserer Staats- und Wirtschaftsordnung* (1976), S. 65.

30 BVerfGE 31, 243.

31 BVerfGE 30, 335.

32 BVerfGE 50, 340.

33 M. Brocker, a.a.O. (Anm. 16), S. 290 f.

34 Ebd., S. 299, unter Bezugnahme auch auf Adam Smith: «Arbeit ist demnach ganz offensichtlich das einzige allgemein gültige und auch das einzige exakte Wertmaß oder der alleinige Maßstab, nach dem man die Werte der verschiedenen Waren immer und überall miteinander vergleichen kann.»

35 Hjalmar Hegge, *Freiheit, Individualität und Gesellschaft,* Verlag Freies Geistesleben, Stuttgart 1992, S. 199.

36 Mathias Schmoeckel, 100 Jahre BGB: Erbe und Aufgabe, in: *Neue Juristische Wochenschrift,* 1996, S. 1701.

37 Karl Marx, *Das Kapital,* MEW 23, S. 741 ff.

38 BVerfGE 1, S. 277 ff. (Hervorhebg. nachträgl., d. V.).

39 Leisner, a.a.O. (Anm. 29), S. 123.

40 BVerfGE 21, 82 ff.

41 BVerfGE 50, S. 290, 340 ff. (Mitbestimmung).

42 Michael Kirn, a.a.O. (Anm. 28), S. 180.

43 M. Brocker, a.a.O. (Anm. 16), S. 386.

44 Ebd., S. 392.

45 Ebd., S. 400.

46 Ebd., S. 391.

47 Ebd., S. 395.

48 Binswanger, *Eigentum und Eigentumspolitik* (1978), S. 22; zitiert nach M. Brocker, a.a.O. (Anm. 16), Anmerkung 68 zu «7. Eigentumsrecht und Eigentumsordnung».

49 M. Brocker, a.a.O. (Anm. 16), S. 395.

50 Zitiert nach U. Wesel, a.a.O. (Anm. 2), S. 404.

51 Ebd.

52 Ebd., S. 404 f.

53 Auch John Locke entwickelt seine Auffassung an der «Konstitution» des Menschen, bleibt aber bei der abstrakten Prämisse des Selbsterhaltungstriebes als maßgeblicher Grundlage des natürlichen Rechtes auf Eigentum.

54 G.W.F. Hegel, a.a.O. (Anm. 23), Band II, § 44.

55 Michael Kirn, a.a.O. (Anm. 28), S. 176/177.

56 Rudolf Steiner, Die Konsequenzen der Dreigliederung für Grund und Boden (Vortrag vom 16.6.1920), in: *Neuordnung des Bodenrechtes als soziale Forderung der Gegenwart,* Stuttgart 1957, S. 99.

57 Christof Lindenau, *Soziale Dreigliederung: Der Weg zu einer lernenden Gesellschaft,* Stuttgart 1983, S. 72.

58 Rudolf Steiner in einem Vortrag vom 29.10.1919, in: *Soziale Zukunft,* GA 332 a, Dornach ²1977, S. 167.

59 Gehalten am 13.6.1987, nicht veröffentlicht.

60 Hjalmar Hegge, a.a.O. (Anm. 35), S. 207.

61 Ebd., S. 201.

62 Ebd., S. 233 und 235.

63 Michael Kirn, a.a.O. (Anm. 28), S. 133.

64 Hjalmar Hegge, a.a.O. (Anm. 35), S. 198.

65 Ebd., S. 200.

66 Ebd., S. 282.

67 Rudolf Steiner in einem Vortrag vom 9.3.1922, zitiert nach Dieter Brüll, *Der anthroposophische Sozialimpuls,* Novalis Verlag, Schaffhausen 1984, S. 73.

68 Dieter Brüll, ebd., S. 75.

69 Christof Lindenau, a.a.O. (Anm. 57), S. 14.

70 Ebd., S. 21.

71 Vgl. Michael Kirn, a.a.O. (Anm. 28), S. 61.

72 Hjalmar Hegge, a.a.O. (Anm. 35), S. 386, 387.

Heinz Genswein

Aspekte zum bestehenden Eigentumsrecht als Verständnisgrundlage einer neuen Eigentumsordnung

Die Suche nach der sachgemäßen Form eines neuen Eigentums an Unternehmen bzw. an Produktionsmitteln sowie an Grund und Boden führte in der einschlägigen anthroposophisch-sozialwissenschaftlichen Literatur zu einer Vielzahl von Bezeichnungen: Verantwortungseigentum[1], Nutzungseigentum[2], Treuhandeigentum[3], Eigentum im sozialen Fluß[4], Kreislaufeigentum[5], zeitlich begrenztes[6] oder befristetes Eigentum[7], Produktiveigentum[8] (im Gegensatz zu Konsumeigentum), Wirtschaftseigentum[9], lehensartige Eigentumsformen[10] und andere mehr.

Die genannten Bezeichnungen sind regelmäßig charakterisierend gemeint. Dennoch taucht verschiedentlich der Wunsch nach einheitlicher Terminologie auf bzw. wird nach der juristischen Bedeutung dieser Bezeichnungen gefragt. Insoweit finden sich im juristischen Sprachgebrauch lediglich die Bezeichnungen Nutzung und Treuhandeigentum.

Dieser Beitrag setzt sich nicht zur Aufgabe, sich mit dem Inhalt der genannten Eigentumsformen selbst auseinanderzusetzen. Hierfür wird auf die einschlägige Literatur verwiesen. Die folgenden Ausführungen wenden sich vielmehr an den Nichtjuristen, der die Vorschläge zu einem neuen Eigentumsrecht ins Verhältnis zu dem (in Deutschland) geltenden Eigentumsrecht setzen will. Hierzu sollen einige Aspekte angesprochen werden.

Zuerst wird das Abstraktionsprinzip, mit dem jedes Jurastudium beginnt, grob skizziert. Danach schließen sich Ausführungen zu den Bezeichnungen Nutzung und Treuhandeigentum an. Schließlich wird auf das Verhältnis von Art. 14 GG zu § 903 BGB eingegangen.

1. Das Abstraktionsprinzip

Der Kunde K hat gerade beim Bäcker B einen Laib Brot käuflich erworben. Nach dem Abstraktionsprinzip sind hier das *schuldrechtliche* und das *dingliche Rechtsgeschäft* zu unterscheiden, auch wenn diese in einen Vorgang zusammenfallen, wie das gerade bei den Alltagsgeschäften üblich ist. Das dingliche Rechtsgeschäft ist in seiner Geltung losgelöst, das heißt abstrakt, vom zugrundeliegenden schuldrechtlichen Grundgeschäft. Das schuldrechtliche Grundgeschäft ist hier ein Kaufvertrag, der zwischen dem Bäcker B und dem Kunden K geschlossen wurde und durch den sich B verpflichtet hat, dem K das Brot zu übereignen, und sich K verpflichtet hat *(Verpflichtungsgeschäft),* dem B den Kaufpreis zu bezahlen. Das dingliche Rechtsgeschäft ist hier die Übereignung des Brotes durch Übergabe und Einigung, daß das Eigentum auf K übergehen soll. Durch das dingliche Rechtsgeschäft der Übereignung erfüllt B seine schuldrechtliche Pflicht gegenüber K aus dem Kaufvertrag *(Erfüllungsgeschäft).*[11]

Die allgemeine Regelung der schuldrechtlichen und dinglichen Rechtsgeschäfte findet sich im 2. und 3. Buch des BGB. Das 2. Buch regelt in den §§ 241–853 BGB das Recht der Schuldverhältnisse (Schuldrecht), und das 3. Buch regelt in den §§ 854–1296 das Sachenrecht. Im 2. Buch findet sich eine Anzahl typisierter Schuldrechtsverhältnisse wie Kauf, Schenkung, Miete, Leihe, Darlehen, Dienstvertrag etc. ... Es gilt jedoch im *Schuldrecht* der Grundsatz der *Privatautonomie.* Das heißt, daß durch Vertrag beliebige Schuldverhältnisse begründet werden können, § 305 BGB. Dies hat zwei wesentliche Folgen. Erstens sind die vertragsschließenden Parteien in der Wahl ihres schuldrechtlichen Vertrages nicht auf die im 2. Buch des BGB typisierten Verträge beschränkt, können also beliebig neue Vertragstypen erfinden. Zweitens haben auch die geregelten Vertragstypen *dispositiven* Charakter, sofern sie nicht ausnahmsweise Schutzcharakter haben, z.B. Mieterschutz bei Wohnraummiete. Es können also grundsätzlich auch von den Vertragstypen abweichende Vereinbarungen getroffen werden.

Im 3. Buch gilt dagegen nicht Privatautonomie, sondern der «numerus clausus» des Sachenrechts, auch *Typenzwang* genannt. Das heißt, dingliche Rechte können (außer vom Gesetzgeber) von Privatpersonen nicht beliebig gestaltet werden. Bei der Auswahl der dinglichen Rechte bleiben die vertragsschließenden Parteien auf die im Sachenrecht geregelten dinglichen Rechte verwiesen (Typenzwang). Dies erklärt sich aus dem unterschiedlichen Charakter schuldrechtlicher und dinglicher Rechtsgeschäfte. Durch schuldrechtliche Verträge entstehen *relative Rechte* nur zwischen den Vertragspartnern. Die Pflichten und Rechte aus einem Kaufvertrag z.B. bestehen zwischen dem Käufer und Verkäufer, nicht gegenüber Dritten. Dingliche Rechtsgeschäfte führen dagegen zu *absoluten Rechten,* die auch gegenüber Dritten gelten. Durch die Übereignung wird der Erwerber eines Gegenstandes nicht nur Eigentümer gegenüber dem Veräußerer, sondern gegenüber jedem Dritten.

Aus dem Typenzwang des Sachenrechts folgt, daß neue Eigentumsformen mit dinglicher Wirkung nur durch den Gesetzgeber geschaffen werden können. Dies bedeutet jedoch nicht, daß Privatpersonen (natürliche oder juristische) keinerlei Möglichkeit hätten, neue Eigentumsformen zu entwickeln und auszuprobieren. Sie sind lediglich auf den Rechtsbereich verwiesen, in dem Gestaltungsfreiheit besteht, das heißt auf das durch Privatautonomie geprägte Schuldrecht. Durch schuldrechtliche Gestaltung lassen sich durchaus (partiell) Wirkungen erzielen, nämlich unter den Vertragsparteien (ohne absolute Wirkung gegenüber Dritten), die durch ein neues Eigentumsrecht herbeigeführt werden sollen. Der Warencharakter eines Eigentumsobjektes infolge seiner Verkäuflichkeit könnte beispielsweise dadurch aufgehoben werden, daß der Eigentümer schuldrechtlich verpflichtet wird, nicht zu verkaufen. Das Eigentumsobjekt bleibt dann zwar mit dinglicher Wirkung verkäuflich, wird aber tatsächlich nicht verkauft, solange die Verpflichtung, nicht zu verkaufen, besteht und eingehalten wird, wofür wiederum durch entsprechende schuldrechtliche Gestaltung Vorsorge getroffen werden kann.

Letztlich dürfte es auch kaum gelingen, den gewaltigen (Bewußtseins-)Schritt einer Änderung durch den Gesetzgeber zu erreichen, wenn die der Änderung zugrundeliegenden Vorstellungen nicht zuvor durch Einzelinitiativen erprobt wurden.

2. Nutzung und Treuhandeigentum

a) Nutzung

Der Begriff der Nutzungen ist in § 100 BGB definiert: «Nutzungen sind die Früchte einer Sache oder eines Rechtes sowie die Vorteile, welche der Gebrauch der Sache oder des Rechtes gewährt.»

Den Begriff des Nutzungseigentums kennt das BGB nicht. Es setzt jedoch als selbstverständlich voraus, daß die Nutzungen aus dem Eigentum gemäß § 100 BGB dem Eigentümer als Privatnützigkeit zustehen.[12] Unter diesem Gesichtspunkt könnte man das Eigentum des BGB als Privat-Nutzungseigentum bezeichnen.

Wird jedoch im Sinne eines neuen Eigentums von Nutzungseigentum gesprochen, so ist genau das Gegenteil von Privat-Nutzungseigentum gemeint. Nutzung wird hier verstanden als Benutzung oder Gebrauch. Der Blick wird nicht darauf gerichtet, daß es dem privaten Eigentümer nützt, sondern daß es (am besten) für den sozialen Organismus genutzt wird.

Die Bezeichnung Nutzungseigentum macht die Unterscheidung zwischen Privatnützigkeit und Sozialnützigkeit noch nicht deutlich. Insoweit ist die Unterscheidung zwischen (sozialnützigem) Produktiveigentum und (privatnützigem) Konsumeigentum weniger mißverständlich.

Schließlich kann die Verwendung der Bezeichnung Nutzungseigentum zu Mißverständnissen führen, da Verwechslungen mit den beschränkt dinglichen Nutzungsrechten des Sachenrechtes möglich sind.

Wie schon oben ausgeführt, regelt das Sachenrecht die dinglichen Rechte. Neben dem umfassenden Eigentumsrecht gibt es beschränkt dingliche Rechte, die dem Rechtsinhaber einzelne Befugnisse aus dem umfassenden Eigentumsrecht einräumen. Die meisten dieser beschränkt dinglichen Rechte lassen sich einteilen in die dinglichen Nutzungsrechte oder die dinglichen Verwertungsrechte. Die Verwertungsrechte gestatten unter bestimmten Voraussetzungen die Verwertung der Sache durch Veräußerung, z.B. Hypothek, Grundschuld, Pfandrecht. Die Nutzungsrechte ermöglichen dagegen die Benutzung und das Gebrauchen einer Sache, nicht dagegen den Verkauf, z.B. Nießbrauch oder Erbbaurecht (seit 1913 nicht mehr im BGB, sondern in der ErbbauVO geregelt). Auch wenn hier Nutzung im Sinne von Benutzung und Gebrauchen gemeint ist, so bleibt doch der obige Einwand bestehen, daß von den dinglichen Nutzungsrechten von ihrer rechtlichen Ausgestaltung her privatnütziger und nicht sozialnütziger Gebrauch gemacht wird.

b) Treuhandeigentum

Einen gesetzlich definierten oder allgemein anerkannten Rechtsbegriff der Treuhand gibt es nicht.[13] Im allgemeinen ist jedoch den als treuhänderisch bezeichneten Verhältnissen gemeinsam, daß ein Treugeber einem Treuhänder eine besondere Rechtsstellung einräumt. Auf der Grundlage dieser besonderen Rechtsstellung kann der Treuhänder für den Treugeber im Außenverhältnis, das heißt gegenüber Dritten, tätig werden. Durch den das Innenverhältnis von Treugeber und Treuhänder regelnden Treuhandvertrag wird bestimmt, in welcher Weise der Treuhänder tätig werden soll. Die Treue des Treuhänders besteht nun darin, daß er sich an den Treuhandvertrag hält und die ihm eingeräumte Rechtsstellung nicht dadurch mißbraucht, daß er damit andere Zwecke verfolgt als die im Treuhandvertrag vereinbarten.

Die besondere Rechtsstellung des Treuhänders kann auf schuldrechtlichem oder dinglichem Wege herbeigeführt werden. Bei der schuldrechtlichen Variante bleibt der Treugeber Vollrechtsinhaber. Er bleibt also im Hinblick auf sein Eigentum Eigentümer. Die besondere Rechtsstellung des Treuhänders wird dadurch herbeigeführt, daß der Treuhänder vom Treugeber (schuldrechtlich) ermächtigt wird, über das Eigentum des Treugebers zu verfügen. Da der Treugeber Eigentümer bleibt, wird hier nicht von Treuhandeigentum gesprochen.

Von Treuhandeigentum wird dagegen dann gesprochen, wenn die besondere Rechtsstellung des Treuhänders gerade dadurch herbeigeführt wird, daß das Eigentum des Treugebers auf den Treuhänder übertragen wird, damit dieser darüber gemäß dem Treuhandvertrag verfügen kann. Ein häufiger Fall dieses Treuhandeigentums ist das Sicherungseigentum. Hier überträgt ein Kreditnehmer dem Kreditgeber sein Eigentum, damit dieser zur Sicherung seines Rückzahlungsanspruches das Eigentum im Falle des Vermögensverfalles des Kreditnehmers verwerten kann.

Ein solches Treuhandeigentum hat freilich mit einem neuen Eigentumsrecht nichts zu tun. Durch den Treuhandvertrag wird der Treuhänder lediglich gegenüber dem privaten Treugeber verpflichtet, in einer bestimmten Art und Weise mit dem ihm übertragenen Eigentum, das ansonsten vollkommen unverändert bleibt, umzugehen.

Dennoch ist meines Erachtens die Bezeichnung Treuhandeigentum für ein neues Eigentum durchaus angemessen. Mißverständnisse werden nicht heraufbeschworen, da der allgemeine Gedanke der Treuhand ja wesentlich mehr umfaßt als den Fall, daß einem Treuhänder von einem privaten Treugeber Eigentum übertragen wird. In diesem Zusammenhang sei nur die Treuhandanstalt erwähnt, die zur Überführung der volkseigenen Betriebe der ehemaligen DDR in Privateigentum geschaffen wurde.[14]

Angemessen erscheint mir diese Bezeichnung, weil mit ihr beide Aspekte des Eigentums an Produktionsmitteln in sachgemäßer Weise angesprochen werden: Sachherrschaft und Sozialnützigkeit. Wer etwas zu treuen Händen bekommt, dem wird aufgrund seiner Vertrauensstellung eine besondere Befugnis im Umgang mit dieser Sache eingeräumt. Im Falle des sachgemäßen Eigentums an Produktionsmitteln wird demjenigen, dessen Initiative und Befähigung entsprechendes Vertrauen entgegengebracht wird, die Befugnis eingeräumt, über den Einsatz dieser Produktionsmittel zu bestimmen (Sachherrschaft).

Der Begriff der Treuhand enthält auch das Tätigwerden für einen anderen (Fremd- oder Sozialnützigkeit). Erweist sich im Falle des sachgemäßen Eigentums das dem Treuhänder entgegengebrachte Vertrauen als berechtigt, so kommt dies in erster Linie der Allgemeinheit als Treugeber zugute, genauso wie diese die Folgen im Falle des Versagens des Treuhänders zu tragen hat.

3. Das Verhältnis von Art. 14 GG zu § 903 BGB

Art. 14 GG

(I) Das Eigentum und das Erbrecht werden gewährleistet. Inhalt und Schranken werden durch das Gesetz bestimmt.

(II) Eigentum verpflichtet. Sein Gebrauch soll zugleich dem Wohle der Allgemeinheit dienen.

(III) Eine Enteignung ist nur zum Wohle der Allgemeinheit zulässig. Sie darf nur durch Gesetz oder auf Grund eines Gesetzes erfolgen, das Art und Ausmaß der Entschädigung regelt. Die Entschädigung ist unter gerechter Abwägung der Interessen der Allgemeinheit und der Beteiligten zu bestimmen. Wegen der Höhe der Entschädigung steht im Streitfalle der Rechtsweg vor den ordentlichen Gerichten offen.

§ 903 BGB

Der Eigentümer einer Sache kann, soweit nicht das Gesetz oder Rechte Dritter entgegenstehen, mit der Sache nach Belieben verfahren und andere von jeder Einwirkung ausschließen.

Das Verhältnis dieser Bestimmungen zueinander ergibt sich aus dem Vorrang des Verfassungsrechts (Art. 14 GG) gegenüber dem einfachen Gesetz (§ 903 BGB). Soweit das vor 1949 (Inkrafttreten des GG) geltende einfache Gesetz (das BGB trat am 01.01.1900 in Kraft) dem GG widerspricht, ist es nach 1949 verfassungskonform auszulegen, um nicht verfassungswidrig und damit unwirksam zu sein. Für die Feststellung der Verfassungswidrigkeit bzw. für die Prüfung der Möglichkeit einer verfassungskonformen Auslegung ist das Bundesverfassungsgericht zuständig. Dieses nahm in seiner Auskiesungsentscheidung vom 15.06.1981 zum Verhältnis von § 903 BGB zu Art. 14 GG Stellung.

BVerfGE 58,300 (Auskiesungs-E): «... Die Rechtsansicht, die durch § 903 BGB umschriebene Rechtsstellung des einzelnen Grundstückeigentümers werde durch die generellen Vorschriften des Wasserhaushaltsgesetzes in enteignender Weise beschränkt, knüpft an die zur Weimarer Reichsverfassung vertretene Auffassung an, eine Enteignung sei schon dann anzuerkennen, ‹wenn das Recht des Eigentümers, mit seiner Sache gemäß § 903 BGB nach Belieben zu verfahren, zugunsten eines Dritten beeinträchtigt› werde (RGZ 116, 268 (272); BGHZ 6,270 (276) –). Diese am Vorrang der bürgerlich-rechtlichen Eigentumsordnung gegenüber öffentlich-rechtlichen Vorschriften orientierte Rechtsansicht entspricht nicht dem Grundgesetz.

Der Begriff des von der Verfassung gewährleisteten Eigentums muß aus der Verfassung selbst gewonnen werden. Aus Normen des einfachen Rechts, die im Range unter der Verfassung stehen, kann weder der Begriff des Eigentums im verfassungsrechtlichen Sinn abgeleitet noch kann aus der privatrechtlichen Rechtsstellung der Umfang der Gewährleistung des konkreten Eigentums bestimmt werden.

Das Grundgesetz hat dem Gesetzgeber den Auftrag zugewiesen, eine Eigentumsordnung zu schaffen, die sowohl den privaten Interessen des einzelnen als auch denen der Allgemeinheit gerecht wird [...]. Ihm obliegt hierbei eine doppelte Pflicht: Einerseits muß er im Privatrecht [...] die für den Rechtsverkehr und die Rechtsbeziehungen der Bürger untereinander maßgeblichen Vorschriften schaffen; andererseits hat er den Belangen der Allgemeinheit – in die vor allem jeder Grundstückseigentümer eingebunden ist – in den (meist) öffentlich-rechtlichen Regelungen Rechnung zu tragen. Werden die bürgerlich-rechtlichen Rechtsbeziehungen üblicherweise mit dem Begriff des subjektiven Privatrechts umschrieben, so wirken bei der Bestimmung der verfassungsrechtlichen Rechtsstellung des Eigentümers bürgerliches Recht und öffentlich-rechtliche Gesetze gleichrangig zusammen. Die bürgerlich-rechtliche Eigentumsordnung ist keine abschließende Regelung von Inhalt und Schranken des Eigentums. Den privatrechtlichen Eigentumsvorschriften kommt im Rahmen des Art. 14 GG auch kein Vorrang vor den öffentlich-rechtlichen Vorschriften zu, die eigentumsrechtliche Regelungen treffen.

Welche Befugnisse einem Eigentümer in einem bestimmten Zeitpunkt konkret zustehen, ergibt sich vielmehr aus der Zusammenschau aller in diesem Zeitpunkt geltenden, die Eigentümerstellung regelnden gesetzlichen Vorschriften. Ergibt sich hierbei, daß der Eigentümer eine bestimmte Befugnis nicht hat, so gehört diese nicht zu seinem Eigentumsrecht. Wie der Gesetzgeber ihren Ausschluß herbeiführt, ist lediglich eine Frage der Gesetzestechnik. Definiert er die Rechtsstellung zunächst umfassend, um in einer weiteren Vorschrift bestimmte Herrschaftsbefugnisse von ihr auszunehmen, so ist dem Betroffenen von vornherein nur eine in dieser Weise eingeschränkte Rechtsposition eingeräumt. [...]

Aus der Gesamtheit der verfassungsmäßigen Gesetze, die den Inhalt des Eigentums bestimmen, ergeben sich somit Gegenstand und Umfang des durch Art. 14 Abs. 1 Satz 1 GG gewährleisteten Bestandsschutzes und damit auch, wann ein zur Entschädigung verpflichtender Rechtsentzug vorliegt.»[15]

Es kann also festgehalten werden, daß § 903 BGB nur eine einfachgesetzliche Bestimmung von vielen ist, durch die der Gesetzgeber seinem durch Art. 14 GG erteilten Auftrag zur Inhalts- und Schrankenbestimmung nachkommt.

Die Befugnis des Gesetzgebers zur Inhalts- und Schrankenbestimmung hat jedoch je nach Regelungsmaterie unterschiedliche Reichweite. Auch hierzu nahm das Bundesverfassungsgericht in seiner Mitbestimmungsentscheidung von 1979 Stellung.

BVerfGE 50, 290, 340 f: «... Soweit es um die Funktion des Eigentums als Element der Sicherung der persönlichen Freiheit des Einzelnen geht, genießt dieses einen besonders ausgeprägten Schutz. [...] Dagegen ist die Befugnis des Gesetzgebers zu Inhalts- und Schrankenbestimmungen um so weiter, je mehr das Eigentumsobjekt in einem sozialen Bezug und einer sozialen Funktion steht. [...] Maßgebend hierfür ist der in Art. 14 Abs. 2 GG Ausdruck findende Gesichtspunkt, daß Nutzung und Verfügung in diesem Fall nicht lediglich innerhalb der Sphäre des Eigentümers bleiben, sondern Belange anderer Rechtsgenossen berühren, die auf die Nutzung des Eigentumsobjekts angewiesen sind [...].»[16]

Als nahezu unbeschränktes Eigentum beschreibt § 903 BGB innerhalb des Art. 14 GG den einen Pol des rein privaten Eigentums ohne Sozialbindung (reines Konsumeigentum). Für das Eigentum an Produktionsmitteln hat § 903 BGB infolge des allergrößten Sozialbezugs desselben nicht mehr die allein maßgebende Bedeutung.[17] Durch eine Vielzahl die Unternehmensverfassung regelnder Gesetze, vor allem Mitbestimmungsgesetze, Betriebsverfassungsgesetz etc., sind dem Belieben des Eigentümers umfangreiche Schranken gesetzt. In diesem Sinne gibt es also schon nach der geltenden Rechtsordnung Produktiveigentum im Gegensatz zum reinen Konsumeigentum des § 903 BGB.

Das bereits in diesem Sinne vorhandene Produktiveigentum ist freilich alles andere als sachgemäß gestaltet, das heißt aus dem Wesen des zu regelnden Gegenstandes, dem Wesen des Verhältnisses von mündigem Mensch zu Produktionsmitteln.

Die sachgemäße Ausgestaltung vorzunehmen ist Sache des Gesetzgebers. Art. 14 GG hat den Konflikt zwischen Eigentum und Sozialbindung, das heißt zwischen dem Eigentümer und dem vom Eigentum Abhängigen, nicht gelöst, ihn eher verfassungsrechtlich verankert. Ob der Gesetzgeber einmal ein sachgemäßes Eigentum an Produktionsmitteln ausgestalten wird, hängt nicht zuletzt davon ab, ob die bislang vorherrschende Vorstellung aufgegeben werden kann, daß Produktionsmittel wie Konsumgüter zunächst einen privatnützigen (nicht zu verwechseln mit privatinitiativen) Eigentümer haben müssen und der Unterschied zum Konsumeigentum lediglich darin besteht, daß der Eigentümer umfassenderen Beschränkungen unterworfen ist.

Ob auch das Bundesverfassungsgericht eine gesetzgeberische Ausgestaltung mittragen würde, die die Gewährleistung der Privatnützigkeit des Eigentums durch Art. 14 Abs. 1 GG nicht wie bisher auch auf die Produktionsmittel erstreckt, ist hier müßig zu beantworten. Wenn erst der Gesetzgeber solch eine Gestaltung hervorgebracht haben wird, liegt es nahe, daß sich auch ein entsprechender Wandel in den Anschauungen der obersten Richter feststellen läßt. Die oben zitierten Entscheidungen des Bundesverfassungsgerichts jedenfalls stehen einer solchen Entwicklung meines Erachtens nicht entgegen.

Anmerkungen

1 Folkert Wilken, *Die Entmachtung des Kapitals durch neue Eigentumsformen,* Freiburg 1959.
2 Ebd.; und Udo Hermannstorfer, *Scheinmarktwirtschaft,* Stuttgart 1991, S. 81 f.
3 Udo Hermannstorfer, ebd.; Eugen Löbl, *Wirtschaft am Wendepunkt,* Achberg 1975, S. 49 ff.; Axel Janitzki, Eigentum, Besitz und Nutzung in der Landwirtschaft, in: *Kooperation oder Konkurs?,* hrsg. von Heinz Gengenbach und Max Limbacher, Stuttgart 1989, S. 27 ff.
4 Udo Hermannstorfer, a.a.O. (Anm. 2), S. 82.
5 Wolfgang Latrille, *Assoziative Wirtschaft,* Stuttgart 1985, S. 81.
6 Ebd., S. 87 ff.
7 Franziskus Ott, *Befristetes Eigentum als Resultat empirischer Rechtsanschauung,* Dissertation, Zürich 1977.
8 Ebd.; und Michael Kirn, *Der deutsche Staat in Europa,* Stuttgart 1991, S. 182 ff.
9 Ebd., S. 190.
10 Benediktus Hardorp, *Anthroposophie und die sozialen Herausforderungen,* Dornach 1994, S. 108.
11 Vgl. Palandt, BGB, 53. Auflage, Einl. v. § 854, Randnummer (Rn) 1 ff., 16.
12 Bzw. regelt dies in § 950 BGB, wobei Hersteller i. S. d. Vorschrift nach gefestigter Rechtsprechung nicht die tatsächlich Produzierenden sind, sondern derjenige, in dessen Namen und wirtschaftlichem Interesse die Herstellung erfolgt (vgl. Palandt, BGB, 53. Aufl., § 950, Rn 8), also in der Regel der Eigentümer der Produktionsmittel.
13 Palandt, BGB, 50. Auflage, § 903, Rn 33.
14 Vgl. hierzu Harald Spehl in: Rundbrief *Dreigliederung des sozialen Organismus,* Nr. 3, Okt. 1992.
15 Zitiert aus: Jürgen Schwabe, *Entscheidungen des BVerfGE* [6]1994.
16 Zitiert aus: Michael Kirn, a.a.O. (Anm. 8), S. 180.
17 Ebd., S. 176 f.

Jobst von Heynitz

Bodenordnung leistungsfähiger Struktur

Ordnungspolitische Leitlinien und konkrete Ausformung – ein Beitrag zur Bodenlehre Rudolf Steiners und zur Dreigliederung des sozialen Organismus auf dem Felde der Bodenordnung[1]

I. Mensch und Boden

1. Boden und Bodenschätze – Erbgut aller Menschen

Boden ist keine Ware, denn er kann von Menschen weder produziert noch konsumiert werden. Auch die Bodenschätze hat kein Mensch unter Mühen und Kosten in ihre Lagerstätten gebracht. Der Boden und seine Schätze sind zusammen mit anderen Teilen der Natur den Menschen geschenkt, ihr aller Erbgut.

2. Lebens- und Arbeitsgrundlage der Menschheit

Alle Menschen brauchen für ihre natürlichen Bedürfnisse, wie Wohnen, Schlafen, Essen, und ihre Unternehmungen individuelle Nutzungsrechte an einem bestimmten Teil der Erde und Mitgebrauchsrechte an Gemeingebrauchsflächen. Boden und Bodenschätze sind Lebens- und Arbeitsgrundlage aller Menschen.[2]

3. Bodenrente aller Menschen

Der Ertrag aus der Bodennutzung, in volkswirtschaftlich-wissenschaftlicher Terminologie «Bodenrente» genannt, ist die ökonomische Seite des Bodens.[3] Wo auch immer Menschen allein oder gemeinsam mit anderen Boden nutzen, schließen sie alle übrigen von der Nutzung dieses Teils der Erde völlig oder teilweise aus und gewinnen die Bodenrente zulasten aller anderen. Müßte die Bodenrente nicht Gut aller Menschen sein?

4. Grundlegende Erwartungen an eine künftige Bodenordnung

Der Begriff «Bodenordnung» lenkt den Blick auf die Erde mit ihren nutzbaren Flächen und Bodenschätzen als Erbgut aller Menschen, auf ihre Nutzungs- und Verbrauchsansprüche und die Verteilung der Erträge. Dabei werden einige Betrachter die vielfältigen und einmaligen Wesenszüge der Erde vor Augen haben und erwarten, die Bodenordnung möge sie im Interesse der Menschheit und jedes einzelnen Menschen wirksam bewahren und verteidigen helfen. Andere werden vielleicht an Kämpfe und Kriege um Raum und Bodenschätze und die dahinterstehenden wirtschaftlichen Interessen denken und erwarten von der Bodenordnung – im Sinne eines Minimalkonsenses – einen friedlichen Ausgleich gemeinschaftlicher und individueller menschlicher Interessen an der Nutzung der Erdoberfläche und der Bodenschätze und an den dabei zu erzielenden Erträgen.

Mit der Bodenordnung verbinden sich daher drei grundlegende Erwartungen: Zum ersten geht es um den Schutz und die Erhaltung der Erde, der Natur und ihrer Schätze und in diesem Rahmen um die Festlegung ihrer Nutzung, zum zweiten geht es um die damit verträgliche Verteilung ihrer nutzbaren Flächen und Bodenschätze und zum dritten um die Verwendung der dabei anfallenden Erträge.

5. Zum Aufbau der Untersuchung

Nach dem Blick auf die Struktur rechtlich verfestigter Sondervorteile am Boden (II.) wird die heutige Bodenordnung mit ihrer Tendenz zur Spaltung der Welt und der Gesellschaft (III.) und ihren ordnungspolitischen Mängeln (IV.) untersucht. Der Versuch, ordnungspolitische Leitlinien einer künftigen Bodenordnung zu beschreiben (V.), leitet über zur Entwicklung eines leistungsfähigen Verteilungsinstruments für Bodennutzungs- und -verwertungsrechte (VI.) und zur Empfehlung eines Instruments für den sozialen Ausgleich in der Bodenordnung (VII.). Zur weltweiten Bodenordnung (VIII.) und ihrer friedensstiftenden Kraft (IX.) wird Stellung genommen und zu einigen praktischen Aspekten des im folgenden entwickelten Reformkonzepts (X.). Nach dem Versuch, die Bodenlehre Rudolf Steiners und sein Bild von einer künftigen Bodenordnung zu beschreiben (XI.), werden Besteuerungsreformpläne Steiners Bodenlehre gegenübergestellt und die Parallelen zwischen seiner Lehre und dem im folgenden entwickelten Reformkonzept beleuchtet (XII. 1. und 2.). Am Schluß wird Roland Geitmanns Lob und Kritik am Erbbaurechtskonzept des «Seminars für freiheitliche Ordnung» in diesem Buch aufgegriffen, seine Deutung einer Aussage Steiners kommentiert, deren Konsequenz es sei, in Steiners Bodenlehre einen Anstoß zur Einrichtung von Bodenprivilegien zu sehen, und gefragt, welche Kompromisse nötig sind, um Reformen nach Steiners Anregungen umzusetzen (XII. 3. bis 5.).

II. Eine Geschichte rechtlich verfestigter Sondervorteile am Boden

Die Geschichte der Bodenordnung ist eine Geschichte der mit dem Boden rechtlich verfestigten Sondervorteile. Ziel der auf Sondervorteile gerichteten Interessen ist der ökonomische Ertrag aus der Bodennutzung: die Bodenrente. Ansatzpunkt, um diesen Ertrag zu einem stabilen Sondervorteil zu machen, ist der Erwerb eines Rechts, das den Ertrag möglichst lange und kostengünstig sichert.

Auch heute noch leistet sich die Menschheit auf der klein gewordenen Erde eine von partikularen Interessen bestimmte Bodenordnung mit rechtlichen Sondervorteilen. So verfügen z.B. die einzelnen Staaten unentgeltlich über die innerhalb ihrer Grenzen gelegenen Bodenschätze und sind nach Räubermanier bestrebt, ihre Grenzen möglichst weit in das Meer hinauszuverlegen, um Erdöl und andere Bodenschätze aus dem Meeresgrund fördern zu können, ohne die Erträge aus diesem Raub mit anderen teilen zu müssen.[4]

Ansatzpunkt für Sonderinteressen innerhalb der Nationalstaaten sind – wie im internationalen Bereich – möglichst günstig erwerbbare und möglichst langfristig ausnutzbare Bodennutzungs- und -verwertungrechte. Mit zeitlich völlig unbeschränkten Bodennutzungs- und -verwertungsrechten hat man Teil am Ewigkeitscharakter des Bodens, der fortlaufend gebraucht, aber nicht verbraucht werden kann,[5] und an dem aufgrund seiner Knappheit ewig fließenden Bodenrentenstrom.[6] Zeitlich unbeschränkte Bodennutzungs- und -verwertungsrechte gibt es in verschiedener Gestalt. Ein Verwertungsrecht eigener Art war das historische Obereigentum der Lehnsherren. Heute gehören dazu Bodeneigentum, zeitlich unbefristete Erbbaurechte oder durch Aufhebung oder Einschränkung der Kündbarkeit «verewigte» Miet- oder Pachtrechte.[7]

Beim Kauf von Bodeneigentum wird mit der einmaligen Zahlung des Kaufpreises ein zeitlich unbeschränktes (ewiges) Recht zur Bodennutzung und am Bodenrentenstrom erworben. Das unterscheidet den Kauf deutlich vom Erwerb von Bodennutzungsrechten über Nutzungsentgelte, z. B. Pacht-, Erbbau- oder Mietzinszahlungen, mit denen diese Rechte nur für die Zeit der Entgeltzahlung erworben werden. Aber auch diese zeitlich beschränkten Bodennutzungsrechte gewähren Sondervorteile, wenn die Nutzungsentgelte unter der marktgemäßen Bodenrente liegen; dann bleibt die Differenz zur marktgemäßen Bodenrente als Quasi-Eigennutzungsertrag in der Hand der Bodennutzungsberechtigten und bereichert sie.[8]

Entscheidend für das Ausmaß des Sondervorteils sind daher zwei Dinge:
1. die Art des Rechts
2. die Differenz zwischen den Erträgen aus den marktgemäßen Bodenrenten und dem Erwerbsaufwand für das Recht.

Bodennutzungs- und -verwertungsrechte ohne zeitliche Beschränkung sind am vorteilhaftesten, weil damit der *unendliche* Bodenrentenstrom vollständig erworben wird. Die größten Sondervorteile werden erzielt, wenn solche Rechte kostenlos oder zu (endlichen) Kosten erworben werden, die nur zeitlich begrenzt anfallen, z.B. ein Kaufpreis aus eigenen Mitteln oder Kosten aus Krediten für den Kauf von Boden, die aus Bodenrentenerträgen oder anderen Quellen getilgt werden.

III. Eine verteilungspolitisch gespaltene Welt

Eine Welt, in der einige Länder wertvolle Bodenschätze ihr eigen nennen und andere nicht, ist eine gespaltene Welt. Den Ländern, die über Ausbeutung oder Nichtausbeutung ihrer Bodenschätze entscheiden und Erträge aus ihnen erzielen, stehen jene gegenüber, die Rohstoffverbraucher sind. Ein Teil ihrer gezahlten Rohstoffpreise füllt den Bodenrenten-Ertragsstrom zu den Rohstoffländern; sie sind von ihnen abhängig und ihrer Willkür ausgesetzt, gemäßigt nur bei vorhandenem Wettbewerb unter den Bodenschatzanbietern.

Wo, wie etwa in Deutschland, alles Land gekauftes oder noch günstiger erworbenes Bodeneigentum ist, ist die Gesellschaft in zwei Teile gespalten. Auf der einen Seite stehen alle Bodeneigentümer mit dem Privileg ihres zeitlich unbeschränkten Bodennutzungs- und -verwertungsrechts. Wie die Flüsse in das Meer, so strömen ihnen die Nutzungsentgelte fremdgenutzter Grundstücke und die Bodenrenten als Erträge eigengenutzter Grundstücke ewig in die Kassen. Auf der anderen Seite stehen Pächter, Erbbauberechtigte und Mieter, die beim Zugang zu einem Bodennutzungsrecht von der anderen Seite abhängig und ihrer Willkür – nur gemäßigt durch den Wettbewerb unter den Anbietern – ausgesetzt sind. Sie speisen den ewigen Strom der Nutzungsentgelte zum anderen Teil der Gesellschaft, soweit nicht sozialpolitisch motivierte Gesetze, z.B. Mieterschutzgesetze, Grenzen setzen. – Abhängig und der Willkür ausgesetzt sind in gleicher Weise auch Kaufwillige, die Kaufpreise für Bodeneigentum an die andere Seite der Gesellschaft zahlen, danach aber der privilegierten Seite der Gesellschaft angehören.

IV. Ordnungspolitische Mängel der heutigen Bodenordnung

1. Mängel beim Schutz der Bodenschätze und der Umwelt (Natur)

Zu den drängendsten Problemen unserer Zeit zählt weltweit die Aufgabe, die Ausbeutung der Bodenschätze und den Umweltmißbrauch zu begrenzen. Denn Rohstoffvorräte und Natur sind Erbteil der gesamten Menschheit; künftige Generationen dürfen nicht eine geplünderte und verwüstete Erde vorfinden. Drei miteinander zusammenhängende Aufgaben sind zu lösen:[9]

1. Wie bei der örtlichen Festlegung von Umfang und Art der Grundstücksnutzung müssen Organe der Gesamtmenschheit (wohl bei den UN) weltweit den Umfang der Nutzung von Bodenschätzen und Umwelt im Interesse künftiger Generationen begrenzen und die Art der Nutzung festlegen.
2. Die Kosten für die Nutzung von Bodenschätzen und der Umwelt müssen durch Begrenzung der Nutzung steigen, damit ressourcensparende Prozesse über das heutige Maß hinaus in Gang kommen.
3. Die durch Verknappung steigenden Erträge aus der Rohstoffgewinnung und der Umweltnutzung müßten so verteilt werden, daß die unter 1. und 2. beschriebenen Aufgaben nicht durch die Art der Verteilung konterkariert werden.

Die Welt ist auf diesem Felde weit davon entfernt, ordnungspolitisch auf der Höhe der Zeit zu sein. Unabhängige Organe, die weltweit Umfang und Art der Nutzung von Bodenschätzen und Umwelt festlegen, fehlen weitgehend.[10] In vielen Rohstoffländern werden Rohstoffe in unvertretbaren Mengen und zum Teil in einer die Umwelt verwüstenden Weise gefördert, so daß die Rohstoffpreise weltweit zum Teil gefallen sind, aber auch dort, wo sie gestiegen sind – gemessen am notwendigen sparsamen Verbrauch von Bodenschätzen –, viel zu niedrig sind.[11]

2. Pressionen auf raumordnende und vergleichbare Prozesse

Der Aufgabe, Umfang und Art der Nutzung von Grundstücken, Bodenschätzen und Umwelt festzulegen, muß die Erkenntnis vorausgehen, was denn an Nutzung notwendig und verträglich ist. Der Erkenntnis- und der folgende Entscheidungsprozeß werden gestört, wenn Ertragsinteressen ihn beeinflussen.

Die Höhe der Bodenrenten hängt vom Umfang und von der Art der Grundstücks- und Umweltnutzung und der Rohstoffausbeutung ab. Die dafür maßgeblichen Erkenntnis- und Entscheidungsprozesse sind daher heute massiven, aus Ertragsinteressen motivierten Einflüssen ausgesetzt. Ordnungspolitisch sind diese für die Erkenntnis- und Entscheidungsprozesse schädlichen Einflüsse nicht hinnehmbar.

3. Wettbewerbsmängel und Wohlstandsverluste

Von Märkten erwartet man einen zügigen Ausgleich von Angebot und Nachfrage und eine optimale Allokation der Ressourcen. Bodenangebot, -nachfrage und -preise sind in Deutschland frei. Grundstücke bleiben aber viele Jahre ungenutzt oder unzureichend genutzt liegen, obwohl Makler und Nachfrager danach Schlange stehen. Erwartete Preissteigerungen verstärken die Zurückhaltung und wirken – im Gegensatz zu anderen Märkten – nicht angebotsmehrend. Das Angebot wird kartellähnlich verknappt mit der Folge überhöhter Preise. – Investoren müssen vielfach, weil sie Grundstücke an optimalen Standorten nicht erwerben können, auf weniger geeignete Standorte ausweichen. Damit sind Produktivitäts-, Wachstums- und Wohlstandsverluste verbunden, die z.B. für den im weltweiten Wettbewerb stehenden Standort Deutschland kein Ruhmesblatt sind. – Insgesamt herrscht auf Bodenmärkten eine Tendenz zum Marktversagen statt zum Marktausgleich. Diese mangelnde Effizienz ist besonders schädlich, weil Boden prinzipiell unvermehrbar ist, so daß Verschwendung nicht an anderer Stelle ausgeglichen werden kann. – Ökonomische Allokations- und Wohlstandsdefizite dieses Ausmaßes sind ordnungspolitisch in keiner Weise akzeptabel.

Eine wesentliche Ursache für diese Mängel ist: Inhaber von Bodeneigentum und anderer zeitlich unbeschränkter Bodennutzungsrechte haben es, wenn sie keine Nutzungsentgelte zahlen und daher keine Kosten decken müssen, schlicht nicht nötig, sich der Nachfrage anzupassen. Sie können warten, und ihr Warten kann sehr ertragreich sein, wenn Bodenrenten und Bodenverkaufswerte steigen. Sie stehen nicht unter Wettbewerbsdruck wie Anbieter auf anderen Märkten, sondern versperren anderen den Zutritt zum Bodenmarkt. Das ist mit der dem fairen Wettbewerb und dem freien Zutritt zu allen Märkten verpflichteten marktwirtschaftlichen Ordnung nicht vereinbar und ein schwerer ordnungspolitischer Mangel der gegenwärtigen Bodenordnung, auch wenn er kaum wahrgenommen oder verniedlicht wird.

Der allgemeine Mieterschutz und der spezielle des sozialen Wohnungsbaus in Deutschland gewähren den Inhabern von Mietwohnungen das Privileg zeitlich weitgehend unbeschränkter Nutzungsrechte und erschließen ihnen durch gestoppte Mieten unentgeltlich Teile der Bodenrentenerträge. Wohnungszurückhaltung, Wohnflächenverschwendung, Immobilität, ein kartellähnlich verknapptes Mietwohnungsangebot mit überhöhten Mieten, noch gefördert durch die mieterschutzbedingte Zurückhaltung potentieller Investoren beim Mietwohnungsbau, usw. sind die Folge. Die Nachteile haben – wie die Nachfrager auf den Bodenmärkten – die ungeschützten Nachfrager nach Mietwohnungen zu tragen. Die Mietergesellschaft wird in etablierte Habende und Ausgeschlossene gespalten.[12] Diese den Bodenmärkten völlig gleichartigen Allokationsdefizite und Mängel an Wettbewerbselementen sind ordnungspolitisch auch unerträglich und werden daher zu Recht kritisiert.[13]

4. Ökologische und städtebauliche Effizienzmängel

Wer zeitlich unbeschränkte Bodennutzungsrechte unentgeltlich oder zu einem im Vergleich zu den Erträgen günstigen Entgelt innehat, hat es nicht nötig, mit seinem Boden flächensparend umzugehen. Er kann z.B. auch städtebaulich nutzbare Grundstücke ohne Nachteile – abgesehen von entgangenen Gewinnen (Opportunitätskosten) – ungenutzt oder nur unzureichend genutzt als Baulücken liegen lassen. Mieter großer Wohnungen mit untermarktgemäßen Mieten, die sie dem Mieterschutz oder freundlichen Vermietern verdanken, können sich – wie Bodeneigentümer – Wohnflächenverschwendung leisten. Diese Verhaltensweisen zwingen zur Ausweisung zusätzlicher städtebaulich nutzbarer Flächen weiter draußen mit höherem Verkehrsaufkommen und stehen städtebaulichen Verdichtungsbestrebungen aus ökologischen, verkehrspolitischen oder Lärmvermeidungsgründen entgegen. Die ökonomischen Effizienzmängel der heutigen Bodenordnung unter Einschluß des Mieterschutzes sind also zugleich die Quelle ökologischer und städtebaulicher Effizienzmängel. Die heutige Bodenordnung ist auch insoweit ordnungspolitisch nicht auf der Höhe der Zeit.

5. Belastende Verbindung zwischen Kapital- und Bodenmärkten

Die Entwicklung der Bodenrenten hängt ab von der Nachfrage nach und dem Angebot an Bodennutzungsrechten. Die Kapitalzinsentwicklung richtet sich nach Angebot und Nachfrage auf den Kapitalmärkten. Die Angebots- und Nachfrageentwicklung auf beiden Märkten und die sich auf ihnen ausgleichenden Knappheiten haben wenig miteinander zu tun. Kapitalzinsen und Bodenrenten können sich daher gleichgerichtet, aber auch in verschiedener Richtung entwickeln. Aber trotzdem hängen sie insofern zusammen, als man Kapitalmarktzins- und Bodenrentenerträge miteinander vergleichen, über den Kauf und Verkauf von Bodeneigentum gegeneinander tauschen und deshalb Kapital dort anlegen kann, wo es jeweils höhere Erträge bringt. Der Zusammenhang entsteht dadurch, daß Boden(kauf)preise unmittelbar vom realen Kapitalmarktzins abhängen;[14] denn es läßt sich erst über den Zinssatz eine ewige Rente wie die Bodenrente in einem Kapitalbetrag (Barwert) ausdrücken: Der Bodenpreis sagt als Kapitalwert aus, welche Summe an Kapital auf dem Kapitalmarkt notwendig ist, um ein der Bodenrente entsprechendes Zinseinkommen zu erzielen.[15] – Sinken die realen Kapitalmarktzinsen, so steigt rein rechnerisch bei gleichen Bodenrenten der Bodenpreis, weil der Kapitalbetrag, der nötig ist, um beim gesunkenen Zins den gleichen Zinsertrag wie beim höheren Zins abzuwerfen, größer sein muß.[16] Bei sinkenden Realzinsen sind aus dem Bodeneigentum höhere Erträge als aus Kapital, das an Kapitalmärkten angelegt ist, zu erwarten; infolgedessen steigt die Neigung, Bodeneigentum zu erwerben und zurückzuhalten; es steigt die Nachfrage danach, zugleich vermindert sich das Angebot. Daher steigen bei sinkendem Zins nicht nur rechnerisch, sondern auch real die Bodenpreise, wobei dieser Prozeß bereits einsetzt, wenn sinkende Zinsen und ihnen folgend steigende Bodenpreise erwartet werden. Umgekehrt wirken sich steigende Realzinsen und entsprechende Erwartungen aus: Rechnerisch fallen die Bodenpreise, wie die Tabelle in Anmerkung 16 zeigt; um an den steigenden Kapitalzinserträgen teilzuhaben, steigt auch real die Neigung, Bodeneigentum abzugeben; daher steigt das Angebot, ohne daß die Nachfrage mitsteigt, so daß die Bodenpreise real fallen.

Ordnungspolitisch fragwürdige Belastungen der Bodeneigentumsmärkte aus der Kapitalmarktentwicklung sind z.B.:

1. *Scheinbare und reale Kreditrisiken:* Den Banken drohen Erlöseinbußen bei der Verwertung hypothekarisch verpfändeter Grundstücke, wenn reale Kapitalmarktzinssteigerungen erwartet werden und deshalb die Bodenpreise fallen, z.B. beim Zinsanstieg von 2 % auf 4 % um 50 %. Das heißt, ihre Sicherheiten für Hypothekenkredite an Unternehmen der Wohnungs- und Gewerbegebäudewirtschaft und private Häuserbauer geraten ins Rutschen. Kündigen sie deshalb Hypothekenkredite, so treiben sie, weil die Verkaufserlöse beim zinsanstiegsbedingten Bodenpreisverfall die Kreditrückzahlung in der Regel nicht ermöglichen, ihre Kreditnehmer und möglicherweise auch sich selbst ohne Not in Pleiten. Das ist ordnungspolitisch ein unerträgliches Ergebnis, weil der Zinsanstieg die Ertragskraft nutzungsbezogener Kreditnehmer-Investitionen, z.B. ihre Mieteinnahmen und Haus- und Boden-Nutzungserträge, nicht beeinträchtigt und sie daher die bisherigen, fest vereinbarten Zins- und Tilgungsleistungen weiter erfüllen können; ihre Kredite sind also nur ein scheinbares Risiko. – Nur Kredite, die nicht mit dem Blick auf nutzungsbezogene Erträge, sondern in Spekulation auf weiter steigende Bodenpreise bei niedrigen realen Kapitalmarktzinsen gegeben werden, sind beim zinsbedingten Preisverfall nicht mehr sicher.[17] Der Kapitalmarkteinfluß auf die Bodenpreise verführt daher auch zu gefährlichen Kreditvergaben mit realen Kreditrisiken.
2. *Verstärkte Allokationsdefizite:* Der Mobilitätsgrad der Bodeneigentumsmärkte steigt bzw. fällt mit der Erwartung steigender bzw. fallender realer Zinsen. Die Bewegungen auf den Kapitalmärkten vergrößern daher die ökonomischen, ökologischen und städtebaulichen Allokationsdefizite der Bodenmärkte in beträchtlichem Umfang.
3. *Refeudalisierung der Gesellschaft:* Bei niedrigen realen Kapitalmarktzinsen ist der Bodeneigentumserwerb ökonomisch vorteilhaft, die Bodeneigentumsabgabe nachteilig, da die Erträge aus dem Bodeneigentum im Vergleich zu den auf den Kapitalmärkten erzielbaren höher sind. Zinssätze von unter 1 % oder gar nahe 0 % würden daher die Neigung, Bodeneigentum zu erwerben und zurückzuhalten, in hohem Maße steigern, was sich in unermeßlich hohen Bodenpreisen, beim Zinssatz von Null – rechnerisch – in unendlichen Bodenpreisen aus-

drückt. Sollten sich die Zinsen auf Dauer auf diesem niedrigen Niveau bewegen, so würde die Neigung, Bodeneigentum abzugeben, völlig ersterben. – Ursache der extremen Zurückhaltungstendenzen ist allein die Verbindung zwischen Kapital- und Bodeneigentumsmärkten. Sie raubt den Bodeneigentumsmärkten ausgerechnet bei konjunkturpolitisch höchst willkommen niedrigen Zinssätzen den letzten Rest an Mobilität und führt zur Refeudalisierung der Gesellschaft. Denn ein Teil der Gesellschaft wäre vom Zugang zum Bodeneigentum so perfekt ausgesperrt, wie die Bodenvorrechte des Adels im Feudalismus den nichtadeligen Teil der Gesellschaft beim Zugang zum Boden ausgesperrt haben. Eine solche Aussperrung widerspricht diametral den elementaren Spielregeln marktwirtschaftlicher Ordnung, den Prinzipien eines fairen Wettbewerbs und dem freien Zutrittsrecht zu allen wichtigen Märkten.

Aus welchem Blickwinkel man auch immer die Verbindung zwischen Kapital- und Bodeneigentumsmärkten betrachtet, sie erweist sich als eine schwere ordnungspolitische Hypothek der heutigen Bodenordnung, weil sie deren allgemeine Defizite noch vergrößert.

6. Verteilungspolitische Mängel

Verteilungspolitische Mängel sind in Abschnitt III. bereits angesprochen worden. Es sind vor allem

- der kostenlose (privilegierte) Zugang eines Teils der Länder zu den Bodenschätzen und
- der unentgeltliche oder entgeltbegünstigte (privilegierte) Zugang eines Teils der Gesellschaft zu zeitlich unbeschränkten Bodennutzungs- und -verwertungsrechten mit der Folge,
- daß ihnen die Bodenrenten als Eigennutzungserträge oder die Bodenrentenanteile in den Rohstoffpreisen und Bodennutzungsentgelten in einem breiten Strom aus den Taschen der Rohstoff- und Bodennutzer zufließen.

Steigt die Knappheit von Bodenschätzen und Bodenflächen, womit zu rechnen ist, so verschärft sich dieser Verteilungskonflikt weiter und gefährdet den Weltfrieden sowie den innerstaatlichen Frieden.

V. Ordnungspolitische Leitlinien einer künftigen Bodenordnung

Die ordnungspolitischen Leitlinien einer künftigen Bodenordnung sind bei der Mängelbeschreibung der gegenwärtigen Bodenordnung, den Mieterschutz eingeschlossen, bereits sichtbar geworden. Es sind zusammengefaßt für die innerstaatliche Bodenordnung folgende Leitlinien:

- Soll die Festlegung von Umfang und Art der Nutzung von Grundstükken, Bodenschätzen und Umwelt den dabei zu berücksichtigenden Zusammenhängen und Interessen angemessen sein, so sind unabhängige Urteile von unabhängigen Leuten nach Verfahrensregeln gefragt, die das sichern. Die notwendigen Erkenntnis- und Entscheidungsprozesse müssen daher soweit wie möglich frei von Einflüssen oder gar Eingriffen aus Interesse an Bodenrentenerträgen sein.
- Für Bodennutzungs- und -verwertungsrechte muß ein Verteilungsinstrument gefunden werden, das ökonomisch effizient den Boden mobilisiert und in die Hände jener Nachfrager lenkt, die damit am wirtschaftlichsten umgehen. Es muß zur optimalen Allokation beitragen; es muß Baulücken schließen, städtebauliche Angebote zügig umsetzen helfen und ökologisch effizient wirken, z.B. Anreize zum sparsamen Verbrauch von Flächen und Bodenschätzen schaffen, und schließlich die unheilvolle Verbindung zwischen Bodenmärkten und Kapitalmärkten lösen.
- Die verteilungspolitische Spaltung in der Gesellschaft muß überwunden werden. Daher darf es keinen privilegierten Zugang zu Bodennutzungsrechten aller Art geben, der anderen den Zugang erschwert. Auch Bodeneigentum muß breit gestreut erwerbbar sein. Außerdem muß der Strom der Bodenrenten so umgelenkt werden, daß nicht ein Teil der Gesellschaft davon profitiert und der andere nur zahlt.

Diese ordnungspolitischen Leitlinien für die innerstaatliche Bodenordnung sind zu einem Teil auch jene für die weltweite Bodenordnung.

VI. Verteilung von Bodennutzungs- und -verwertungsrechten über Bodenrenten-Entgelte

Die zentrale Ursache für die ordnungspolitischen Mängel ist nach allem leicht zu diagnostizieren: Es ist ein ökonomischer Mangel an unentgeltlicher oder entgeltbegünstigter Verteilung von Nutzungs- und Verwertungsrechten an Boden, Bodenschätzen und Umwelt, vorherrschend vor allem in kommunistischen Ländern, aber gleichermaßen die kostengünstige Verteilung dieser Rechte über Kaufpreise oder gestoppte Mieten und Pachten, vorherrschend in den kapitalistischen Ländern. Besonders schädlich ist es, wenn auf diesem Wege zeitlich unbeschränkte Rechte erworben werden.

Aber was genau muß das ökonomische Verteilungsinstrument leisten, damit die zur Nutzung freigegebenen Grundstücke und Bodenschätze optimal unter Nutzungsinteressenten verteilt werden?

1. Es muß jedermann anhalten, nutzbare Grundstücke und Bodenschätze selbst zu nutzen oder zur Nutzung durch andere anzubieten oder freizugeben.
2. Grundstücke oder Rohstofflager können nicht von beliebig vielen Leuten, sondern nur von einem Nutzer oder einer begrenzten Zahl von Nutzern genutzt bzw. ausgebeutet werden. Deshalb muß das Verteilungsinstrument die Nachfrage nach ihrer Nutzung so begrenzen, daß jeweils nur ein Nutzer oder eine Nutzergemeinschaft für ein Objekt übrig bleibt.
3. Auf Warenmärkten wird die Spannung zwischen dem Angebot an Waren, hinter dem der Herstellungsaufwand steht, und der Nachfrage danach, hinter der der Verbrauchsnutzen steht, durch einen Kaufpreis ausgeglichen, der die Produzenten zur Herstellung der Produktmengen anreizt und zugleich die Nachfrage auf diese Produktmenge zurückdrängt. – Dieser Ausgleich ist beim Boden nicht möglich. Es geht auf den Bodenmärkten darum, den Gleichgewichtspunkt im Optimum der Verteilung zu finden; er wird nur gefunden bei bestmöglicher Zuordnung der Nutzer mit ihren unterschiedlichen Fähigkeiten zu den Grundstücken mit ihrer unterschiedlichen Nutzbarkeit. Das Verteilungsinstrument muß Anreize setzen, die die Nutzer in dieses Optimum bewegen.
4. Der Ausgleich von Angebot und Nachfrage ist auf den Warenmärkten für vorhandene Waren eine einmalige, punktuelle Angelegenheit. Die Preise, genauer die künftig erwarteten Preise, haben für die weitere Planung der Produzenten und Konsumenten eine Orientierungsfunktion. Die jeweiligen Preise haben ihre Aufgabe erfüllt, wenn die produzierten Waren abgesetzt und bezahlt sind. Die Waren verschwinden aus der Zirkulationsebene des Marktes in den Verbrauch. – Im Unterschied zur Ware verschwindet der Boden nicht aus dem Markt. Er geht nicht den Weg vom Produzenten zum Verbraucher. Er ist nicht endlich, war immer schon da; der Mensch kann ihn nur nutzen. Ein Nutzer löst den anderen ab, der Boden bleibt. Deshalb genügt es nicht, die Knappheit

des Boden nur punktuell oder in größeren Abständen zu messen, wie z.B. bei Verkauf, Weiterverkauf usw. Seine kontinuierliche Nutzungsmöglichkeit verlangt einen kontinuierlichen Knappheits-, einen Strömungsmesser, der die Knappheit laufend anzeigt. Das Verteilungsinstrument muß diese Meß- und Anzeigequalität haben.

5. Warenmärkte werden von Herstellung und Verbrauch bestimmt. Der Marktausgleich vollzieht sich bei ihnen durch Transaktionen. Beim Boden muß sich dagegen lediglich eine optimale Zuordnung von Nutzern einspielen und bewähren. Transaktionen sind nur erforderlich, wo sich die Zuordnung konkreter Nutzer zu Grundstücken im Laufe der Zeit vom Verteilungsoptimum entfernt und sich nicht anders als durch Transaktionen ins Verteilungsoptimum zurückführen läßt. Der Marktausgleich wird daher beim Boden weitgehend ohne oder nur mit wenigen Transaktionen erreicht, aber nur, wenn gesichert ist, daß Abweichungen vom Verteilungsoptimum letztendlich doch zur Transaktion zwingen. Diesen Transaktionsdruck muß das Verteilungsinstrument erzeugen.[18]

Ein kontinuierlicher Knappheits- und Strömungsmesser, der die Knappheit des Bodens laufend anzeigt, ist die Bodenrente der einzelnen Grundstücke und der Bodenschatzlagerstätten. Da die Bodenrente immer in der Hand des Nutzers des Bodens anfällt, wird dieser Knappheitsmesser aber erst wirksam für die optimale Allokation, wenn Entgelte in Höhe des marktgemäßen Bodenrentenstroms von jedem Bodennutzer und jedem Bodeneigentümer oder sonstigen Inhaber eines Bodenverwertungsrechts erhoben werden. Erst diese Entgelte

– fordern jeden Nutzer und Eigentümer von Boden zu jedem Zeitpunkt zur wirtschaftlichen Bewährung heraus
– legen Neigungen zur Zurückhaltung von Boden lahm und erzeugen zu jedem Zeitpunkt den notwendigen ökonomischen Druck zum laufenden Nutzungsangebot, zum Marktausgleich und notfalls zur Bereitschaft, sich durch eine Transaktion vom Nutzungs- und -verwertungsrecht zu trennen
– begrenzen die Nachfrage so, daß nur jeweils ein Nutzer oder eine Nutzergemeinschaft das Recht erwerben kann, bestimmte Grundstücke oder Rohstofflager zu nutzen.

Eine Verteilung des Bodens über Kaufpreise ist nicht in der Lage, diese Allokationsdichte zu erreichen, weil sie nicht laufend, sondern nur punktuell, von Zeit zu Zeit nach Maßgabe der Knappheit, verteilt;[19] denn der Käufer des Bodeneigentums oder anderer Rechte wird bestenfalls einmal beim Kauf, danach aber nicht mehr zur wirtschaftlichen Bewährung herausgefordert und unterliegt daher auch nicht den weiteren Voraussetzungen, die für eine optimale Allokation auf den Bodenmärkten erforderlich sind. Bei unentgeltlicher Verteilung des Bodens, also der Bodenschenkung, wird der Inhaber des Bodeneigentums weder beim Erwerb noch später zur wirtschaftlichen Bewährung herausgefordert. Deshalb ist sie noch viel weniger als die Kaufpreisverteilung geeignet, eine optimale Verteilung des knappen Bodens und der Bodenschätze unter die Nutzer zu gewährleisten. Der Mangel an wirtschaftlicher Bewährung (ökonomischer Effizienz) ist also die Ursache, warum

1. Geschenke, die ansonsten Nutzen stiften und sozial ausgleichend wirken, und
2. Kaufpreise, die bei der Verteilung von Waren über den Markt unter Bedingungen einer effektiven Wettbewerbsordnung zu angemessenen Verteilungsergebnissen führen,

als Verteilungsinstrumente auf dem Felde des Bodens versagen, dafür ordnungspolitisch ungeeignete Instrumente sind.

Erfüllen sich auch die anderen ordnungspolitischen Erwartungen, wenn jeder Bodennutzer – auch jeder Bodeneigentümer – Entgelte in Höhe des marktgemäßen Bodenrentenstroms, im folgenden als «Bodenrenten-Entgelte» bezeichnet, zahlen muß?

- Wenn alle künftigen Bodenrenten abfließen, lohnt sich die Einflußnahme auf Erkenntnis- und Entscheidungsprozesse des Städtebaus, der Umweltnutzung und Rohstoffausbeutung allein aus dem Ertragsinteresse an Bodenrenten nicht mehr. Sie werden frei von Einflüssen aus Ertragsinteressen an Bodenrenten. Nur noch Nutzungs- und -verwertungsinteressen wirken legitimerweise auf die Erkenntnis- und Entscheidungsorgane ein.[20]
- Da alle Bodenrenten – vom Bodennutzer aus betrachtet – im Entgelt voll abfließen, lohnt sich das Festhalten an Bodennutzungs- und -verwertungsrechten nur so lange, wie das Entgelt aus der Nutzung oder Verwertung erwirtschaftet oder, z.B. beim Wohnen, aus dem übrigen Einkommen bezahlt werden kann. Ist das nicht möglich oder zu teuer, so wird das Recht abgegeben oder der Umfang des in Anspruch genommenen Bodens reduziert werden. Das alleinige Halten oder der dauernde Zuerwerb von Bodeneigentum oder ähnlichen Rechten, z.B. an Baulücken, allein aus dem Interesse an künftig steigenden Verkaufswerten wird völlig unterbleiben.

- Rechte am Boden werden daher nur noch in Anspruch genommen, wenn Nutzungs- und Investitionsinteressen damit verbunden sind. Bodeneigentum wird breiter gestreut sein als heute.
- Das Entgelt mobilisiert alle Märkte für Bodennutzungsrechte, mobilisiert den Boden und lenkt ihn effizient in die Hände jener Nachfrager, die damit am wirtschaftlichsten umgehen und die höchsten Entgelte zahlen können. Nachfrager können daher wesentlich leichter das optimale Objekt am optimalen Standort erwerben als heute, weil bisherige Nutzer für sie nicht mehr optimale Standorte unter der Last des Entgelts abgeben. Das Entgelt trägt zur optimalen Allokation bei, schließt Baulücken, hilft städtebauliche Angebote zügig umsetzen und wirkt ökologisch effizient, weil es Anreize zum sparsamen Verbrauch von Flächen, Umwelt und Bodenschätzen schafft.[21]
- Wenn alle Bodenrenten abfließen, ist ein Bodennutzungs- und -verwertungsrecht eine reine Zahllast, so daß es und mittelbar der Boden keinen Vermögenswert mehr hat.[22] Damit erstirbt auch jegliches Kapitalanlageinteresse am Boden; Kapital wird aus dem Boden heraus in die Kapitalmärkte gelenkt. Die Bodenmärkte lösen sich von den Kapitalmärkten.[23]

Nur Entgelte in Höhe marktgemäßer Bodenrenten leisten also die gesuchten Dienste und empfehlen sich daher aus ordnungs- und verteilungspolitischer Sicht als Verteilungsinstrument für Rechte zur Nutzung und Verwertung von Boden, Umwelt und Bodenschätzen, auch für das Bodeneigentum. Ausnahmen von der Entgeltzahlung dürfen jedoch nicht zugelassen werden. Denn Ausnahmen vom Prinzip der marktgemäßen Vollentgeltlichkeit für diese Rechte sind die Ursache für ordnungs- und verteilungspolitische Mängel. Das lehrt die heutige Bodenordnung.

Es gibt in Deutschland heute nur noch ein Beispiel, an dem sich empirisch belegen läßt, wie Entgelte in Höhe des marktgerechten Bodenrentenstroms wirken: die gewerblichen Mietverhältnisse. Sie unterliegen (noch) keinem besonderen Mieterschutz.[24] Gewerbliche Mieten sind frei vereinbar. Sie haben in der Regel marktgemäße Höhe. In Ballungsräumen sind sie höher als auf dem Lande. Die Kosten der Errichtung, Unterhaltung, Reparatur und Abschreibung gewerblicher Gebäude unterscheiden sich in den Ballungsräumen nicht so wesentlich von denen außerhalb der Ballungsräume, so daß die Differenz der Mieten zwischen Ballungs- und ländlichem Raum nur der höhere Bodenrentenanteil ist.

Betrachtet man die Entwicklung auf diesem im wesentlichen von der Höhe der Bodenrenten gelenkten Mietsektor, so läßt sich folgendes beobachten:

- Wer gewerblich nutzbare Räume mieten möchte, findet immer schnell welche, meistens auch am optimalen Standort.[25]
- Ist das Gewerbe nicht ertragreich genug, um Mieten in zentralen guten Lagen zu zahlen, so werden die Räume schnell verlassen oder man verkleinert die in Anspruch genommene Raumfläche.
- Der Grad der Mobilität gewerblicher Nutzer ist hoch.
- Es gibt keine gespaltenen Mietmärkte wie im Mietwohnungsbereich.
- Gewerbliche Mieter haben gegenüber der städtebaulichen Planung auch Wünsche auf Ausweisung von Gebieten, die sie für ihr Gewerbe benötigen, und versuchen dafür auch Druck zu machen. Aber es spielen dabei nur Nutzungsinteressen eine Rolle, keine Bodenrentenertragsinteressen, solange die Bodenrenten allein den Vermietern zuströmen.

Diese noch verlängerbare Liste von Verhaltensweisen gewerblicher Nutzungsentgeltzahler bestätigt daher die Erwartung, daß eine Verteilung von Bodennutzungsrechten, auch des Bodeneigentums, über Entgelte, die an die marktgemäße Entwicklung der Bodenrenten – wie die gewerblichen Mieten – laufend angepaßt werden, das leistet, was Unentgeltlichkeit und Entgeltbegünstigung, z.B. Kaufpreise, als ökonomische Verteilungsinstrumente für Bodennutzungs- und -verwertungsrechte nicht leisten.

VII. Bodenrenten-Entgelte und sozialer Ausgleich

1. Ausschüttung an Bürger

Es bleibt noch die Frage zu beantworten, wem die Bodenrenten-Entgelte zustehen. Traditionellerweise stellt man sich die öffentliche Hand als Empfänger von Bodenrentenabgaben vor. Aber die Erfahrungen mit dem gefräßigen Steuerstaat legen solche Vorstellungen nicht gerade nahe. Auch die Erfahrungen der Menschen in den kommunistischen Ländern, die in Boden- und Wohnungsangelegenheiten total vom Staat abhängig waren, sprechen dagegen, Bodenrenten-Entgelte der öffentlichen Hand zu überlassen und damit in ihre Abhängigkeit zu geraten.

Meines Erachtens führt eine andere Betrachtung sehr viel näher an eine sachgemäße Antwort auf die gestellte Frage heran: Wer ein Bodennutzungsrecht in Anspruch nimmt – sei es für Wohnzwecke, für gewerbliche oder Freizeitzwecke usw. –, schließt durch seine Nutzung des Bodens notwendigerweise alle anderen Menschen von der Nutzung dieses Stücks Erde aus. Daher liegt es nahe, von ihm zu verlangen, er möge den Nutzungswert des von ihm beanspruchten Bodens gegenüber allen Menschen ausgleichen, die er von der Nutzung ausschließt, also ihnen ein Entgelt in Höhe der marktgemäßen Bodenrente zahlen. Da er alle Menschen gleichermaßen ausschließt, müßte das Entgelt ihnen zu gleichen Anteilen zustehen. Denkt man diese Idee zu Ende, so zahlt jeder Bodennutzer sein Bodenrenten-Entgelt an alle Menschen, so daß der jährliche Ertrag aller Bodenrenten-Entgelte an alle Menschen – vom Baby bis zum Greis – nach gleichen Kopfbeträgen ausgeschüttet wird, zunächst an die Bürger eines Landes, das sich auf eine solche Bodenordnung einläßt, künftig einmal weltweit.

Der Wert einer gleichmäßigen Ausschüttung an alle Bürger liegt in folgendem:

1. Sie löst die verteilungspolitischen Mängel der heutigen Bodenordnung und hebt die verteilungspolitische Spaltung der Gesellschaft auf.
2. Sie setzt alle Bürger unabhängig von ihrem sonstigen Einkommen in die Lage, marktgemäße Bodenrenten-Entgelte für ein Nutzungsrecht an einem durchschnittlichen Grundstück aufzubringen. Nutzer von Grundstücken, die nach Größe, Lage und anderen Faktoren genau dem Durchschnitt aller Grundstücke entsprechen, bezahlen jährlich so viel an Bodenrenten-Entgelt, wie sie zurückerhalten, und nutzen den in Anspruch genommenen Boden zum Nulltarif, und zwar unabhängig davon, ob die Bodenrenten steigen oder fallen. Damit wird im Ergebnis das gleiche Recht aller Menschen im Verhältnis zur Erde und ihren Gütern auf wirtschaftlicher Ebene Realität.[26]
3. Die Ausschüttung stört die ökonomische und ökologische Effizienz der Bodenmärkte in keiner Weise. Die Bodenrentenentwicklung bleibt frei und richtet sich nach Angebot und Nachfrage. Es gehen von der Ausschüttung auch keine störenden Einflüsse auf die Erkenntnis- und Entscheidungsprozesse städtebaulicher und ähnlicher Art aus.

Diese Ausschüttung ist der Sache nach ein gleiches Teilhaberecht aller Menschen am wirtschaftlichen Ertrag des Bodens und der Bodenschätze. Dieses Menschenrecht der Teilhabe darf nicht übertragbar (handelbar) und nicht erwerblich, sondern muß unverzichtbar sein. Es steht jeder Generation neu zu. Würde man die Ausschüttung nicht so ausgestalten, so könnten die wohltätigen Wirkungen der Ausschüttung nicht eintreten; es würden neue Privilegien entstehen.

2. Nur Privilegiensymmetrie oder sozialer Ausgleich und Effizienz der Ordnung?

Der Mieterschutz nach dem Wohnraumkündigungsschutz- und Miethöhegesetz und nach den Bestimmungen des sozialen Wohnungsbaues ist der Versuch, in der heutigen deutschen Bodenordnung einen gewissen sozialen Ausgleich zu schaffen. Er hat aber keinen wirklichen sozialen Ausgleich im Bereich der Bodenordnung geschaffen; sein Ertrag ist nur eine *Privilegiensymmetrie*. Denn er stellt dem herkömmlichen Privileg des Bodeneigentums ein gleichartiges Privileg zu Lasten Dritter an die Seite: der geschützte Mieter ist – ähnlich wie ein Bodeneigentümer – kostengünstig Inhaber eines zeitlich weitgehend unbeschränkten Bodennutzungsrechts.[27]

Erst die Ausschüttung der jährlichen Erträge aller Bodenrenten-Entgelte an alle Bürger in gleicher Höhe, die sozialpolitische Komponente dieser künftigen Bodenordnung, schafft den notwendigen sozialen Ausgleich und macht die ausnahmenlose Erhebung marktgemäßer Bodenrenten-Entgelte als Verteilungsinstrument für Bodennutzungs- und -verwertungsrechte sozial verträglich. Aber nicht nur das – sie ist zugleich die Voraussetzung für die ökonomische, ökologische und städtebauliche Effizienz der künftigen Bodenordnung und für die davon ausgehenden Produktivitäts-, Wachstums- und Wohlstandsimpulse. Denn jede andere Verteilung der Bodenrenten – das hat diese Untersuchung ergeben – ist nicht nur unsozial, sondern hochgradig kontraproduktiv, sei es die Verteilung an Bodeneigentümer, an Bodennutzer in kommunistischen Ländern, an die öffentliche Hand oder an geschützte Mieter.

Sozialer Ausgleich muß daher keineswegs im Widerspruch zu Effizienz, Produktivität, Wachstum und Wohlstand stehen, wie viele heute mangels ordnungspolitischer Phantasie glauben machen wollen.[28] Im Gegenteil: Wirklicher sozialer Ausgleich oder, um es mit einer Forderung der Französischen Revolution zu sagen, Brüderlichkeit bei der Verteilung ökonomischer Erträge ist die ordnungspolitische Bedingung für die Effizienz einer Ordnung, für Produktivität, Wachstum und Wohlstand. Man muß freilich ausgetretene Pfade im Denken verlassen, um das zu erkennen.

Allerdings: Ohne Einsicht in die ordnungspolitischen Zusammenhänge sozialen Ausgleich zu wollen und irgend etwas zu machen, was sozialpolitisch gut aussieht, muß schiefgehen. Im besten Fall gelingt es, eine gewisse Privilegiensymmetrie herzustellen, aber zu einem zu hohen Preis. Denn damit schafft man nur ordnungspolitisches Chaos, ruiniert Reste an Effizienz und verfehlt deswegen den gewollten sozialen Ausgleich.[29]

VIII. Weltweite Bodenordnung?

Die Fragen, die sich für die weltweite Bodenordnung stellen, unterscheiden sich sachlich nicht wesentlich von denen der innerstaatlichen Bodenordnung. Aber die Dimensionen sind gänzlich andere und die zu überwindenden Widerstände aufgrund unterschiedlicher Geschichte, Kultur, Traditionen, Lebensgewohnheiten usw. in der Welt wesentlich größer als im innerstaatlichen Bereich, wo sie auch bereits riesig sind. Ohne Akzeptanz in breiten Schichten der Bevölkerung zu finden, läßt sich die Bodenordnung weltweit so wenig wie innerstaatlich verändern. Trotzdem bleibt die Aufgabe reizvoll, sich dafür einzusetzen. Denn die Welt wartet letztlich auf Fortschritte in diesen Fragen, weil sie große Bedeutung für die Menschheit und das künftige Bild der Erde haben. Am Beispiel einer weltweiten Ordnung der Rohstoffgewinnung läßt sich das demonstrieren:

- Die Ausbeutung der Bodenschätze muß im Interesse künftiger Generationen begrenzt werden. Der notwendige Erkenntnis- und Entscheidungsprozeß der zuständigen (UN?-)Organe kann aber nur gelingen, wenn die Bodenrenten aus Rohstoffvorkommen für die gesamte Menschheit über Bodenrenten-Entgelte eingezogen werden. Denn solange diese Bodenrenten privates oder einzelstaatliches Eigentum bleiben, werden sich die Eigentümer das Recht nicht nehmen lassen, im eigenen Interesse über Art und Umfang der Ausbeutung der Bodenschätze zu entscheiden.
- Gelingt die Begrenzung der Rohstoffgewinnung, so werden ausgebeutete Rohstoffe knapp und teuer, bis sich die Nachfrage dem geringeren Angebot angepaßt hat. Rohstoffe werden sparsamer verbraucht; Recycling-Verfahren, die sich bisher nicht lohnen, rentieren sich plötzlich. Das gehört alles zu den Zielen der Rohstoffausbeutungsbegrenzung.
- Aber die Bodenrenten der Rohstoffvorkommen würden gewaltig steigen; auch das ist dringend notwendig. Aus diesem Grunde müssen sie an alle Bürger der Welt nach gleichen Kopfbeträgen verteilt werden. Da die Erde Erbteil aller Menschen ist, liegt es auch nahe, sie alle an ihren Schätzen wirtschaftlich gleichmäßig zu beteiligen.
- Über die Ausschüttung kann sich jeder, wenn er möchte, einen gleichen Anteil an den zu seinen Lebzeiten ausgebeuteten Rohstoffen leisten. Denn die Verwendung des Ausschüttungseinkommens steht ihm frei.
- Außerdem macht die weltweite Ausschüttung der Rohstoffbodenrenten die gewünschte Rohstoffverteuerung – wie im innerstaatlichen Bereich – erst sozial verträglich.

IX. Bodenordnung und Frieden?

Die Welt braucht Frieden für Entwicklungsfortschritte.

Die frühen Seerechtsabkommen haben den Frieden auf den Meeren gefördert und den weltweit freien Schiffsverkehr und Seehandel mit der Unterdrückung der Seeräuberei erst ermöglicht. Das UN-Seerechtsabkommen von 1982 hat diese Entwicklung weiter vorangebracht. Seine Regeln für den Tiefseebergbau können als ein erster Teil einer Weltbodenordnung gewertet werden. Umweltschutzabkommen aus dem Bereich der UN, aber auch regionaler Art ergänzen diese Entwicklung. Man kann nur wünschen, daß diese Entwicklung anhält. Denn von Art und Umfang der weltweiten Bodenordnung hängt zu einem guten Teil der Weltfriede ab.

Wesentlich entschärft wäre sicherlich der Kampf um Bodenschätze, Wasserreserven, fruchtbare Böden, ja um Land für einen Stamm oder ethnische Minderheiten, wenn weltweit Nutzungs- und Verwertungsrechte an Bodenschätzen, nutzbaren Gewässern und Böden nur noch über das Instrument des Bodenrenten-Entgelts verteilt und seine jährlichen Erträge gleichmäßig an die Bürger der Welt ausgeschüttet würden. Insofern dürfte eine weltweite Bodenordnung der hier gezeichneten Art eine friedensstiftende Kraft entfalten.

X. Praktische Ausarbeitung und kleine Reformschritte

Das in den Abschnitten VII. und VIII. mit einem Blick auf eine weltweite Bodenordnung in den Abschnitten IX. und X. vorgestellte Reformkonzept für eine künftige Bodenordnung bedarf der praktischen Ausarbeitung und wird sich nur über kleine Reformschritte umsetzen lassen. Vor einer intensiven Diskussion auch der praktischen Fragen, speziell in der Wissenschaft, lassen sich nirgends politische Mehrheiten finden, die den Mut haben, eine so kühne Reform anzupacken. Deshalb möchte ich einige praktische Fragen ansprechen und auf Bestrebungen zu kleineren Reformschritten hinweisen, alles aber nur unter Beschränkung auf deutsche Verhältnisse.

Die Zahlungspflicht der Bodenrenten-Entgelte gleicht einer nur auf den Boden als Steuerquelle bezogenen Grundsteuer; ihre Bemessungsgrundlage ist die jeweilige Bodenrente jedes einzelnen Grundstücks; der Steuersatz beträgt 100 %.[30] Die Entgelte sollten von unabhängigen, der politischen Einflußnahme entzogenen Sammelstellen nach dem Vorbild anderer einflußreicher Behörden, z.B. der unabhängigen Bundesbank, erhoben und an die Bürger verteilt werden. Zu ihrer gesetzlich präzis beschriebenen Aufgabe sollte auch die Aufgabe gehören, die Bodenrenten zur Festsetzung der Entgelte zu ermitteln. Diese Aufgabe ist die schwierigste und bedarf der Abschirmung von jeglicher Interessentenbeeinflussung. Diese Aufgabe wird erleichtert und durchsichtig, wenn die Sammelstellen einer öffentlichen Berichtspflicht über ihre Tätigkeit – wie die Bundesbank – unterliegen und – wie heute die Gutachterausschüsse nach §§ 192 ff. Baugesetzbuch oder die dänischen Bodenwertermittlungsbehörden – ihre Bodenrenten-Ermittlungsergebnisse veröffentlichen und jedermann offenlegen müssen. Die Sammelstellen unterlägen damit der öffentlichen Kontrolle und befänden sich im Gespräch mit der Fachwissenschaft über Bewertungsfragen.

Die künftigen Ansprüche der einzelnen Bürger auf die jährliche Ausschüttung sind nicht vererblich. Sie dürfen aber auch nicht verzichtbar und veräußerbar sein, weil sie sonst ihre ausgleichende soziale Funktion nicht erfüllen können. Außerdem wäre über die Veräußerbarkeit, z.B. die Käuflichkeit, mittelbar wieder ein privilegierter Zugang zu Erträgen aus Bodenrenten eröffnet; die Gesellschaft würde sich in Bodenrentenbezieher und davon Ausgeschlossene spalten; die verteilungspolitischen Mängel der heutigen Bodenordnung würden, wenn auch abgeschwächt, wieder auftreten. Die freie Verfügbarkeit des aus der Ausschüttung entstehenden Einkommens darf aber in keiner Weise eingeschränkt werden.

Da das Reformkonzept auf absehbare Zeit nicht realisierbar sein wird, ist darauf Wert zu legen, daß Reformen den Weg dahin nicht verbauen, sondern kleine Schritte auf diesem Weg sind. So gilt es z.B. die Verteilung von Bodennutzungs- und -verwertungsrechten nach Knappheitsentgelten zu verbessern. Dafür eignen sich die im Positionspapier des Seminars zur Reform der Bodenordnung vorgestellten Instrumente:[31]

1. die heute ohne Reformgesetze mögliche Vergabe von Erbbaurechten an Grundstücken der öffentlichen Hand gegen Erbbauzinsen, die möglichst weit an den Bodenrentenstrom angepaßt werden, und
2. der aufkommensneutrale Umbau der Grundsteuer von einer Boden- und Gebäudesteuer zur reinen Bodensteuer.[32]

XI. Bodenordnung und Dreigliederung des sozialen Organismus?

Die Lehre von der Dreigliederung des sozialen Organismus beschreibt den komplexen wechselseitigen Zusammenhang und idealen Zusammenklang der Ordnungen.[33] Ihr Ziel scheint mir zu sein, Teilbereiche und einzelne Teilordnungen im sozialen Organismus – in sich wiederum nach den Elementen der Dreigliederung – aufeinander zuzuordnen, damit sie, sich gegenseitig fördernd, in Wechselwirkung so ineinandergreifen, daß ein harmonisches Gleichgewicht unter ihnen entsteht und sich die Menschen in den einzelnen Teilbereichen und in der Gesamtheit der großen Teilordnungen nach den Prinzipien

- der Gleichheit im Rechtsleben
- der Freiheit im Geistesleben und
- der Brüderlichkeit im Wirtschaftsleben

mit allem, was dazu gehört, entfalten können, weil sie sich während ihres Lebens – gewissermaßen Tag und Nacht – in diesen drei Teilordnungen und ihren Subbereichen bewegen.

Dieser umfassenden Lehre ist wenig gedient, wenn z.B. einzelne Bausteine aus Rudolf Steiners Bodenlehre – wie ein Demonstrationsschild – hochgehalten und gegenüber jedermann unter Nennung seines Namens eingefordert werden, ohne den Zusammenhang darzustellen, in dem sie stehen. Es bleiben Leerformeln wie andere Elemente aus Steiners Lehre, mit denen so verfahren wird. Seine Angaben zur Entwicklungsrichtung und die einzelnen instrumentalen Bausteine seiner Bodenlehre müssen aufeinander zugeordnet werden, damit sichtbar wird, wie sie zusammengehören und zusammenwirken. Deutlich sollte werden, welche Voraussetzungen und rechtlichen Regeln zu schaffen sind, damit seine instrumentalen Vorgaben umsetzbar werden. Ich möchte versuchen, mich an meine Maßstäbe zu halten und für den Bereich der Bodenordnung herauszuarbeiten,

- wie Rudolf Steiners Richtungshinweise und instrumentalen Anregungen aufeinander zugeordnet sind
- welches Bild er vom Boden und von einer künftigen Bodenordnung und den dafür einzusetzenden Instrumenten entworfen hat
- welche Stellung der Bodenordnung im Gesamtgefüge der Dreigliederung des sozialen Organismus zukommt.

1. Kernaussagen Rudolf Steiners zur Bodenordnung

Rudolf Steiner hat in zwei Vorträgen sich ausführlicher mit der Bodenordnung auseinandergesetzt. In seinem Vortrag vom 16.6.1920, «Die Konsequenzen der Dreigliederung für Grund und Boden», hat er gesagt: «Grund und Boden kann nicht produziert werden, er ist also von Anfang an keine

Ware. Er unterliegt also niemals dem Prinzip der Ware, über die man Verträge abschließt, geht also überhaupt das, worüber man Verträge abschließt, nichts an, sondern muß allmählich übergeleitet werden in die soziale Struktur so, daß zunächst die *Verteilung* von Grund und Boden für die menschliche Arbeit eine demokratische Angelegenheit des politischen Staates wird und der Übergang vom Einen zum Andern eine Angelegenheit des geistigen Gliedes des sozialen Organismus.»[34]

Unmittelbar im Anschluß daran hat Rudolf Steiner ausgeführt: «Boden ist niemals Ware. Er ist von Anfang an etwas, was man nicht kaufen oder verkaufen kann. Danach hat man zunächst zu streben, daß man den Boden nicht kaufen und verkaufen kann, sondern daß dasjenige, was den Boden überführt in die Sphäre der Bearbeitung durch einen Menschen, rechtliche und geistige Impulse sind. ... Denn im Grunde genommen ist es nur eine Umänderung dessen, was heute auch schon vorliegt. Denn daß man heute Grund und Boden bezahlt mit dem Geld, was man vielleicht aus dem Erlös von Ware hat, das ist keine Wahrheit, das ist eine soziale Lüge.»[35]

Neben diesen Ausführungen stehen weitere Kernaussagen Rudolf Steiners zur Bodenordnung:

– Eine der schlimmsten Ereignisse für den volkswirtschaftlichen Prozeß sei die Stauung von Kapital im Boden und in Hypotheken, die es zu verhindern gelte.[36] Denn «dasjenige, was im heutigen volkswirtschaftlichen Zusammenhang Wert von Grund und Boden genannt wird, ist in Wahrheit nichts anderes als auf den Grund und Boden fixiertes Kapital».[37] Dem Kapital, das Anlage sucht in Boden und Hypotheken, solle man Ablauf in freie geistige Institutionen schaffen; das solle man Assoziationen besorgen lassen.[38] Es müsse «schon früher – durch Schenkungen desjenigen, das erarbeitet worden ist, an die geistigen Institutionen – verhindert werden», daß sich Kapital noch im Boden stauen könne.[39]
– Die Bodenrente, der Preis für Grund und Boden entspringe ja ursprünglich nicht dem Verhältnis, das in der fertigen Volkswirtschaft da sei. Man brauche nur darauf hinzuweisen, daß Grund und Boden durch Eroberung, also durch Entfaltung von Macht, in die Verfügungsgewalt von irgendwelchen Menschen übergegangen sei. Irgend etwas von einem Tausch werde zwar auch zugrunde liegen. Es werde z.B. derjenige, der bei der Eroberung Helfer hat, an sie einzelne Teil vom Boden abtreten. Dieser Prozeß sei aber nicht eigentlich etwas Wirtschaftliches. Der Prozeß sei nur mit den Worten «Macht» und «Recht» zutreffend be-

zeichnet. Durch Macht werden Rechte erworben, Rechte auf Grund und Boden. – Die Zahlung eines an die Bodenrente angepaßten Entgelts für das Recht auf Nutzung des Bodens sei daher der Sache nach eine «Zwangsschenkung», weil jedes Verfügungsrecht über Boden nicht unmittelbar durch Arbeit und Produktion, sondern nur durch Macht- oder daraus abgeleitete Rechtsverhältnisse (Kauf, Schenkung, Vermietung und Verpachtung usw.) entstehen könne.[40]

- Unabhängig von den Rechts- und Machtverhältnissen gebe es im volkswirtschaftlichen Prozeß eine Eigentendenz, Bodenrente hervorzubringen. Beim Versuch, sie abzuschaffen, werde sie in anderer Form wieder erzeugt. Deshalb komme es darauf an, sie im volkswirtschaftlichen Prozeß unschädlich zu machen.[41]
- Das (Unternehmer-)Kapital habe die Tendenz, fortwährend in seinem volkswirtschaftlichen Preis zu sinken, die Bodenrente habe (aber) die Tendenz fortwährend in ihrem Preis zu steigen.[42] Durch ihr Steigen sei eine Tendenz, steigender Mieten, Bodenkaufpreise und Warenpreise im volkswirtschaftlichen Prozeß gegeben, während andererseits durch den Einsatz von Unternehmerkapital eine Tendenz bestehe, daß Warenpreise und Löhne sinken; aus dieser Spannung entstehe sozialer Unfrieden.[43] «Diese auf- und absteigenden Prozesse müssen in der Volkswirtschaft da sein; es muß die Tendenz da sein, auf der einen Seite die Preise zu verfälschen durch die Bildung der (Boden-)Rente, auf der anderen Seite muß die Tendenz da sein, die Preise zu erniedrigen gegen das Unternehmerkapital hin. Diese Tendenzen sind fortwährend da und müssen erfaßt werden, um möglichst die Preise so zu bekommen, daß die Fälschungen [die durch die Bodenrente und das Unternehmerkapital gegenüber der inneren Berechtigung von Preisen auftreten, Ergänzung J.v.H.] immer ein Minimum sind.»[44]
- Bei der Verstaatlichung, Vergesellschaftung oder der Besteuerung des Bodens nach Vorstellungen der Bodenreformer zugunsten der öffentlichen Hand müsse die Verwaltung einer gewissen Gesamtheit übertragen werden. Nach aller Erfahrung gälten dann die Dinge immer nur für einen Teil Leute; andere fänden Wege, sie reichlich zu umgehen. Deshalb komme es auf die Menschen an und auf jene umgehungssichere soziale Organisation, auf jenen sozialen Organismus, der einzig und allein zuläßt, daß die Menschen gar kein Mittel finden, um irgend etwas, was im Sinne dieses sozialen Organismus liegt, in ungerechter oder unmoralischer Weise zu umgehen. Wenigstens so nahe als möglich müsse man einer solchen Lebensforderung kommen.[45]

- Er kritisiert die Bodenreformer mit der Bemerkung, die Vorstellung, an steigenden Grundstückspreisen herumzumanipulieren, um gerechtere Preise zu erzielen, sei sinnlos.[46] Weiter kritisiert er ihre Neigung, daß Grund und Boden etwas sein müsse, was der Allgemeinheit gehöre.[47] Andererseits hebt Rudolf Steiner die Erkenntnisse der fortschrittlichsten Bodenreformer als etwas Berechtigtes hervor.[48]
- Rudolf Steiner stellt – gewissermaßen abschließend – fest: Es habe sich herausgestellt, «daß er [der Grund und Boden] fortlaufend entwertet werden muß. ... Er muß gerade deshalb entwertet werden, weil er eine grundlegende Bedeutung hat.»[49]

2. Rudolf Steiners Bodenlehre im Ordnungsgefüge des dreigliedrigen sozialen Organismus

Meines Erachtens fügen sich Rudolf Steiners Aussagen zu folgendem Bild zusammen:

1. Seine Aussage, daß zunächst die Verteilung von Grund und Boden für die menschliche Arbeit eine demokratische Angelegenheit des politischen Staates wird, dürfte bedeuten: Alle Entscheidungen städtebaulicher, raumordnender und rohstoffverbrauchsbezogener Art, mit denen der Boden auf einzelne Nutzungsfelder verteilt und der Rohstoffverbrauch begrenzt wird, sind demokratisch legitimierten Organen der politisch-staatlichen Ebene zu übertragen.
2. Die Aussage, den Boden fortlaufend zu «entwerten», scheint mir die Aufforderung zu enthalten, den Boden wirtschaftlich dadurch zu entwerten, daß die Bodenrente als wirtschaftlicher Wert des Bodens durch geeignete Instrumente «unschädlich gemacht wird».[50]
3. Anzustreben, daß man Boden nicht verkaufen und kaufen *kann*, dürfte heißen: Dem Boden soll durch geeignete Instrumente sein *wirtschaftlicher* Wert genommen werden, damit er aus *ökonomischen* Gründen nicht mehr wie eine Ware gekauft und verkauft werden kann. Niemand soll sich mehr für den Boden interessieren mit Ausnahme jener Leute, die ihn selbst nutzen oder darauf investieren, z.B. Wohnungen bauen, und anderen danach zur Nutzung, z.B. Wohnungsmietern, überlassen wollen; also Leute, die nur ein Bodenrentenertrags-, Kapitalmehrungs- oder -erhaltungsinteresse, aber kein eigenes Nutzungs- oder Investitionsinteresse am Boden haben, sollen vom Zugang zum Boden auch deshalb ferngehalten werden, damit sich Kapital nicht mehr im Boden stauen kann.[51]

4. Wie wichtig es Rudolf Steiner nimmt, den Boden fortlaufend zu entwerten und zu diesem Zweck die Bodenrente unschädlich zu machen, beweisen seine beiden Aussagen:
   - «Danach hat man *zunächst* zu streben, daß man den Boden nicht kaufen und verkaufen kann»
   - «Denn daß man heute Grund und Boden bezahlt mit dem (Kauf-) Geld, was man vielleicht aus dem Erlös von Ware hat, das ist keine Wahrheit, das ist eine soziale Lüge.»[52]

   Mit diesem Urteil wendet sich Rudolf Steiner nur gegen den Verkauf und Kauf von Boden, nicht gegen die Zahlung von Nutzungsentgelten für die Bodennutzung, z.B. von Erbbauzinsen oder Bodenrenten-Entgelten. Das ergibt sich aus dem engen Zusammenhang der beiden Aussagen, die in seinem Vortrag unmittelbar aufeinander folgen. Er betrachtet die Entwertung des Bodens als zunächst zu schaffende Voraussetzung, damit «dasjenige, was den Boden überführt in die Sphäre der Bearbeitung durch einen Menschen, rechtliche und geistige Verhältnisse, rechtliche und geistige Impulse sind».[53] Ohne Instrumente, die geeignet sind, die Bodenrente unschädlich zu machen, ist daher in den Augen Rudolf Steiners die Reform der Bodenordnung unmöglich.
5. Rudolf Steiners Kritik an der Neigung der Bodenreformer, an den Bodenpreisen aus vermeintlichen Gerechtigkeitsgründen herumzumanipulieren und ihre Bodenbesteuerungspläne irgendwie mit dem Staat oder der Allgemeinheit in Verbindung zu bringen, auch wenn sie die Verstaatlichung ablehnen, richtet sich gegen Preismanipulationen und Verstaatlichungs- oder Kommunalisierungspläne für Boden und Bodenrentenerträge.
6. Er lehnt auch die Bodenbesteuerungspläne der «radikalsten» Bodenreformer ab. Zwar würden die Bodenrenten in den Händen der Eigentümer durch eine Grundsteuer oder andere von den Bodenreformern vorgeschlagene Steuern mehr oder weniger unschädlich gemacht, aber die Steuererträge werden dem Staat auf seinen verschiedenen Ebenen, etwa den Kommunen, zugeführt. Daher werde der Staat, den es selbst zu reformieren gelte, die Steuererträge doch wieder an bestimmte Leute verteilen. Diese Leute wären dann in ähnlicher Weise unberechtigt bereichert, wie es Bodeneigentümer heute sind. Die Besteuerung ist – mit eigenen Worten – daher nur eine Privilegienumverteilung, aber keine Lösung des Problems. Deshalb spricht Rudolf Steiner davon, es werde alter Unfug nur in eine andere Form umgegossen.[54]

7. Mit der Anregung, der Übergang des Bodens vom einen zum andern solle eine Angelegenheit des geistigen Gliedes des sozialen Organismus werden, knüpft Rudolf Steiner meines Erachtens an seine Erkenntnis an, daß sich der Übergang von Produktionsmitteln, einschließlich des Bodens, als Kapitalgrundlage der Unternehmen von einer fähigen Person oder Personengruppe zu fähigen Leuten durch Erkenntnisurteile der bisherigen Inhaber der Verfügungsmacht über Produktionsmittel, die zum Vorteil der gesamten Gesellschaft tätig waren, oder hilfsweise durch Korporationen des Geisteslebens, aber nicht durch Kauf oder Erbfolge nach den Regeln der Blutsverwandtschaft vollziehen solle.[55] Das alles kann freilich nur für den Boden als Produktionsmittel der Unternehmen, nicht aber für Boden in privater Nutzung als Wohn- oder Freizeitfläche gelten. Denn Rudolf Steiner spricht an dieser Stelle vom Boden *für die menschliche Arbeit.*

Weiter gehören zu Rudolf Steiners Bodenlehre
1. sein Mißfallen, daß bei bodenreformerischen Steuern auf den verschiedenen staatlichen Ebenen allerlei Umgehungsmöglichkeiten bestehen und Leute begünstigt werden, die die besten Beziehungen zu den Köchen an den Subventionstöpfen haben[56]
2. seine aus diesem Mißfallen begründete Empfehlung, Umgehungsmöglichkeiten und Möglichkeiten, sich durch gute Beziehungen zu bereichern, auszuschließen[57]
3. seine Anregung, die verteuernde Wirkung der Bodenrenten auf Waren, Wohnen usw. zur Geltung kommen zu lassen, aber auf geeignetem Wege dazu beizutragen, daß dieser Effekt wieder minimiert wird.

Rudolf Steiner regt ausdrücklich eine Reform der Bodenordnung an, wenn er z.B.
1. fordert, zunächst danach zu streben, daß man Boden nicht kaufen und verkaufen *kann*[58]
2. sagt, das Entstehen der Bodenrente könne man nicht verhindern, sondern müsse sie im volkswirtschaftlichen Prozeß unschädlich machen[59]
3. in der Auseinandersetzung mit den Bodenreformern erklärt, «daß ja selbstverständlich die ganze Einfügung des Bodenwerts in unseren wirtschaftlichen Prozeß etwas ist, was nicht weiter so bleiben könne, was in irgendeiner Weise einer Reform unterliegen müsse»[60]
4. im Zusammenhang mit seiner Kritik an der Verstaatlichung, Vergesellschaftung oder der Besteuerung des Bodens und den Umgehungsten-

denzen sagt: «Auf die Menschen kommt es an und auf jene umgehungssichere soziale Organisation, auf jenen sozialen Organismus, der einzig und allein zuläßt, daß die Menschen gar kein Mittel finden, um irgend etwas, was im Sinne dieses sozialen Organismus liegt, in ungerechter oder unmoralischer Weise zu umgehen. Wenigstens so nahe als möglich muß man kommen einer solchen Lebensforderung.»[61]

Die wesentlichen Teile von Rudolf Steiners Bodenlehre auf der instrumentalen Seite sind nach meiner Meinung

1. die fortlaufende Entwertung des Bodens, damit der Boden nicht ge- und verkauft werden kann, nicht mehr wie eine Ware gehandelt werden und Kapital sich im Boden nicht mehr stauen kann
2. die unvermeidbare und notwendige tendenziell preiserhöhende Wirkung der Bodenrenten, die aber zu minimieren sei
3. seine Kritik an den Bodenreformern
4. die Umgehungssicherheit und Sicherheit vor im Nebel liegenden Beziehungsgeflechten, die Bereicherung und andere Begünstigungen auf Kosten anderer möglich machen
5. die Verteilung des Bodens auf die einzelnen Nutzungsfelder soll alleinige Angelegenheit des demokratisch-rechtsstaatlichen Prozesses innerhalb des politischen Staates werden und bleiben[62]
6. die Übertragung des Bodens (als Produktionsmittel) für die menschliche Arbeit vom einen zum andern, aber nur diese Übertragung, soll alleinige Angelegenheit des geistigen Gliedes des sozialen Organismus werden und bleiben.

Die Richtungshinweise Rudolf Steiners für eine künftige Bodenordnung lassen auch die Stellung des Bodens und der Bodenordnung im Gesamtgefüge der Dreigliederung des sozialen Organismus erkennen:

- Die Übertragung des Bodens als Produktionsmittel eines Unternehmens, der zusammen mit dem Unternehmen und anderen dazu gehörenden Produktionsmitteln in die Hände neuer Unternehmensleiter gelegt wird, gehört zur Ordnung des Geisteslebens.
- Boden und Bodenschätze sind ihrem Wesen nach Rechte und sollen deshalb nicht wie Waren mit (Kauf-)Verträgen verkauft und gekauft werden können.
- Die Bodenordnung ist im Gesamtgefüge des dreigegliederten sozialen Organismus Teil des Rechtslebens. Das liegt z.B. bei den Entscheidungen demokratisch legitimierter Organe der staatlich-politischen Ebene über Umfang und Art der Nutzung von Grundstücken und Boden-

schätzen und für Gesetzgebungsakte zur Bodenordnung auf der Hand. Das gilt aber auch für die wirtschaftlich ausgerichteten Ordnungselemente,

- den Boden wirtschaftlich unverkäuflich zu halten
- den Boden, genauer: die Bodennutzungs- und -verwertungsrechte, nicht staatlich, sondern nach Knappheitsentgelten zu verteilen
- die Bodenrentenerträge nicht zu verstaatlichen
- die tendenziellen Preissteigerungseffekte der Bodenrenten zu minimieren.

Zur Aufgabe des demokratisch-politischen Gesetzgebungsprozesses als Teil des Rechtslebens gehört es, Freiheit im Geistesleben, Gleichheit im Rechtsleben und Brüderlichkeit im Wirtschaftsleben einzurichten und ihren Bestand zu sichern. Deswegen empfiehlt Rudolf Steiner z.B., der Rechtsstaat solle die Voraussetzungen dafür schaffen und sichern, daß fähige Unternehmensleiter oder hilfsweise andere Organe des Geisteslebens die Unternehmensleitung und die Verfügungsbefugnis über Produktionsmittel auf fähige Leute als Nachfolger übertragen können.[63] Wenn ökonomische Macht, Abhängigkeit und einseitige, die Gesellschaft spaltende Zahlungspflichten, die Rudolf Steiner Zwangsschenkungen genannt hat, im Spiel sind und ökonomische und ökologische Effizienzmängel sichtbar werden, die die Gleichheit im Rechtsleben – wie gegenwärtig in der Bodenordnung – verletzen, so müssen in entsprechender Weise von der Gesetzgebung geeignete und erforderliche Instrumente geschaffen werden; sie müssen ursachengerecht ökonomisch ansetzen und so wirken, daß es künftig die wirtschaftlich sich auswirkende ungleiche Verteilungs- und Ausbeutungsmacht in der Bodenordnung nicht mehr gibt und sich ökonomisch, ökologisch und z.B. städtebaulich effiziente Strukturen einstellen oder sich wenigstens die Verhältnisse in dieser Richtung bessern.[64]

Um die instrumentalen Reformanregungen Rudolf Steiners wirksam werden zu lassen, müssen folgende Werkzeuge gesetzlich geschaffen werden:

1. Entscheidungen über Umfang und Art der Nutzung von Grundstücken und Bodenschätzen müssen demokratisch legitimierten Organen auf staatlich-politischer Ebene übertragen werden, wo das noch nicht der Fall ist.
2. Es müssen Knappheitsentgelte gesetzlich geschaffen werden, die den Bodenrentenstrom aller Grundstücke und Rohstofflagerstätten zu 100 % erfassen, auf diesem Wege die Bodenrenten unschädlich

machen, den Boden wirtschaftlich unverkäuflich halten, als Instrument für die Verteilung der Bodennutzungs- und -verwertungsrechte unter alle Nachfrager (Privatleute, Unternehmen usw.) dienen und den aus Bodenrentenerträgen motivierten Druck von den Organen nehmen, die Art und Umfang der Nutzung von Bodenschätzen und Grundstücken demokratisch regeln.

3. Außerdem muß gesetzlich dafür gesorgt werden, daß die Bodenrentenerträge nicht durch Steuern oder auf andere Weise verstaatlicht, sondern so eingesetzt werden, daß sie die tendenziellen Preissteigerungseffekte der Bodenrenten minimieren, ohne ihre Preiswirkungen zu beeinträchtigen. Das gelingt nur, wenn sie – der ordnungspolitischen Leitlinie des Rechtsleben, nämlich der Gleichheit, entsprechend – an alle Menschen gleichmäßig ausgeschüttet werden. Denn mit der durch Ausschüttung gestärkten Zahlkraft kann jedermann auf steigende Bodenrenten angemessen antworten.
4. Es müssen Verwaltungsorgane eingerichtet werden, die die gesetzlich eingerichteten Instrumente anwenden und ihre Wirksamkeit erhalten.

Faßt man alles zusammen, so wird erkennbar, wie in Rudolf Steiners Bodenlehre mehrere Ordnungselemente aufeinander bezogen sind. Es wirken die Herstellung der ökonomischen Unverkäuflichkeit des Bodens, das *zunächst* zu schaffende, dringendste Ordnungselement, mit allen anderen Ordnungselementen für eine künftige Bodenordnung zusammen, z.B. mit

- der nichtstaatlichen, leistungsfähigen Verteilung der Bodennutzungs- und Bodenverwertungsrechte
- der Nicht-Verstaatlichung der Bodenrentenerträge
- der Umgehungssicherheit und Ausgrenzung von «guten Beziehungen»
- der Minimierung der Preissteigerungseffekte der Bodenrenten
- den Entscheidungen demokratisch legitimierter politisch-staatlicher Organe über Umfang und Art der Nutzung von Boden und Bodenschätzen.

Die einzelnen auf Leistungsfähigkeit und Privilegienfreiheit der Bodenordnung orientierten Ordnungselemente greifen, sich gegenseitig fördernd, in Wechselwirkung organisch ineinander. Und sie dürften – für mich ist das sicher –, wenn sich der Gesetzgeber ihrer annimmt, zu einem organischen Verhältnis der Menschen untereinander in ihrer rechtlichen, geistigen und wirtschaftlichen Beziehung zum Boden und seinen Schätzen überleiten, ohne daß aus der Welt ein Paradies wird und Menschen ihre Schwäche für privilegierende Sondervorteile verlieren.

XII. Reformkonzepte in der Auseinandersetzung mit Rudolf Steiners Bodenlehre

1. Bodenbesteuerungspläne als ungenügende Reformansätze

Die radikalsten Bodenreformer – wie Rudolf Steiner sie nennt – und die meisten ihrer modernen Nachfahren bleiben bei der Forderung von Steuern und Abgaben zugunsten der Kommunen oder des Staates stehen. Ihre Vorschläge genügen nur einem Teil der Ordnungselemente aus Rudolf Steiners Bodenlehre:

1. Sie sind mehr oder minder geeignete Instrumente, die Bodenrenten unschädlich machen und den Boden entwerten, so daß sich Kapital darin nicht mehr stauen kann.
2. Außerdem tragen sie zu einer nicht staatlich, sondern wirtschaftlich nach Knappheitsentgelten vermittelten Verteilung der Bodennutzungs- und -verwertungsrechte bei.
3. Zum Teil – aber dieser Erfolg ist bereits fraglich – gewährleisten sie auch, daß die Erkenntnis- und Entscheidungsprozesse der politisch-staatlichen Organe über Umfang und Art der Nutzung von Grundstücken und Bodenschätzen frei von Interessen an Bodenrentenerträgen sind; es müßte aber jeder einzelne Steuer- und Abgabenvorschlag darauf untersucht werden, bevor das abschließend beurteilt werden kann.

Diese Wirkungen haben auch von der öffentlichen Hand ausgegebene Erbbaurechte, die gegen Erbbauzinsen, die an den Bodenrentenstrom angepaßt sind, ausgegeben werden.

Mit Bodenrenten-, Bodenwert-, Bodenwertzuwachssteuern und anderen Abgaben, die an Bodenrenten oder ihren Steigerungen und entsprechenden Bodenkaufpreissteigerungen ansetzen, z.B. auch dem Planwertausgleich oder den von der öffentlichen Hand vergebenen Erbbaurechten, deren Erbbauzinsen nicht an die Bürger verteilt werden, werden die Bodenrentenerträge oder die von der Abgabe erfaßten Bodenverkaufswerte verstaatlicht oder kommunalisiert. Sie lösen daher nicht das Bodenprivilegienproblem, sondern verteilen bestenfalls Privilegien um, wie Rudolf Steiner bemerkte. Infolgedessen hat Rudolf Steiner zu Recht die Abgabensysteme der Bodenreformer kritisiert. Sie haben die Sache nicht zu Ende gedacht.

2. Reformkonzept des Seminars und Ordnungselemente aus Steiners Bodenlehre?

a) Ein gegenseitiger Vorteilsausgleich:

Zentrales Instrument des in den Abschnitten VI. und VII. vorgestellten Reformkonzepts des Seminars für freiheitliche Ordnung sind die Bodenrenten-Entgelte, die an den marktgemäßen Bodenrentenstrom des Bodens und der Bodenschätze angepaßt und an die Bürger gleichmäßig ausgeschüttet werden. Da der Ausschüttungsanspruch der Bürger nicht vererblich, veräußerlich und unverzichtbar ist, vermittelt das Reformkonzept ein grundrechtsähnliches, unverzichtbares und unveräußerliches Recht aller Menschen auf einen gleichen Anteil am Bodenrentenertrag. Diesem Recht steht die Pflicht aller Inhaber von Bodennutzungs- und -verwertungsrechten gegenüber, bodenrentengemäße Entgelte über neutrale Sammelstellen an alle Menschen zu zahlen. Es wird also ein gegenseitiger wirtschaftlicher Vorteilsausgleich für in Anspruch genommene Rechte am Boden und an Bodenschätzen unter den Menschen geschaffen: Wer viel Boden und Bodenschätze privat oder mit seinen Unternehmungen in Anspruch nimmt, zahlt als Ausgleich dafür entsprechend viel Entgelte an alle Menschen, wer beides unterdurchschnittlich beansprucht, zahlt wenig.[65] – Das Erbbaurechtskonzept des Seminars, wonach Kommunen oder Ländern empfohlen wird, an ihren Grundstücken Erbbaurechte gegen Erbbauzinsen auszugeben, die möglichst weit an den Bodenrentenstrom angepaßt und deren Erträge an die Bürger der Kommunen oder Länder ausgeschüttet werden sollen, ist ein Versuch, den Vorteilsausgleich im kleinen Rahmen einzurichten und seine Leistungsfähigkeit zu testen.[66] Der Vorteil dieses Konzepts ist, daß heute jede Gemeinde und Stadt und jedes Land diesen Weg – beschränkt auf den eigenen Boden – beschreiten kann. Reformgesetze sind nicht nötig.

b) Ausgeschüttete Bodenrenten-Entgelte. Weiterentwickelte Reformvorstellungen auf bodenökonomischer Grundlage:

Das Reformkonzept des Seminars knüpft an der bodenökonomischen Grunderkenntnis seit David Ricardo und Johann Heinrich von Thünen[67] an, daß Bodenrenten ein Knappheitsphänomen sind und nur unschädlich gemacht werden können, aber ihr Entstehen durch nichts verhindert werden kann, weder durch Verkauf- und Kaufgebote bzw. vollkommen oder teilweise unentgeltliche Vergabe von Bodennutzungsrechten noch durch sozialpolitische Eingriffe oder einen moralischen Umgang mit dem Boden.

Wenn versucht wird, sie auf diese palliative Weise zu beseitigen, treten sie nur in anderer Form in Erscheinung, werden sie, wie Rudolf Steiner es gesagt hat, auf andere Weise wieder erzeugt.[68] Es entstehen entweder – wie durch den Mieterschutz – Privilegiensymmetrien, oder es werden – wie durch die bodenreformerischen Steuern und Abgabensysteme – Privilegien umverteilt. Das an den Bodenrenten hängende Privilegiensystem bleibt in der einen oder anderen Form erhalten; es wird «alter Unfug nur in eine andere Form umgegossen», wie Rudolf Steiner sagte.

Das Reformkonzept des Seminars baut auf Vorstellungen zur Reform der Bodenordnung auf, die andere vor dem Seminar entwickelt haben,[69] und bezieht die Vorstellungen moderner Nachfolger dieser Ideengeber mit ein.[70] Das zu erwähnen, gebietet die Ehrfurcht vor der Leistung der Vordenker und Zeitgenossen. Das Reformkonzept nimmt die Kritik Rudolf Steiners an den Bodenreformern auf und entwickelt ihre Vorstellungen um zwei entscheidende Schritte weiter:

1. Die Bodenrenten-Erträge werden nicht verstaatlicht, sondern an die Bürger gleichmäßig ausgeschüttet.
2. Der Anspruch der Bürger auf Ausschüttung – auch dieses Detail des Reformkonzepts ist wichtig – ist weder vererblich noch verzichtbar und veräußerbar.

Erst diese Kombination der Ausschüttung mit der Unvererblichkeit, der Unverzichtbarkeit und Unveräußerbarkeit des Anspruchs ermöglicht den sozialen Ausgleich und verhindert, daß Privilegiensymmetrien entstehen oder Privilegien nur umverteilt werden. Nur auf diesem Wege können Bodenrenten im volkswirtschaftlichen Prozeß endgültig und umgehungssicher unschädlich gemacht werden. Auf keinem anderen Weg gelingt das. Das lehren die bodenökonomischen Erkenntnisse seit David Ricardo und Johann von Thünen über Rudolf Steiner bis zu Manfred Ziercke.

c) Auszuschüttende Bodenrenten-Entgelte verwandeln Boden zu «Rechtsobjekten»:

Einige weitere Parallelen sehe ich zwischen den Reformanregungen des Seminars und jenen Rudolf Steiners:

1. Das Reformkonzept versucht nicht, an den Preisen herumzumanipulieren – wie heutige Mieterschutzgesetze und ähnliche soziale Ausgleichsversuche oder vorgeschlagene Abgaben, z.B. die Bodenwertzuwachssteuer.
2. Werden Bodenrenten-Entgelte oder an den Bodenrentenstrom ange-

paßte Erbbauzinsen erhoben, so werden Bodeneigentum und nach dem Erbbaurechtskonzept des Seminars ausgegebene Erbbaurechte ohne Kaufpreise in neue Hände gegeben, wenn man sie nicht mehr braucht oder sie ihrem Inhaber zu teuer werden. Sie werden also noch «gehandelt», aber nicht mehr verkauft, sondern lediglich losgelassen und entgeltlos weitergegeben. – Für Investitionen auf dem Boden, z.B. Bauwerke, sind aber noch Kaufpreise erzielbar. Sie können und sollen verkauft werden. Der private Handel mit Bauwerken und dem Bodeneigentum oder den Erbbaurechten, auf denen sie stehen, muß daher möglich sein.[71] Bodenrenten-Entgelte und Erbbauzinsen in Höhe des jeweiligen Bodenrentenstroms schränken den Bauwerkshandel nicht ein, sondern sorgen nur dafür, daß bei diesem Handel Bodeneigentum und Erbbaurechte kaufpreislos und auch sonst entgeltlos übertragen werden.

3. An alle Bürger der Welt ausgeschüttete Bodenrenten-Entgelte und an die Bürger einer Kommune ausgeschüttete Erbbauzinsen verhindern den Kapitalstau im Boden. Von der Bodenordnung aus betrachtet, kann daher ungehindert Kapital in die Leihgeldsphäre und überflüssiges Kapital als Schenkgeld in das Geistesleben abströmen. Die von Rudolf Steiner aufgezählten negativen Effekte des Kapitalstaus im Boden für die Leih- und Schenkgeldsphäre und den Abfluß überflüssigen Kapitals in das Geistesleben können nicht mehr auftreten.[72]
4. Die preisbeeinflussende Wirkung der Bodenrenten auf Waren und das Wohnen usw. muß da sein, sagt Rudolf Steiner. Denn ohne ihre Preiswirkungen und die der Bodenrenten-Entgelte oder entsprechender Erbbauzinsen gibt es z.B. keine Anreize zur ökonomischen und ökologischen Nutzung des Bodens, etwa zur Ausnutzung städtebaulicher Nutzungsangebote und zum sparsamen Flächenverbrauch. – An den Bodenrentenstrom angepaßte Bodenrenten-Entgelte und Erbbauzinsen erfassen steigende Bodenrenten. Sie bilden daher die preiserhöhenden oder preismindernden Wirkungen der Bodenrentenentwicklung in steigenden oder sinkenden Kosten für Waren und Bodennutzungsrechte ab, z.B. in Wohnungsmieten. Ihre gleichmäßige Ausschüttung minimiert ihre finanziellen Auswirkungen in den Warenpreisen und den Kosten für Bodennutzungsrechte für alle in die Ausschüttung einbezogenen Bürger, ohne die nach Rudolf Steiner unverzichtbaren Preiswirkungen der Bodenrenten zu beeinträchtigen.
5. Weil der Ausschüttungsanspruch der Bürger auf die jährliche Bodenrenten-Erträge unvererblich, unverzichtbar und unveräußerbar ist, kom-

men die Ausschüttungen den Bürgern zugute und können nicht in irgendwelche dunklen Kanäle privater oder öffentlicher Hände fließen.

6. Die Aufgabe, die Bodenrenten zu ermitteln, die Bodenrenten-Entgelte zu erheben und ihre Erträge auszuschütten, soll neutralen, unabhängigen Sammelstellen als Selbstverwaltungsorganen des Rechtslebens nach gesetzlichen Vorgaben übertragen werden. Das Seminar vertraut – wie Rudolf Steiner – der Leistungsfähigkeit von Selbstverwaltungsorganen mehr als politisch beeinflußten Behörden.
7. Der Erde, ihren Schätzen und Erträgen stehen alle Menschen in gleicher Weise gegenüber. Das gilt für ihre Stellung
   - gegenüber der Regelung von Umfang und Art der Nutzung von Boden, Bodenschätzen und Natur
   - als Bodennutzer und Rohstoffverbraucher
   - gegenüber der Bodenrente.

   Daher haben sie Anspruch darauf, in dieser Beziehung nach dem Gleichheitsgebot als der ordnungspolitischen Leitlinie des Rechtslebens behandelt zu werden. Das Erbbaurechts- und das weitergehende Reformkonzept des Seminars behandelt den Boden und die Bodenschätze nicht als Waren, über die (Kauf-)Verträge geschlossen werden, sondern verwandelt sie in «Rechtsobjekte», zu denen alle Menschen in ihrem Verhältnis zueinander gleiche Beziehungen haben:[73]
   - Es sind alle Menschen in gleicher Weise über den demokratischen Prozeß der Bildung und Veränderung der Organe, die über Raumordnungsfragen und andere Regelungen von Umfang und Art der Nutzung von Grundstücken und Bodenschätzen entscheiden, beteiligt, auch wenn diese Beteiligung durch Reformen auf diesem Gebiete des Rechtslebens (nicht der Bodenordnung) noch verbessert werden kann.
   - Als Nutzer und Verbraucher haben sie Zugang zu Bodennutzungs- und Rohstoffschürfrechten unter der für alle gleichen Voraussetzung, daß sie die an den Bodenrentenstrom angepaßten Bodenrenten-Entgelte oder Erbbauzinsen zahlen.
   - Sie haben alle gleiche Ansprüche auf die Ausschüttung der jährlichen Bodenrenten-Entgelts- oder Erbbauzinserträge.

d) Kein Einfluß des Reformkonzepts auf Verfügungsentscheidungen über Produktionsmittel von Unternehmen:

Die Pflicht aller, auch der Unternehmen, Bodenrenten-Entgelte oder entsprechende Erbbauzinsen zu zahlen, und die Ausschüttung der jährlichen

Erträge an alle Bürger beläßt die Befugnis, über Produktionsmittel eines Unternehmens unter Einschluß des Bodens zu verfügen, bei den Unternehmen und ihrer Leitung; sie beeinflußt diese Befugnis daher nicht. Beides steht auch Bestrebungen nicht im Wege, dem geistigen Glied des sozialen Organismus die Befugnis zu übertragen, fähige Leute zu suchen, die Unternehmen heute oder künftig leiten und in deren Händen sich infolgedessen auch das Recht zur Verfügung über die Produktionsmittel des Unternehmens unter Einschluß des Bodens befinden muß, damit sie zum Wohle des Ganzen, also in wohlfahrtsökonomischer Sicht, effizient tätig werden können. – Die Bereiche der Bodenordnung und der Verfassung der Unternehmensleitung und Unternehmensleitungsnachfolge haben daher unmittelbar nichts miteinander zu tun.

Allerdings kann – aus dem Blickwinkel des Bodens als Produktionsmittel der Unternehmen betrachtet – über die Frage, wer ein Unternehmen mit dem Verfügungsrecht über alle Produktionsmittel heute und künftig leiten soll, erst dann völlig frei und unabhängig von Kapitalinteressen, Erbfolge, Blutsverwandtschaft, Schenkung, Kauf und Tausch und Sonderinteressen aus dem staatlichen Bereich entschieden werden, wenn dem Kapital und staatlicher oder kommunaler Macht der bevorrechtigte Weg in den Boden versperrt ist. Das gelingt erst, wenn die Rechte zur Bodennutzungs- und -verwertung durch an den Bodenrentenstrom angepaßte Bodenrenten-Entgelte oder Erbbauzinsen verteilt werden und der Boden auf diesem Wege laufend entwertet bleibt und ihre Erträge an alle Bürger ausgeschüttet werden. – Das Erbbaurechts- und das weitergehende Reformkonzept des Seminars stehen daher nicht – wie Roland Geitmann vermutet – im Gegensatz zu Steiners Aussage, der Übergang des Bodens als Produktionsmittel vom einen zum andern müsse eine Angelegenheit geistiger Erkenntnis sein, sondern im Verhältnis der Ergänzung zueinander. Sie sind ein erster Schritt dahin, daß wenigstens von der Bodenordnung aus der Suchprozeß fähiger Unternehmensleiter ein von Kapitalinteressen, Schenkung, Vererbung, Kauf und Tausch von Bodeneigentum und von Staatsmachtinteressen freier Erkenntnisprozeß werden kann. Die Gefahr, daß dieser Erkenntnisprozeß von der Bodenordnung aus – wie heute noch – konterkariert wird, besteht dann nicht mehr.

e) Kein Allheilmittel:

Eines gilt es noch hervorzuheben: Das Reformkonzept des Seminars für die Bodenordnung ist kein Allheilmittel. Es reicht allein nicht aus, um alle störenden Faktoren auf die Bodenordnung auszuschließen. Es müssen auch in anderen Bereichen des sozialen Organismus auf dafür angemessenen Wegen, die nur aufgrund sozialwissenschaftlicher Erkenntnisse für diese Bereiche gewonnen werden können, notwendige Reformen vorgenommen sein, damit von dort aus auf den Bereich der Bodenordnung keine störenden Einflüsse ausgehen. Damit sind aber andere Teilbereiche des sozialen Organismus angesprochen, die es zu ordnen gilt, z.B. das Recht der Unternehmensleitungsnachfolge und anderes mehr.[74]

3. Bodenrenten-Entgelte – ein Gegen- oder Zerrbild zentraler Aussagen Rudolf Steiners zur Bodenordnung?

Mit den Aussagen Rudolf Steiners zur Bodenordnung vertraut, setzt sich Roland Geitmann vor dem Hintergrund von Steiners Bodenlehre für das Erbbaurechtskonzept des Seminars für Grundstücke der öffentlichen Hand in diesem Buch ein.[75] Roland Geitmann hat dieses Konzept in Ostdeutschland intensiv mitverbreitet und es mit einem Forschungsprojekt über die sachgerechte Ausgestaltung kommunaler Erbbaurechtsverträge – auch kritisch – begleitet.[76]

Roland Geitmann hält das Erbbaurechtskonzept für eine überzeugende Übergangslösung für die heutige Zeit, solange wir noch kein Gesetz haben, «das den Menschen ein Recht auf Boden gewährt und die Verteilung des Bodens regelt, und keine Einrichtungen des Geisteslebens [haben], die den Übergang des Bodens vom einen zum andern bestimmen».[77] Er macht eine Reihe von Vorschlägen, wie das Konzept weiterentwickelt werden könne, damit es die Wirkungen nicht habe, die er unerträglich findet.[78] Ein Teil dieser Anregungen gehören zum Konzept des Seminars, insbesondere eine verdichtete Bodennutzungsplanung, die Roland Geitmann zu Recht als «Verstärkung des geistigen und rechtlichen Elements der Bodenzuordnung» charakterisiert,[79] und die Ausschüttung der Erbbauzinserträge an die Bürger der Kommunen.[80]

Roland Geitmann schlägt aber mit dem Blick auf Rudolf Steiners Bodenlehre auch kritische Töne gegenüber dem Erbbaurechtskonzept des Seminars, seiner gesamten Einstellung zu Fragen der Bodenordnung und anderen ordnungspolitischen Feldern an.[81] Auslöser dieser Kritik sind nicht zuletzt seine Hörerfahrungen bei Gesprächen über das Erbbaurechtskonzept. Zentraler Ansatzpunkt seiner Kritik sind die Erbbauzinsen als laufende Knappheitsentgelte, die nach den Vorstellungen des Seminars an den Bodenrentenstrom angepaßt werden sollen. Zwar werde damit – den Anregungen Rudolf Steiners entsprechend – der Boden fortlaufend entwertet, nicht wie eine

Ware behandelt und auf diesem Wege der Stau von Kapital im Boden verhindert. Aber das eingesetzte Mittel mache die Konzeption des Seminars zu einem Gegenbild von Rudolf Steiners Vorstellungen zur künftigen Bodenordnung. Denn der Übergang des Bodens vom einen zum andern werde damit nicht, wie Steiner es fordere, eine Sache geistiger Erkenntnis, sondern eine Frage des Geldes.[82] Roland Geitmann fürchtet die ökonomische Kälte der an den Bodenrentenstrom angepaßten Erbbauzinsen und Bodenrenten-Entgelte trotz der sozialen Ausgleichswirkungen der Ausschüttung ihrer jährlichen Erträge. Er warnt vor ihrem Beitrag zur Verödung und Kommerzialisierung der Städte.[83] Und er gewinnt dem «Bollwerk Privateigentum» nach der heutigen Bodenordnung eine positive Funktion ab: Es verhindere, daß jeder Standort «käuflich» wird.[84]

Ob das Erbbaurechtskonzept und damit auch das weiterreichende Reformkonzept ein Gegen- oder gar ein Zerrbild von Rudolf Steiners Vorstellungen zur Bodenordnung ist, hängt davon ab, wie weit Roland Geitmanns Annahme zutrifft, Rudolf Steiner habe gefordert, daß der Übergang des Bodens vom einen zum andern eine Sache geistiger Erkenntnis werde.[85]

4. Rudolf Steiners Bodenlehre – ein Anstoß zur Einrichtung von Bodenprivilegien?

Anlaß für die Annahme Roland Geitmanns dürften Steiners zentrale Aussagen im Vortrag vom 16.6.1920 sein,

- der Übergang des Bodens vom einen zum andern solle eine Angelegenheit des geistigen Gliedes des sozialen Organismus sein
- daß dasjenige, was den Boden überführt in die Sphäre der Bearbeitung durch einen Menschen, rechtliche und geistige Verhältnisse, rechtliche und geistige Impulse seien.

Deutet man diese Aussagen wie Roland Geitmann, so wäre die Verteilung des gesamten Bodens, z.B. auch für Wohn-, Sport- und Freizeitzwecke, vom geistigen Glied des sozialen Organismus im Erkenntnisweg zu entscheiden und würden sich die Aussagen Rudolf Steiners in der Tat gegen den Einsatz von Knappheitsentgelten, angepaßt an den Bodenrentenstrom, als Verteilungsinstrument für Bodennutzungs- und -verwertungsrechte richten.

Was hat diese Deutung, wenn man sie ernst nimmt, für Konsequenzen, insbesondere wenn daran gedacht ist, daß die Knappheitsrelationen einzelner Grundstücke nach Maßgabe ihres Bodenrentenstroms keine Rolle spielen sollen, damit die Verteilung des Bodens unter die Nutzer «keine Frage des Geldes wird», wie Roland Geitmann es formuliert.[86] Die Konsequenzen sind:

1. Die Bodenrenten würden im volkswirtschaftlichen Prozeß nicht unschädlich gemacht.
2. Die Bodenverteilung liefe auf die Verteilung von Privilegien hinaus – wie nach der heutigen Bodenordnung auch. Zum Beispiel hätten Unternehmen mit besseren Standorten Wettbewerbsvorteile vor jenen mit schlechteren Standorten.
3. Die verteilenden Erkenntnisorgane kämen unter massiven ökonomischen Interessens- und Bestechungsdruck, weil sie ökonomische Werte verteilen usw.

Will Roland Geitmann das alles? Nein, er möchte das keineswegs. Aber es liegt in der Konsequenz seiner Deutung einer zentralen Aussage Steiners. Er kommt zu dieser Deutung, weil er diese Aussage absolut setzt und nicht in den Zusammenhang der übrigen Bodenlehre Steiners stellt. Wäre seine Deutung zutreffend, so wäre es Sache geistiger Erkenntnis, Angelegenheit des geistigen Gliedes des sozialen Organismus, ökonomische Bodenwerte zu verteilen, d.h. Urteile über die Zuordnung ökonomischer Bodenprivilegien zu fällen und wie die Glücksfee gute und schlechte Lose unter die Leute zu verteilen. Es kommt zwar vor, daß Vortragsaussagen Rudolf Steiners mehrdeutig und mißverständlich sind, weil er in der Regel frei gesprochen hat; manches mag auch durch Mit- und Nachschriften seiner Vorträge mehrdeutig und mißverständlich geworden sein. Aber so mißverständlich, wie ihn Roland Geitmann deutet, hat er sich für mein Verständnis in seinen Aussagen zur Bodenordnung nicht ausgedrückt. Vielmehr verlangt er klipp und klar, daß die Bodenrenten im volkswirtschaftlichen Prozeß unschädlich gemacht werden sollen, damit sich z.B. Kapital nicht mehr im Boden stauen könne. Aus der Kritik an den Vorstellungen der Bodenreformer und den übrigen Teilen von Rudolf Steiners Bodenlehre spricht seine tiefe Abneigung gegen die Verteilung von Privilegien jedweder Art im Bereich der Bodenordnung; in Bodenprivilegien wird, wie er es ausdrückte, die Bodenrente in anderer Form wieder erzeugt, alter Unfug in andere Form gegossen usw. Die Vorstellung eines Lotteriespiels mit Bodenprivilegien, bei dem das kostenlose Verteilspiel kommunistischer Bodenordnung oder das entgeltbegünstigte «kapitalistischer» Prägung nicht von Staatsfunktionären bzw. Kaufleuten, sondern in neuer Besetzung von in Erkenntnisbemühungen vertieften Leuten gespielt wird, ist mit seinen Aussagen nicht vereinbar. Eine Reform, die die Privilegienwirtschaft in der Bodenordnung beendet, dürfte seinem Bild einer künftigen Bodenordnung mehr entsprechen.[87]

5. Sozialpolitisch und anders motivierte Ausnahmen und Teillösungen in ihrem Verhältnis zu Rudolf Steiners Bodenlehre

Ausnahmen von Ordnungselementen der Dreigliederung des sozialen Organismus führen regelmäßig ins ordnungspolitische Chaos des kunterbunten Durcheinanders von Elementen des Rechtsleben, Wirtschaftslebens und Geisteslebens innerhalb einer Teilordnung des sozialen Organismus. Dagegen hat sich niemand so vehement gewandt wie Rudolf Steiner mit seinen Hinweisen, man möge die Dreigliederung des sozialen Organismus ernst nehmen und sich von den drei miteinander in Wechselwirkung stehenden Elementen der Dreigliederung des sozialen Organismus leiten lassen.[88]

Roland Geitmann und auch Udo Herrmannstorfer empfehlen, mit Bodenrentenabgaben, seien es Erbbauzinsen oder der von Herrmannstorfer empfohlene Nutzungsausgleich, flexibel umzugehen und Ausnahmen von bodenrentenangepaßten Knappheitsentgelten im Interesse bestimmter Zwecke zu gewähren.[89] Aber jede Ausnahme von der Zahlungspflicht bodenrentenangepaßter Knappheitsentgelte – wie gut auch immer sie mit sozial-, kultur-, wohnungs-, denkmalspolitischen oder städtebaulichen Gesichtspunkten begründet sein mögen, z.B. einer gewachsenen Mischung verschiedener Bodennutzungen – teilt wieder Privilegien zu, beeinträchtigt die laufende Entwertung des Bodens, öffnet den Boden für den Kapitalstau, beeinträchtigt die städtebauliche Planung, verhindert den sozialen Ausgleich unter den Menschen über die Ausschüttung der jährlichen Entgelterträge usw. Das lehrt – wie gesagt – die heutige Bodenordnung, die nichts anderes als ein System von Ausnahmen zugunsten bestimmter Teile der Gesellschaft und zu Lasten des anderen Teils ist. Auch Ausnahmen, die sozial oder auf andere Weise gut klingen, brechen ein wesentliches Ordnungselement aus dem ordnungspolitischen Gesamtgefüge von Rudolf Steiners Bodenlehre heraus und verhindern damit die Einlösung seiner Leitvorstellungen für die Bodenordnung. Das kann dem Gesamtgefüge der Bodenordnung nicht gut bekommen.

Vom Ausnahmenproblem ist die Frage zu unterscheiden, mit welchen Schritten man der Bodenordnung näherkommt, die in den weit in die Zukunft weisenden Vorstellungen Rudolf Steiners sichtbar wird. Welche Kompromisse geht man auf dem Wege dorthin ein? Ist es nicht sogar klug, mit «Endzeitbildern» vorsichtig umzugehen, wissenschaftlichen Neigungen, den Dingen auf den Grund zu gehen, zwar in einem Buch wie diesem zu folgen, aber besser keine Reformvorschläge zu entwickeln, die vor lauter Radikalität nur tiefes Entsetzen vor Reformen auslösen? Hat nicht auch Rudolf Steiner so gehandelt? Er hat immer wieder hervorgehoben, er wolle keine Patentrezepte andienen, und beschränkte sich auf Richtungsandeutungen. Aber das hinderte ihn nicht, das kühne Bild der weithin noch unausgeleuchteten Ordnungslehre von der Dreigliederung des sozialen Organismus und kühne Bilder von Teilordnungen daraus zu entwerfen. Insofern ist der Versuch, lediglich das Bild einer künftigen Bodenordnung auf der Grundlage seiner Bodenlehre nachzuzeichnen, kein großes Wagnis.

Aber trotzdem bleibt es wahr, daß große Reformschritte die Menschen überfordern. Daher sind nur kleine Reformschritte mit Kompromissen möglich, bei denen ohne Ausnahmen nicht auszukommen ist. Ausnahmekataloge für Bodenrenten-Abgaben wie die von Roland Geitmann und Udo Herrmannstorfer machen so lange Sinn.[90] Dagegen ist auch aus der Sicht der von Rudolf Steiner ins Auge gefaßten künftigen Bodenordnung nichts einzuwenden.

Anmerkungen

1 Der Beitrag beruht auf Vorarbeiten zur Bodenordnung des Seminars für freiheitliche Ordnung e.V., Badstr. 35, 73087 Bad Boll, erstmals angesprochen im *Positionspapier des Seminars «Reform der Bodenordnung», Fragen* der *Freiheit (FdF)* Heft Nr. 215 (1992), S. 10, (künftig mit *FdF*, Heftnummer und Seitenangabe zitiert), zu beziehen beim Seminar; das Positionspapier ist in diesem Buch im Anhang wiedergegeben auf S. 248 ff. Zu den Grundlagen siehe Eckhard Behrens, Lösung der Bodenfrage im Sinne des Privateigentums und der sozialen Marktwirtschaft, *FdF* 38 (1964), S. 3 ff., und Brüderliche Bodenordnung, *FdF* 208 (1991), S. 44 ff.

2 In seiner Beziehung zur menschlichen Arbeit ist der Boden Produktionsmittel.

3 Die Bodenrente und ihre Höhe sind allein ein Phänomen der Knappheit des Bodens, die er aufgrund seiner Lage, seiner natürlichen Beschaffenheit und anderer Faktoren, z.B. nach Art und Umfang städtebaulicher Nutzbarkeit, hat (vgl. Manfred Ziercke, Artikel Faktorpreisbildung im *Handwörterbuch der Wirtschaftswissenschaften,* Band 2, Stuttgart/Tübingen/Göttingen 1980, S. 549 und S. 551). Für die Bodenrenten der Bodenschätze gilt das auch. Heute noch gültig haben David Ricardo und Heinrich Thünen diesen Zusammenhang zu Beginn des 19. Jahrhunderts beschrieben (vgl. David Ricardo, *Grundsätze der politischen Ökonomie und der Besteuerung,* Frankfurt am Main, 1972, S. 64 ff. und 69, 126 f., 141 f., 144 ff. und 151 ff.; Johann Heinrich von Thünen, *Der isolierte Staat,* Stuttgart 1966, S. 23 ff., 29 ff., 98, 113 f., 115 ff., 120 ff., 225 ff., 229 f., 346 ff.).

Die Höhe der Bodenrente wird am deutlichsten sichtbar im marktgemäßen, der Knappheit des Bodens entsprechenden Pachtzins, den ein Pächter eines Grundstücks oder eines Sandausbeutungsrechts pro Monat oder Jahr an den Verpächter zahlt.

Bodenrenten lassen sich als Ausdruck der Knappheit des Bodens nach Lage usw. nicht beseitigen (vgl. Manfred Ziercke, a.a.O., S. 563, siehe auch S. 555). Sie entstehen in jeder Wirtschaftsordnung, auch ohne Geldwirtschaft und Märkte. Daher ist es eine Illusion zu glauben, bei verstaatlichtem oder kommunalisiertem Boden oder einem moralisch-sozialpolitischen Umgang mit dem Boden entstünden Bodenrenten nicht (vgl. Ulrich Pfeiffer, *Ansätze für eine bodenpolitische Konzeption in Bodenordnung und Bodenpolitik,* Band 78 der Beiträge und Untersuchungen des Instituts für Siedlungs- und Wohnungswesen der Universität Münster, Münster 1972, S. 74 f.).

Bodenrenten fallen als ökonomischer Ertrag der Bodennutzung immer in der

Hand der Bodennutzer an – seien sie Bodeneigentümer, Erbbauberechtigte, Pächter, Mieter oder Bodennutzungsberechtigte kraft staatlicher Vergabe in kommunistischen Ländern. Sie verwandeln sich in *Fremdnutzungserträge*, wenn Eigentümer ihren Boden Pächtern, Mietern und anderen *Fremdnutzern* überlassen und Nutzungsentgelte in Höhe der marktgemäßen Bodenrenten oder auch weniger verlangen und erhalten; sie werden *Eigennutzungserträge* in der Hand der Eigentümer, die eigenen Boden kostenlos nutzen; sie werden *quasi-Eigennutzungserträge*, wenn Fremdnutzer den Boden wie eigenen kostenlos oder zu unter-marktgemäßen Entgelten nutzen dürfen, weil z.B. der Staat – wie in kommunistischen Ländern – Boden kostenlos zur Nutzung vergibt oder weil Eigentümer freiwillig oder aufgrund gesetzlichen Zwangs keine oder nur unter-marktmäßige Nutzungsentgelte verlangen.

4 Eine Ausnahme ist das noch zu erprobende UN-Seerechtsübereinkommen vom 16.11.1982 (Bundesgesetzblatt Teil II 1994, S. 1798 ff.) mit Nebenabkommen, das Regeln über den Tiefsee-Bergbau enthält und dem die Bundesrepublik Deutschland mit anderen Industriestaaten erst 1994 beigetreten ist.

5 Grundstücke können freilich durch schädliche Stoffe oder durch eine unangemessene Verwendung unbrauchbar werden, wie viele historische und gegenwärtige Beispiele lehren.

6 Bodenschätze werden durch ihre bestimmungsgemäße Nutzung verbraucht; ihr Bodenrentenstrom ist daher endlich. Vgl. dazu und zu den Konsequenzen daraus für ein System der ökologischen Besteuerung Fritz Andres, Zur Nutzung des Bodens, der Bodenschätze und der Umwelt, *FdF* 232/233, S. 3 ff.

7 Die Zahlung hoher Ablösesummen für die Bereitschaft, eine kündigungsgeschützte Mietwohnung aufzugeben, ist ein Ausdruck dieses Phänomens.

8 Dieser Zusammenhang und der Begriff Quasi-Eigennutzungsertrag sind in Anmerkung 3 erklärt.

9 Vgl. dazu Eckhard Behrens, Ökologische Rohstoffwirtschaft, Eine ordnungspolitische Studie, *FdF* Nr. 222 (Mai/Juni 1993), S. 56 ff. Auf dieser Studie baue ich im folgenden auf.

10 Die Behörde für den Tiefseebergbau ist ein erstes Organ dieser Art.

11 Der wesentlichste Grund dafür ist schlicht der Umstand, daß es jedem Roffstoffland überlassen ist, wieviel es fördern möchte. Unsichere politische Verhältnisse in den Rohstoffländern sind ein weiterer Grund: Auch schmale Gewinne der Besitzer der Rohstofflager sind auf Schweizer Konten sicherer als das politisch unsichere Recht, im Boden belassene Rohstoffe künftig bei besseren Preisen auch weniger umweltschädigend auszubeuten. Ein anderer Grund ist der Versuch, Arbeitsplätze zu erhalten oder der weltweit im Wettbewerb stehenden Wirtschaft im eigenen Land den Wettbewerbsvorteil billiger Rohstoffe zu verschaffen.

12 Gleiche spaltende Wirkungen stellen sich beim Pächterschutz oder Wohnungs-Erbbauberechtigtenschutz, z.B. nach § 9 a Erbbaurechtsverordnung, ein.

13 Vgl. etwa den Bericht der Expertenkommission Wohnungspolitik vom Jahre 1994, Bundestagsdrucksache 13/159, S. 90 ff. und 138 ff. Paradoxerweise halten aber die Experten, die zu Recht den einseitigen Bestandsschutz der Mieter und seine Immobilitätsfolgen zu Lasten der Mietwilligen entschieden kritisieren (Textziffer 5111 und 5133), die Flächenzurückhaltung der Bodeneigentümer aus Grün-

den der Vorratshaltung für tolerierbar (Textziffer 4120). Hier, bei den Bodeneigentümern haben die Experten, so scheint mir, ihre sonst entschieden vorgetragene ordnungspolitische Leitlinie aus den Augen verloren. Warum?

14 Realzins ist der Zinsanteil, der nach Abzug der Inflationsrate vom Nomimalzins übrig bleibt.

15 Siehe zu den Einzelheiten Fritz Andres, Gedanken zur Bodenordnung – Rechtliche Formen und wirtschaftliche Realitäten, *FdF* 208, S. 29 ff., und Wirtschaftliche Aspekte des Erbbaurechts, *FdF* 218 (1992), S. 35 ff.

16 Die rechnerische Abhängigkeit zwischen Bodenpreisen und Kapitalzins läßt sich an folgender Tabelle ablesen:

Bodenrente in DM jährlich	realer Kapitalzins in % jährlich	Bodenpreis in DM
1.000,–	10	10.000,–
1.000,–	5	20.000,–
1.000,–	1	100.000,–
1.000,–	0,5	200.000,–
1.000,–	0,1	1.000.000,–
1.000,–	0	unendlich

17 Japan mit seinen aufgrund der Bodenknappheit hohen Bodenrenten und insofern auch hohen Bodenpreisen war 1988/89 von dieser Krise betroffen, als der langfristig niedrige Kapitalmarktzins etwas kräftiger anstieg, die Bodenpreise nach jahrelangem, scheinbar sicheren Anstieg schlagartig zusammenbrachen und auf steigende Bodenpreise gegebene Kredite faul wurden. Darunter leiden noch heute Japans Banken und belasten damit Japans Wirtschaft.

18 Die Abschnitte 3. bis 5. sind dem Abschnitt IV. des Beitrags von Fritz Andres, Grundlagen und Auswirkungen einer Bodenwertsteuer, aus dem Buch *Boden – Wem nutzt er? Wen stützt er? Neue Perspektiven des Bodenrechts,* hrsg. von Beate und Hartmut Dieterich, Braunschweig/Wiesbaden 1997, S. 250 ff., entnommen. Siehe auch Fritz Andres, Grundlagen und Auswirkungen einer Bodenwertsteuer, FdF 242, S. 6 ff.

19 Die Einflüsse der Kapitalmärkte auf die Bodeneigentumsmärkte führen im übrigen dazu, daß die Knappheitswerte, die sich in Kaufpreisen ausdrücken, kein wahres Bild von der Knappheit des Bodens als Nutzungsobjekt zeichnen, sondern diese verzerrt wiedergeben.

20 Damit wird aber die Aufgabe der städtebaulichen Planung und der Raumordnungsentscheidungen anspruchsvoller. Denn es muß viel kleinräumiger geplant werden als das heute der Fall ist, damit eine erträgliche Nutzungsmischung entsteht. Denn wenn der Boden allein über den Hebel der Bodenrenten-Entgelte unter die Nutzer verteilt wird, muß durch städtebauliche und Raumordnungsentscheidungen dafür gesorgt sein, daß auch ökonomisch weniger ertragreiche Bodennutzungen zum Zuge kommen. Sonst werden Stadtzentren und andere kommerziell interessante Standorte zu kommerzialisierten Wüsten.

21 Bodenrenten-Entgelte sind also auch eine sinnvolle Umweltschutzabgabe.

22 Die folgende Tabelle erklärt diesen Zusammenhang:

Bodenrente in DM jährlich	Entgelt in % jährlich	Restrente in DM jährlich	Realzins in % jährlich	Bodenpreise in DM
1.000,–	0	1.000,–	5	20.000,–
1.000,–	50	500,–	5	10.000,–
1.000,–	90	100,–	5	2.000,–
1.000,–	99	10,–	5	200,–
1.000,–	100	0,–	5	0,–

23 Der Zusammenhang der Wohnungs- und Gewerbegebäudewirtschaft mit den Kapitalmärkten bleibt dagegen erhalten. Denn die Kapitalanlage in Bauten bleibt – wie heute bei Erbbaurechten mit marktgemäßen Erbbauzinsen – rentabel; Bauten können wie beim Erbbaurecht gekauft und verkauft werden.

24 Eine Ausnahme sind die in diesem Zusammenhang unschädlichen §§ 571 ff. im Bürgerlichen Gesetzbuch.

25 Engpässe gibt es nur, wo – wie z.B. in touristisch geprägten Orten – nicht genügend Gewerberaum im Rahmen städtebaulicher Planung ausgewiesen ist.

26 Eine wachsende Familie erhält pro Kind den jährlichen Kopfbetrag, kann sich daher mehr Wohnfläche leisten. Ziehen Kinder aus, so nehmen sie ihren Anspruch mit, und die Restfamilie muß daher, wenn sie anderes Einkommen nicht einsetzen kann, Wohnfläche aufgeben. Das ist die familienpolitische Komponente dieser künftigen Bodenordnung.

27 Nur eines ist klar: Solange die ordnungspolitischen Mängel der heutigen Bodenordnung nicht beseitigt werden, bleibt der ordnungspolitisch zwar mangelhafte Mieterschutz aus Gründen der Privilegiensymmetrie unentbehrlich. Das ist die Kernaussage der ständigen Rechtsprechung des Bundesverfassungsgerichts zum Mieterschutz.

28 Manche Leute, die sich für Vertreter freiheitlicher Ordnung, Marktwirtschaft und vergleichbarer Ordnungswerte halten, können sich unter Ordnung nur den Dschungel mit dem Kampf um die besten Plätze an der Futterkrippe vorstellen, bei dem der Kräftigere, Listigere, im Wettbewerb Bessere obsiegt. Zu mehr ordnungspolitischer Phantasie reicht es nicht.

29 Außer dem Mieterschutz gibt es viele weitere Beispiele für solche mißlungenen Versuche, z.B. steuerliche Anreize für dieses und jenes im Wohnungsbau. Einer der größten gescheiterten Versuche dieser Art von mehr als 70 Jahren Dauer war die Boden- und Wohnungspolitik der kommunistischen Länder. – Man hofft, daß aus diesen Erfahrungen ein Bewußtsein dafür entsteht, auf welchen ordnungspolitischen Wegen ernsthaft sozialer Ausgleich in der Boden- und Wohnungspolitik geschaffen werden kann, der nicht nur allen Effizienzkriterien wirtschaftspolitischer Art gerecht wird, sondern die Effizienz in der Wirtschaft und anderswo erhöht. Nur so ausgestattet ist man in der Lage zu erkennen, wo wirtschafts- und sozialpolitisch in der Boden- und Wohnungspolitik angesetzt werden muß und wirklich etwas bewegt werden kann.

30 Im Sinne des verfassungsrechtlichen Steuerbegriffs der Artikel 104 a ff. Grundgesetz (GG) sind die Bodenrenten-Entgelte keine Steuer. Denn sie würden an alle Bürger Deutschlands gleichmäßig ausgeschüttet. Steuer wären sie nur, wenn sie

Kommunen, Ländern und Bund oder anderen öffentlich-rechtlichen Gemeinwesen zur Erzielung von Einkünften voraussetzungslos zufließen (vgl. dazu Hans D. Jarass und Bodo Pieroth, *Kommentar zum Grundgesetz für die Bundesrepublik Deutschland,* München ³1995, Art. 105, Randnummer (RdNr.) 2, im folgenden zitiert mit «Jarass-Pieroth»).

Bodenrenten-Entgelte sind eine Sonderabgabe. Solche Sonderabgaben sind verfassungsrechtlich nicht ausgeschlossen, dürfen vom jeweils für einen Sachbereich verfassungsrechtlich zuständigen Gesetzgeber (Bund oder Land) eingeführt werden, bedürfen aber der besonderen sachlichen Rechtfertigung (vgl. Entscheidungen des Bundesverfassungsgerichts (BVerfGE) 78 (78. Band), S. 249, 266 f. und BVerfGE, 93, S. 319, 343; vgl. auch Jarass-Pieroth, Art. 105, RdNr. 7 ff., insbesondere RdNr. 9 bis 11 und 17). Der «Wasserpfennig»-Beschluß des Bundesverfassungsgerichts vom 7.11.1995, der die «Wasserpfennigabgaben» Baden-Württembergs und Hessens für zulässig erklärte, könnte ein Indiz dafür sein, daß auch Bodenrenten-Entgelte verfassungsrechtlich zulässig sind (BVerfGE, 93, S. 319, 344 ff. und 348 ff.).

31 Vgl. Positionspapier 4. Teil, in diesem Buch, S. 258 f.

32 Die Expertenkommission«Wohnungspolitik» hat unter dem Stichwort «Bodenwertsteuer» die aufkommensneutrale Grundsteuerreform empfohlen (vgl. Bundestagsdrucksache 13/159, S. 192 ff., Abschnitte 8303 bis 8209, und auch S. 194 ff., Abschnitte 8210 bis 8214).

Die Bundesregierung hat auf den Vorschlag der Expertenkommission Wohnungspolitik positiv reagiert, aber bis heute nichts unternommen.

33 Sie gleicht darin der Lehre von der Interdependenz der Ordnungen (vgl. dazu Walter Eucken, *Grundsätze der Wirtschaftspolitik,* Tübingen ⁴1968, S. 14 ff. und 341 ff.).

34 Rudolf Steiner in Themen aus dem Gesamtwerk 13, *Soziale Frage und Anthroposophie*, ausgewählt und herausgegeben von Dietrich Spitta, Stuttgart 1985, S. 188 (im folgenden als *Konsequenzen* mit Seitenangabe zitiert).

35 *Konsequenzen*, S. 189.

36 *Nationalökonomischer Kurs*, Gesamtausgabe Nr. 340, S. 74.

37 Ebd., S. 75; vgl. auch S. 76, 77 und 83. Was Rudolf Steiner «Kapitalstau im Boden» nennt, dürften u.a. jene problematischen Einflüsse von Kapitalmärkten auf die Bodenmärkte sein, die oben in Abschnitt IV. 5. beschrieben sind.

38 *Nationalökonomischer Kurs*, S. 95.

39 Ebd., S. 168.

40 Ebd., S. 99 f. und 118.

41 Ebd., S. 101 und 102. Siehe auch den Auszug aus dem Vortrag von Rudolf Steiner vom 16.2.1919, in *Landwirtschaft und Industrie, Neuordnung des Bodenrechts als soziale Forderung der Gegenwart*, hrsg. von Roman Boos, Forschungsring für biologisch-dynamische Wirtschaftsweise, Darmstadt 1957, S. 25 f., wo er feststellt, daß Bodenrente (dort «Grundrente» genannt) immer da ist.

42 *Nationalökonomischer Kurs*, S. 102 f.

43 Ebd., S. 103 und weiter bis auf S. 109, wo Rudolf Steiner auf die Spannungsursachen aus den Rechtsverhältnissen eingeht.

44 Ebd., S. 109.

45 *Konsequenzen,* S. 177 bis 179.

46 Dazu weist er darauf hin, daß Grundstückspreise in einem Gebiet steigen können, weil sich ein berühmter Mann darin ansiedelt, und sagt weiter: «Bodenreformer und ähnliche Leute stemmen sich dagegen und wollen in einer gewissen Weise eine Art gerechten Preises für die Dinge feststellen durch allerlei Maßregeln. Das kann man; aber volkswirtschaftlich gedacht, wird dadurch der Preis nicht geändert. Man kann zum Beispiel, sagen wir, wenn so etwas geschieht und dann die Grundstücke teurer verkauft werden, man kann den Leuten das Geld wiederum in Form einer Grundsteuer abnehmen. Dann steckt der Staat dasjenige, was abfällt, ein. Die Wirklichkeit hat man aber damit doch nicht ergriffen. In Wirklichkeit ist die Sache dennoch teurer geworden. Sie können also Gegenmaßregeln ergreifen, die kaschieren aber nur die Sache. Der Preis ist doch derjenige, der er geworden wäre ohne diese Maßregeln. Man macht nur eine Umlagerung; und volkswirtschaftlich gedacht ist das nicht, wenn man dann sagt, die Grundstücke sind nach zehn Jahren nicht teurer geworden, wenn man durch Maßregeln die Sache kaschiert hat» (*Nationalökonomischer Kurs,* S. 24 f.).

47 Henry George, Adolf Damaschke und alle Bodenreformern zwischen beiden hätten die Neigung, «daß mehr oder weniger – die Form kommt da nicht so sehr in Betracht – der Grund und Boden etwas sein müsse, was gewissermaßen der Allgemeinheit gehöre. Nicht als ob alle Bodenreformer etwa wollten eine unmittelbare Verstaatlichung von Grund und Boden! Aber sie wollen, daß von den besonders starken Wertsteigerungen eben ein ganz erheblicher Prozentsatz, ein Prozentsatz vielleicht, der den Boden fast auf seinen früheren Wert herunterbringt, wenn er sich ohne Verdienst des Besitzers in seinem Wert gesteigert hat, als Werterhöhungssteuer an die Gemeinschaft geliefert werde» (*Konsequenzen,* S. 177 f.).

48 Er nennt die Bodenreformer, die mit der Grundsteuer oder vergleichbaren Steuern reformieren möchten, anerkennend «radikalste Reformer der Gegenwart» (*Konsequenzen,* S. 187). Er findet in ihren Ideen etwas sehr Sinnfälliges und Berechtigtes, wenn er feststellt, daß die Darstellungen Adolf Damaschkes nicht zu «Unrecht» beim Publikum große Wirkung hatten und daß man zwar manches von den Vorstellungen der Bodenreformer übergehen könne, aber sich aus ihren Erkenntnissen heraus ergebe, «daß ja selbstverständlich die ganze Einfügung des Bodenwerts in unseren wirtschaftlichen Prozeß etwas ist, was nicht weiter so bleiben könne, was in irgendeiner Weise einer Reform unterliegen müsse» (*Konsequenzen,* S. 177 f.). Er hebt auch hervor, daß Damaschke seine Reformvorstellungen auf den Boden beschränkt habe und nicht auf andere Produktionsmittel erstrecken wollte und das damit zu Recht begründet habe, daß etwaige Wertsteigerungen anderer Produktionsmittel andere Ursachen als die beim Boden haben (*Konsequenzen,* S. 178). Einige Jahre früher hat Rudolf Steiner im «Magazin für Literatur» vom 6.11.1897 einen ehrenden Nachruf für Henry George geschrieben: «Am 29. Oktober ist in New York HENRY GEORGE, der berühmte Bodenreformer, gestorben. Ich glaube recht zu haben, wenn ich sage, daß Männer meines Alters den Schriften dieser energischen, gedankenreichen Persönlichkeit außerordentlich viel verdanken. Sein eindringlich geschriebenes, wenn auch etwas breit angelegtes Buch ‹Fortschritt und Armut› hat uns zu gründlichem Nachdenken über die Bedeutung von Grund und Boden innerhalb der staatlichen Organisation angeregt.

Ob wir ihm zustimmten oder widersprachen: HENRY GEORGES Ausführungen sind für unsere Einsicht in ökonomische Dinge im hohen Grade fruchtbar geworden. Er hat verstanden, ökonomische Wahrheiten in einer Form auszusprechen, die auch dem Nichtfachmann Anregung geboten hat. Und eine hohe Freude hatten wir an seinem Lebensgange. Er gehörte zu den Wenigen, die es verstehen, ihr Schicksal fast im vollen Umfang selbst zu bestimmen ...» (vgl. *Landwirtschaft und Industrie, Neuordnung des Bodenrechts als soziale Forderung der Gegenwart,* hrsg. von Roman Boos, S. 11, wo das Zitat vollständig mit einer Lebensbeschreibung Henry Georges bis zu seinem Tode wiedergegeben ist).

49 *Nationalökonomischer Kurs*, S. 166.

50 *Ebd.*, S. 102.

51 Die Vorstellung, der Boden solle mit einem gesetzlichen Verbot – nach Art des kanonischen Zinsverbots oder des Verkauf- und Kaufverbots in kommunistischen Ländern – von Rechts wegen für unverkäuflich erklärt werden, so daß er nur noch mit staatlicher Genehmigung und zu staatlich festgesetzten Preisen verkauft und gekauft werden *darf*, dürfte Rudolf Steiner völlig fremd gewesen sein, läuft sie doch darauf hinaus, hinter jeden Bodeneigentümer einen Polizisten und Staatsanwalt zu stellen, die aufpassen, daß Boden nicht und nicht zu einem höheren als dem staatlich verordneten Preis verkauft wird. Denn Steiner war klar, daß Bodenrenten und infolgedessen auch die sich daran über den Kapitalmarktzins orientierenden Kaufpreise nur durch am wirtschaftlichen Ertrag aus den Bodenrenten ansetzende Instrumente unschädlich zu machen sind, sonst aber durch nichts verhindert werden können, auch nicht mit einem gesetzlichen Verkaufs- und Kaufverbot.

52 *Konsequenzen*, S. 189; siehe auch *Nationalökonomischer Kurs*, S. 118. Kaufpreise und Kaufverträge für Boden seien eine Illusion; denn gekauft werde keine Ware, sondern nur das knappe Recht auf Bodennutzung, wirtschaftlich die Bodenrente, schreibt Fritz Andres (Gedanken zur Bodenordnung, *FdF* 208, S. 31).

53 *Konsequenzen*, S. 189.

54 Ebd., S. 187.

55 Ebd., S. 181 f. Der Rechtsstaat solle die rechtlichen Übertragungsvoraussetzungen dafür in ähnlicher Weise schaffen, wie er sie beim geistigen Eigentum geschaffen habe. Er soll dazu beitragen, daß einerseits sich als fähig erweisende Einzelunternehmer oder Unternehmensgesellschafter oder Unternehmensmanager, die erfolgreich ein Unternehmen zum Wohle aller führen, über die Kapitalgrundlage frei verfügen können und, wenn sie es wollen und in der Lage dazu sind, auch die Nachfolger in der Unternehmensleitung – auch erbrechtlich – auswählen, auf die die Verfügungsbefugnis über alle Produktionsmittel des Unternehmens übertragen wird. Die rechtlichen Einrichtungen sollen vorsehen, daß auf Wunsch der fähigen Leute oder ersatzweise für sie, wenn sie keine Nachfolger ausgewählt haben, geistige Korporationen die Unternehmensnachfolger auswählen (vgl. *Kernpunkte der soziale Frage,* Gesamtausgabe Nr. 23, S. 98 ff., insbesondere S. 107 bis 122, für den Boden auf S. 115, und in *Konsequenzen*, S. 188 und 192). Rudolf Steiner verteidigt die freie Verfügung über Produktionsmittel und als Voraussetzung dafür das Eigentum an Produktionsmitteln, solange es nicht zum Eigentums*un*recht (Machtmittel) verkommt, weil es fortbesteht, ohne daß in zweck-

mäßiger Art individuelle menschliche Fähigkeiten mit der Verfügung darüber verbunden werden (*Kernpunkte*, S. 101, 105 f., 107 bis 119).

56 *Konsequenzen*, S. 178 f.

57 Wer den wohnungssozialpolitischen Dschungel oder das Subventionsunwesen mit Steuergeschenken, z.B. die steuerlichen Abschreibungsmanipulationen für Investitionen in Ostdeutschland, betrachtet, die es wohlhabenden Leuten ermöglicht, Vermögen zu bilden, aber jahrelang keine Einkommenssteuer zu zahlen, kann erkennen, wie recht Rudolf Steiner hatte, den Ausschluß von Umgehungen und «guten Beziehungen» zu empfehlen.

58 *Konsequenzen*, S. 189.

59 *Nationalökonomischer Kurs*, S. 102.

60 *Konsequenzen*, S. 177 f.

61 Ebd., S. 179.

62 Rudolf Steiner spricht in *Kernpunkte*, S. 107 ff., insbesondere S. 113 f., die rechtsstaatlichen Aufgaben zur Schaffung gesetzlicher Bestimmungen an, die die Übertragung der Unternehmensleitungs- und der Verfügungsbefugnis über Produktionsmittel auf fähige Leute sichern. Letztlich kann der Gesetzgeber diese Aufgabe auch nur sachgemäß erfüllen, wenn er bei den dafür erforderlichen Erkenntnis- und Entscheidungsprozessen frei vom Druck irgendwelcher Ertrags- und Kapitalinteressen ist.

63 *Kernpunkte*, S. 107 bis 122, insbesondere S. 113, *Konsequenzen*, S. 188 und 192.

64 Es ist nichts Ungewöhnliches, daß aus dem Rechtsleben heraus durch Gesetze, Verwaltungsorgane und Rechtsprechung der Gerichte auf wirtschaftliche Gegebenheiten im Gesamtgefüge des sozialen Organismus ökonomisch wirksam geantwortet wird. Wie hätten auch sonst die wirtschaftlich mit Ertrag verbundenen Übel wie Sklaverei, Leibeigenschaft, gewerbliche und Standesvorrechte des Adels beseitigt werden können. Marktmacht, die wirtschaftliche Ausbeutung Unkundiger durch Knebelungsverträge oder bessere Kenntnis des Vertragsrechts und einseitige Vertragsgestaltungen werden durch wirtschaftlich wirksame gesetzliche Regelungen und Rechtsprechung bekämpft.

65 Die Belastung der Umwelt (genau übersetzt sind das: Menschen, Tiere, Pflanzen, Luft, Wasser und Boden) ist etwas der Bodennutzung Vergleichbares. Umwelt kann daher – wie der Boden – als knappe Ressource betrachtet werden, für die sich die Frage der Nutzungsbegrenzung und der angemessenen Verteilung der Nutzungsrechte in ähnlicher Weise stellt. Unabhängig davon, ob die Menschen begreifen, daß sie sich selbst antun, was sie der Umwelt antun und aus eigenem innerem Impuls umweltbewußter handeln, muß es daher langfristiges Ziel der Ordnungspolitik für die Umweltnutzung sein, Umweltnutzungsrechte mit Öko-Nutzungsentgelten unter die Nutzungsinteressenten zu verteilen, die an alle Menschen nach gleichen Kopfbeträgen ausgeschüttet werden. Denn ohne dieses Instrument werden Umweltnutzungsprivilegien verteilt. Siehe dazu im einzelnen Fritz Andres, Zur Nutzung des Bodens, der Bodenschätze und der Umwelt, *FdF* 232/233, S. 3 ff.

66 Das Erbbaurechtskonzept entstand 1991 und wurde in den ostdeutschen Bundesländern den Kommunen empfohlen. Vgl. dazu Fritz Andres, Privatisierung der Bodenordnung durch Vergabe von Erbbaurechten, *FdF* 210 (1991), S. 3 ff., Jobst v. Heynitz, Mustervertrag für die Bestellung eines Erbbaurechts, *FdF* 210,

S. 17 ff.; Fritz Andres, Argumente für das Erbbaurecht als kommunales Instrument zur Privatisierung von Bodennutzungen, und: Die Anpassung des Erbbauzinses, *FdF* 213 (1991), S. 25 ff. und 32 ff.; Fritz Andres, Bodenpolitik mit dem Erbbaurecht in Berlin und Brandenburg, *FdF* 215, S. 24 ff.; Eckhard Behrens, Das kommunale Erbbaurecht erleichtert die Stadtplanung, *FdF* 220 (1993), S. 3 ff.

67 Vgl. die Zitate von David Ricardo und Johann Heinrich von Thünen, a.a.O. (Anm. 3).

68 *Nationalökonomischer Kurs*, S. 102.

69 Z.B. Heinrich Gossen, Pierre Joseph Proudhon, John Stuart Mill, Henry George, Silvio Gesell, Michael Flürscheim, Franz Oppenheimer und Rudolf Steiner.

70 Vgl. etwa in bodenreformerischer Tradition: Heinrich Richard, *Entfesselung der Wirtschaft*, Darmstadt 1960 (ein in der Nachfolge Henry Georges geschriebenes Werk); Martin Pfannschmidt, *Vergessener Faktor Boden. Marktgemäße Bodenbewertung und Raumordnung*, Lütjenburg [2]1990; Gustav Bohnsack, *Gesellschaft, Raumordnung, Städtebau, Grund und Boden*, Sammlung Wichmann, Neue Folge, Schriftenreihe Heft 6, Karlsruhe 1967; Oswald von Nell-Breuning, *Gerechter Bodenpreis*, Schriftenreihe Freiheit und Ordnung, Mannheim/Ludwigshafen 1970; Herbert K.R. Müller, Das Bodenproblem einst und jetzt, *FdF* 52/53, S. 64 ff. Nicht erkennbar in bodenreformerischer Tradition stehend: Ulrich Pfeiffer, Überlegungen zur Theorie der Steuerung der Bodennutzung, in: *Bodenordnung? Vorschläge zur Verbesserung der Sozialfunktion des Bodeneigentums*, hrsg. von Folker Schreiber, Stuttgart/Bern 1969, S. 29 ff., und Albrecht Müller, Ein Vorschlag zur Besteuerung von Wertsteigerungen bei Grundstücken, ebd., S. 57; Ulrich Pfeiffer, Ansätze für eine bodenpolitische Konzeption, in: *Bodenordnung und Bodenpolitik*, Band 78 der Beiträge und Untersuchungen des Instituts für Siedlungs- und Wohnungswesen der Universität Münster, Münster 1972, S. 50 ff.; Udo Herrmannstorfer *Scheinmarktwirtschaft*, S. 81 ff.

71 Bauwerke sind nach der Bauphase Waren und in der Nutzungsphase Kapitalanlagegüter, so daß sie dem Wirtschaftsleben zuzuordnen sind; sie können daher – anders als der Boden – nach den Lehren zur Dreigliederung des sozialen Organismus Gegenstand eines Kaufs und von Vereinbarungen darüber sein.

72 Steiners Anregung, daß Gelder von vornherein in das Geistesleben abfließen sollten, damit sie sich auch heute nicht im Boden stauen, müssen die Menschen, jeder für sich, aufgreifen. Die Bodenordnung kann nur dazu beitragen, die Anlage von Leih- und Schenkgeldern im Bodeneigentum zu verhindern.

73 Nach dem Erbbaurechtskonzept werden Erbbaurechtsverträge abgeschlossen. Das hat Roland Geitmann zur Bemerkung veranlaßt, die Erbbaurechtskonzeption des Seminars mache die Bodennutzung zum Gegenstand privatrechtlicher Verträge, und zwar in Anspielung auf Steiners Aussage, daß man über Boden – anders als über Waren – keine Verträge schließen könne (Roland Geitmann, in diesem Buch, S. 104 und 109). Ein Vertrag gegen Erbbauzinsen nach dem Erbbaurechtskonzept ist kein «Kaufvertrag» über Boden, behandelt also den Boden nicht als Ware, sondern ein Nutzungsentgeltvertrag (Pachtvertrag). Solange keine Bodenrenten-Entgelte erhoben werden, sind solche Erbbaurechtsverträge der einzige Weg, um zu erreichen, daß Boden nicht verkauft und gekauft werden kann. Deshalb hat das Seminar sein Erbbaurechtskonzept für Grundbesitz der öffentlichen Hand entwickelt.

74 Z.B. folgende Themen, um nur einige zu nennen:
- die Ordnung des Staates, des Parteieneinflusses
- Föderalismusfragen
- die Ordnung des Geldwesens.

75 Roland Geitmann, Mit dem Erbbaurecht auf dem richtigen Weg?, in diesem Buch S. 101 ff.

76 Über seine Arbeit in Ostdeutschland und das Forschungsprojekt berichtet er auch in «Erbbaurecht in West und Ost», Teil I, *FdF* 220 , S. 12 ff., und Teil II. in *FdF* 224, S. 17 ff.

77 Roland Geitmann S. 109 in diesem Buch.

78 Vgl. den Abschnitt 3. des Beitrags von Roland Geitmann auf S. 110 ff. dieses Buches.

79 Roland Geitmann S. 111 in diesem Buch.

80 Vgl. dazu Abschnitt 5. und 6. im 3. Teil des Positionspapier, S. 257 in diesem Buch.

81 So schreibt er etwa, bezogen auf weitere ordnungspolitische Vorstellungen des Seminars: «Den Gedanken Rudolf Steiners, daß Wirtschaft sich assoziativ gestalten solle, ersetzt das Seminar indessen durch das gegenteilige Prinzip des Wettbewerbs und gelangt dadurch zu andersartigen Vorschlägen» (vgl. Roland Geitmann in diesem Buch, S. 101.

82 Roland Geitmann in diesem Buch, S. 109, 119.

83 Roland Geitmann in diesem Buch S. 109 f. Verödung und Kommerzialisierung der Städte kann man gerade heute beobachten; Lädchen und andere Einrichtungen, die Stadtzentren liebenswert machen, verschwinden. Wie kommt es dazu? Schlicht dadurch, daß Bodeneigentümer an zentralen Standorten an Nutzungsentgelten herauszuholen versuchen, was die Bodenrenten hergeben. Die Verteilung von Bodennutzungsrechten mit an den Bodenrentenstrom angepaßten Nutzungsentgelten ist längst wirksam, nur eine, die wild – abhängig von der Willkür der Eigentümer –, nicht geregelt nach einer Ordnung zustande kommt und die Gesellschaft spaltet. Die Stadtplanung steht dieser Entwicklung heute hilflos gegenüber, z.B. weil sie unter massivem Interessentendruck steht und städtebauliche Planungsänderungen, die der Verödungs- und Kommerzialisierungstendenz der heutigen Bodenordnung entgegenwirken, Städten und Gemeinden hohe Planungsentschädigungen abnötigen. Da die Kommunen kein Geld dafür haben, unterbleibt diese Stadtplanung. – Bodenrenten-Entgelte oder an den Bodenrentenstrom angepaßte Erbbauzinsen erleichtern dagegen die Stadtplanung: z.B. fällt der Interessentendruck weg, und Planungsänderungen kosten keine Planungsentschädigungen mehr (im einzelnen dazu Eckhard Behrens, Das kommunale Erbbaurecht erleichtert die Stadtplanung, *FdF* 220, S. 3 ff.). Daher dürfte mit Bodenrenten-Entgelten und Erbbauzinsen der Verödung und Kommerzialisierung der Städte besser Einhalt geboten, der Trend sogar umgekehrt werden können, wenn die Stadtplanung genügend kleinräumig und differenziert städtebaulich plant.

84 Roland Geitmann in diesem Buch S. 109. Das Gegenteil von Geitmanns Aussage ist sachlich richtig. Heute ist jeder Standort «käuflich», nur nicht immer erwerbbar, wenn ihn Eigentümer nicht verkaufen möchten. Wo an den Bodenrentenstrom angepaßte Erbbauzinsen oder Bodenrenten-Entgelte gezahlt werden, sind

Standorte nicht mehr «käuflich», sondern nur auf Zeit so lange «pachtbar», wie das Entgelt bezahlt wird.

85 Roland Geitmann in diesem Buch, S. 109, 111, 119.

86 Roland Geitmann in diesem Buch, S. 109, 119.

87 Geitmanns Behauptung, die Erbbaurechtskonzeption des Seminars verstärke die Macht des Geldes und berücksichtige die ungleiche Verteilung dieser Macht zu wenig (S. 110), ist aus seiner Furcht vor der ökonomischen Härte der an den Bodenrentenstrom angepaßten Erbbauzinsen und Bodenrenten-Entgelte zu verstehen. Idyllischer wäre es ohne diese Härte. Aber die Privilegien der heutigen Bodenordnung, auch die Privilegiensymmetrien, sind alles andere als idyllisch. Sie sind aufgrund des ewigen Bodenrentenstroms «Geldheckmaschinen», die die Gesellschaft spalten. Deshalb läßt sich polemisch zugespitzt fragen: Wer unterschätzt die Macht des Geldes, die aus den Bodenrenten kommt? Und wo bleibt die Geldmacht, bzw. löst sie sich nicht völlig auf, wenn an den Bodenrentenstrom angepaßte Entgelte in gleichen Beträgen zu allen Bürgern hinströmen?

88 «Nun handelt es sich darum, daß man sich sagt: man muß hinarbeiten – und man kann aus den gewöhnlichen realen Verhältnissen heute in der Richtung der Dreigliederung arbeiten – in der Richtung, die gegeben ist dadurch, daß man nun endlich diesen sozialen Organismus in drei miteinander in Wechselwirkung stehende Verwaltungs-Unterorganismen zerlegt. Und man muß endlich sehen, daß alle Antworten, die man sich gibt, aus alten Verhältnissen heraus, und die eigentlich nur hinauslaufen auf eine Umgestaltung der alten Verhältnisse, überholt sind» (*Konsequenzen,* S. 186 f.). Siehe auch seine vorbereitenden Ausführungen dazu auf S. 181 ff., dann seine Kritik an den radikalsten Bodenreformern auf S. 187 mit dem letzten Satz, bevor er seine zentralen Leitvorgaben zur Bodenordnung auf S. 187 unten bis 189 macht, und seine Bemerkungen auf S. 196 ff., wo er Boden, Verkehr von Waren, Menschen und Nachrichten und die Post als Beispiele anspricht, die je nach dem angesprochenen Gesichtspunkt unterschiedliche Elemente des dreigliedrigen sozialen Organismus berühren.

89 Vgl. etwa die Ausnahmekataloge bei Roland Geitmann in diesem Buch, S. 109 f., 114 ff. oder Udo Herrmannstorfer in *Scheinmarktwirtschaft*, Stuttgart 1991, S. 84.

90 Das Erbbaurechtskonzept und andere Reformvorstellungen des Seminars enthalten daher eine Fülle von Ausnahmen.

Roland Geitmann

Mit dem Erbbaurecht auf dem richtigen Weg?

1. Fragestellung

Ein vom Land Baden-Württemberg gefördertes Forschungsprojekt über die sachgerechte Ausgestaltung kommunaler Erbbaurechtsverträge bot mir Gelegenheit, mich im Winter 1992/93 an der Erbbaurechts-Initiative des «Seminars für freiheitliche Ordnung» zu beteiligen, über die Jobst von Heynitz in diesem Band berichtet. Meine Erfahrungen aus vielen Gesprächen und Seminaren in Ostdeutschland habe ich in zwei Berichten für die Zeitschrift *Fragen der Freiheit* zusammengefaßt.[1] Durch Einbeziehung der Hinweise Rudolf Steiners möchte ich meine kritischen Anmerkungen überprüfen, vertiefen und ergänzen.

Rudolf Steiner äußert sich zur Bodenfrage in seinen Vorträgen über soziale Dreigliederung unter anderem am 29.10.1919[2] und am ausführlichsten am 16.06.1920, «Die Konsequenzen der Dreigliederung für Grund und Boden».[3] Schon der Titel dieses Vortrags macht deutlich, daß Steiner eine gesellschaftliche Gestaltung im Sinne der sozialen Dreigliederung voraussetzt. Zurückhaltend und knapper sind die Ausführungen zur Bodenfrage im *Nationalökonomischen Kurs*[4] vom Juli/August 1922, zu einem Zeitpunkt also, als Steiner die Dreigliederungsbewegung bereits abgebrochen hatte.

Das «Seminar für freiheitliche Ordnung» bekennt sich zwar zur Idee der sozialen Dreigliederung – Freiheit im Geistesleben, Gleichheit im Rechtsleben und Brüderlichkeit im Wirtschaftsleben –, schöpft jedoch aus einer Vielzahl von Quellen. Ein Selbstdarstellungs-Faltblatt nennt aus den letzten 150 Jahren Alexis de Tocqueville, Pierre Joseph Proudhon, John Stuart Mill, Henry George, Silvio Gesell, Rudolf Steiner, John Maynard Keynes, Walter Eucken. Während viele Anhänger dieser Persönlichkeiten Wert auf wechselseitige Abgrenzung legen, bemüht sich das Seminar darum, «zugleich das Gemeinsame herauszuarbeiten, und sieht in jedem einen Mitarbeiter am großen Werk der Erschaffung einer menschenwürdigen Sozialordnung».

Das Ergebnis ist eine interessante Verbindung von abgewandelter Dreigliederungsidee, Freiwirtschaftslehre und Ordoliberalismus der Freiburger Schule. Das Seminar erstrebt eine von staatlichem Dirigismus und privaten Privilegien freie und dadurch, wie es annimmt, auch soziale Marktwirtschaft. Den Gedanken Rudolf Steiners, daß Wirtschaft sich assoziativ gestalten solle, ersetzt das Seminar indessen durch das gegenteilige Prinzip des Wettbewerbs und gelangt dadurch zu andersartigen Vorschlägen. In Anlehnung an die Freiwirtschaftslehre Gesells benennt ein beim Seminar gebildeter «Arbeitskreis für Sozialwissenschaft» in seinen *Sieben Thesen* 1981 folgende «Grundpfeiler einer freiheitlich-sozialen Marktordnung [...]:

1. freiheitliche Wettbewerbsordnung
2. funktionsfähige Geldordnung
3. soziales Bodenrecht.»[5]

Zur Bodenordnung enthalten die *Sieben Thesen* folgende Anforderungen:

«1. Die Eigentümer, die ihr Grundstück oder ihre Wohnung selbst nutzen (Eigennutzer), sind vor Verdrängungswettbewerb zu schützen
2. mit marktwirtschaftlichen, marktkonformen Instrumenten muß erreicht werden, daß nicht eigengenutzte Grundstücke und Wohnungen nicht mehr zurückgehalten werden, sondern von Eigennutzern erworben werden können
3. steigende Preise für die Bodennutzung in Form von Bodenwertsteigerungen oder Bodenrentenzuwächsen sollen an die Allgemeinheit überführt werden.»[6]

In dem bereits zitierten Selbstdarstellungs-Faltblatt «Grundlagen und Ziele» wird im Unterschied zur sachenrechtlichen Lösung Silvio Gesells ein steuerrechtlicher Weg empfohlen, der auf marktwirtschaftskonforme Weise das gleiche Recht aller Menschen an der Erde und ihren Gütern realisiert. Dies hinderte das Seminar nicht daran, im Frühjahr 1991 mit seiner Erbbaurechts-Initiative in den neuen Bundesländern die Chance einer sachenrechtlichen Lösung «von unten» zu ergreifen. In einem an alle sechstausend Gemeinden verschickten Informationsblatt machte das Seminar die Kommunalverwaltungen auf die bevorstehenden Bodenwertsteigerungen aufmerksam sowie auf die Möglichkeit, diese durch sachgerechte Anwendung des Erbbaurechts statt Privaten der Allgemeinheit zu sichern und damit gleichzeitig Investitionen zu erleichtern.

Das Erbbaurecht mit Vorläufern sowohl im römischen als auch im deutschen Recht gewährt Eigentum am Gebäude, verbunden mit einem veräußerlichen und vererblichen Nutzungsrecht am Boden. Diese Vorenthaltung des Bodeneigentums wurde von den Vätern des Bürgerlichen Gesetzbuchs als feudalistisches Relikt verachtet und deswegen nur spärlich geregelt (§§ 1012 ff. BGB). Die Bodenreformbewegung der Jahrhundertwende bewirkte eine Verbesserung durch die Erbbaurechtsverordnung von 1919, von der viele Städte zur Förderung vor allem von Wohn- und Siedlungsbau, aber auch zugunsten gewerblicher Investitionen und gemeinnütziger Einrichtungen Gebrauch machten. Verstärkte Einflußnahme auf die Nutzung, langfristige Verfügbarkeit der Grundstücke, Erhaltung kommunalen Vermögens und Sicherung einer stetigen Geldeinnahmequelle sind weitere mit diesem Instrument verfolgte Zwecke.

Inflation und Bodenwertsteigerungen ließen allerdings den Wert der einstmals festgelegten Erbbauzinsen schrumpfen. Die Erbbauzinsen alter und neuer Erbbaurechte liefen immer weiter auseinander und differieren heute bei gleichwertigen Grundstücken in derselben Stadt manchmal um den Faktor 100 und mehr.

Die durch das Erbbaurecht vorgenommene Trennung von Eigentum an Grundstück und Gebäude entsprach weitgehend der Praxis in der früheren DDR. Gemäß Zivilgesetzbuch gab es an Wohnungsbaugenossenschaften und Bürger (behördlich) «verliehene» Nutzungsrechte an volkseigenen Grundstücken, außerdem «zugewiesene» Nutzungsrechte zum Bau von ländlichen Eigenheimen auf genossenschaftlich genutztem Boden sowie Nutzungsrechte der landwirtschaftlichen Produktionsgenossenschaften selbst und schließlich «vertraglich vereinbarte» Nutzungsrechte für volkseigene Betriebe auf nicht volkseigenen Grundstücken sowie für Wochenendhäuser und andere der Erholung dienende Baulichkeiten. Nutzungsrechte im Wohnungsbereich waren unentgeltlich.

An diese in vieler Hinsicht fortschrittliche und chancenreiche Rechtslage anknüpfend, entwickelte das Seminar eine Erbbaurechtskonzeption, bei der die Bodenzuordnung nicht bürokratisch, sondern ökonomisch gesteuert wird, um neben Gerechtigkeit auch Freiheit und ökologische Sparsamkeit in der Bodennutzung zu erreichen. Kennzeichen des angebotenen und von etlichen hundert Gemeinden angeforderten Muster-Erbbaurechtsvertrags ist es einerseits, auf unnötige inhaltliche Bindungen des Erbbauberechtigten zu verzichten, ihn fast so frei wie einen Eigentümer zu stellen, und andererseits, durch konsequente Anpassung des Erbbauzinses an den Marktwert auf ökonomischem Wege eine optimale Nutzung der Grundstücke zu gewährleisten. Ein marktgerechtes, im Zweifel durch Ausschreibung ermitteltes Bodennutzungsentgelt in Gestalt des Erbbauzinses soll dazu führen, daß jedes Grundstück seinen «besten Wirt» findet.

Es stellt sich die Frage, ob das Erbbaurecht als veräußerliches und vererbliches Bodennutzungsrecht überhaupt ein weiterführender Ansatz sein kann und welche Rolle das Meistgebotsprinzip bei der Bodenzuordnung spielen darf. Denn es steht, zumindest auf den ersten Blick, in auffälligem Kontrast zu den Aussagen Rudolf Steiners, daß Boden keine Ware und die Bodenzuordnung keine Frage des Wirtschaftslebens, des Vertrags, sondern des Rechtslebens (Gesetz) und des Geisteslebens (Erkenntnis) seien. Da bürokratische Steuerungsmechanismen von beiden Seiten abgelehnt werden, geeignete Einrichtungen des freien Geisteslebens aber einstweilen nicht zur Verfügung stehen, liegt es jedoch nahe, diese Lücke durch eine freiheitlich-marktwirtschaftliche Steuerung zu füllen, und es wäre zu untersuchen, unter welchen Bedingungen dies für eine Übergangszeit ein Schritt in die richtige Richtung ist.

Mit dieser Fragestellung soll im folgenden versucht werden, Gemeinsamkeiten und Unterschiede zwischen Seminarkonzeption und den Hinweisen Rudolf Steiners herauszuarbeiten (2.) und entsprechende Schlußfolgerungen für die kommunale Erbbaurechtspraxis zu ziehen (3.).

2. Die Bad Boller Erbbaurechtskonzeption im Lichte der Hinweise Rudolf Steiners

Über die Bedeutung der Bodenfrage besteht weitgehende Übereinstimmung. Sie berührt alle Lebensverhältnisse, weil Bodenpreise sowohl in Mieten als auch in Lebensmittel- und Güterpreise einfließen und entsprechend in Arbeitsvergütungen zu berücksichtigen sind.[7] Die Bodenfrage beeinflußt das Verhältnis Stadt – Land und damit kulturelle Entwicklung und geistiges Leben.[8] Bodenwertsteigerungen, die nicht auf Arbeit beruhen, verursachen Ungerechtigkeiten.[9]

Das Seminar betont neben Gerechtigkeitsaspekten auch die ökologischen. Steigende Bodenrenten zugunsten Privater seien ungerechtfertigte leistungslose Einkommen aus dem Arbeitsertrag anderer Menschen, deswegen unsozial und ein Verstoß gegen das Naturrecht, das allen Menschen den gleichen Zugang zu den Existenzgrundlagen wie Boden, Luft und Wasser zugestehe.[10] Sichere Nutzungsrechte an Grund und Boden für jeden Menschen seien ein uneingelöstes Versprechen des Grundgesetzes (Art. 2 I, 3, 11 und 14).[11] Die auf der natürlichen Knappheit des Bodens beruhende Bodenrente als Preis für Bodennutzung dürfe nicht privaten Grundstückseigentümern, sondern müsse der Allgemeinheit zufließen.

Das Seminar geht also davon aus, daß in einer Marktwirtschaft unweigerlich Bodenrente entsteht und nur beeinflußt werden kann, wohin sie fließt.[12] Ein Bodennutzungsentgelt zu erheben ist für das Seminar wesentliches Steuerungsinstrument für die Bodenzuordnung und auch deshalb geboten, weil alle anderen von der Nutzung des betreffenden Grundstücks ausgeschlossen werden, und um zu ökologisch sparsamer Bodenverwendung anzuhalten.[13] Das spekulative Zurückhalten bebaubarer Grundstücke, entsprechende Baulücken und Unternutzungen sind für das Seminar entscheidende Antriebsmomente, Bodennutzungsentgelte als notwendigen Bestandteil eines Systems von Ökoabgaben zu fordern.

Der Bodenwert ist für das Seminar kapitalisierte Bodenrente (*Sieben Thesen,* S. 21). Für Steiner hingegen kann Boden nur durch Arbeit einen realen Wert bekommen. «Dasjenige, was im heutigen volkswirtschaftlichen Zusammenhange Wert von Grund und Boden genannt wird, ist in Wahrheit nichts anderes als auf den Grund und Boden fixiertes Kapital; das aber auf dem Grund und Boden fixierte Kapital ist nicht ein wirklicher Wert, sondern ein Scheinwert [...] Eine der schlimmsten Stauungen im volkswirtschaftlichen Prozeß ist diejenige, wo Kapital sich einfach mit der Natur verbindet.»[14]

Diese schädliche Kapitalisierung von Grund und Boden wird begünstigt durch Grundpfandrechte zur Absicherung von Krediten. Während sinkender Zins bei Personalkrediten Waren verbilligt, verteuert sinkender Zins bei Realkrediten Grund und Boden.[15] Statt daß Kapital bis auf einen Rest verbraucht wird, der quasi als Saat für den weiteren Prozeß dient,[16] staut es sich im Boden und schädigt alle Wirtschaftsteilnehmer. Was sich hier im Boden aufstaut, müßte durch Schenkung in den geistigen Institutionen verschwinden.[17] Zur Frage, wie das zu bewirken sei, nennt Steiner mehrere Ansatzpunkte: Eine Änderung des Hypothekenrechts, wirtschaftliche Assoziationen, Veränderungen im Geldwesen und die Notwendigkeit, Boden laufend zu entwerten.[18]

Das Seminar hingegen sucht einen Weg im Rahmen des geltenden Rechts und ohne wirtschaftliche Assoziationen. Die von ihm ebenfalls, wenn auch in freiwirtschaftlicher Prägung, angestrebte Geldreform macht für das Seminar eine Bodenreform nur um so dringlicher, weil «rostendes Geld» sich um so stärker spekulierend in Grund und Boden stauen würde.

Besonders in seinem Vortrag «Die Konsequenzen der Dreigliederung für

Grund und Boden»,[19] aber stellenweise auch im *Nationalökonomischen Kurs* (S. 79) setzt Steiner – im Unterschied zum Seminar – die Dreigliederung des sozialen Organismus voraus und kritisiert von dorther die Bodenreformer, ausdrücklich Henry George und Adolf Damaschke, weil sie nach wie vor mit dem gegenwärtigen Staat rechnen und ihm zusätzliche Aufgaben zuschieben. Deren Forderungen, die Bodenrente (George) oder zumindest unverdiente Bodenwertsteigerungen (Damaschke) durch eine Steuer abzuschöpfen oder den Boden in Gemeinbesitz zu überführen (Gesell), entsprechen für Steiner altem Denken. Solche Formen der Kommunisierung des Bodens würden Hamstereien von Bodenwertsteigerungen nicht ausschließen.[20]

Zumindest George, der sämtliche Steuern durch die Grundsteuer ersetzen, und Gesell, der die Bodennutzungsentgelte den Müttern zur Kindererziehung zurückgeben und den Staat weitgehend abbauen wollte, waren Steiners Staatsverständnis vielleicht doch näher, als dieser wahrnahm. Doch blieb für Steiner stets der Mensch der Ansatzpunkt und nicht irgendein Gesetz. Die soziale Wirklichkeit werde nicht von Gesetzen gemacht, die alte Denkweisen fortsetzen, sondern von den Menschen. «Auf die Menschen kommt es an, und auf jene soziale Organisation, auf jenen sozialen Organismus, der einzig und allein zuläßt, daß die Menschen gar kein Mittel finden, um irgend etwas, was im Sinne dieses sozialen Organismus liegt, in ungerechter Weise oder in unmoralischer Weise zu umgehen.»[21] «Programme» von links und rechts wie auch die der Bodenreformer seien nur Träume und Illusionen, aus bisherigen Lebensgewohnheiten abgeleitete Theorien, die nichts mehr mit der Wirklichkeit zu tun hätten. Denken und Reden in Programmen (z.B. bei einer Reichstagswahl) seien wie das Träumen eines bösen Weltendämons, zu Abstraktionen filtrierte Geistigkeit, die die Wirklichkeit nicht ergreifen könne.[22]

Aus seinem tiefsten Innern heraus wolle der Mensch, «daß der Geist mitspreche bei der Bestimmung der sozialen Struktur».[23] Dies könne jedoch nur geschehen, wenn das Geistesleben nicht mehr ein Anhängsel der alten Blutszusammenhänge und des aus ihnen hervorgegangenen Staates sei, sondern wenn es auf sich selbst gestellt nur nach den Impulsen, die in ihm selbst liegen, wirke. Die darin leitenden Persönlichkeiten würden die Menschen in eine soziale Struktur führen – ohne Gesetze, sondern «durch die Erkenntnis rein naturgemäßer Verhältnisse»,[24] der Tatsachen und Kräfte. Da mit jeder Generation und jedem einzelnen Menschen neue Kräfte in das Zusammenleben der Menschen kommen, dürfe dieses nicht für die Zukunft festgelegt werden.

«Wir haben nicht dasjenige, was da durch die geistigen Anlagen in das Leben getragen wird, zu tyrannisieren durch schon bestehende Gesetze etwa oder eine schon bestehende Organisation; wir müssen dasjenige, was uns hineingetragen wird aus geistigen Welten, unbefangen empfangen, wir dürfen es nicht tyrannisieren und dogmatisieren durch das, was schon da ist. Daher brauchen wir ein solches Glied des sozialen Organismus, das ganz aus der Freiheit heraus, aus der Freiheit der immer neu in die Menschheit hereingeborenen menschlichen Anlagen heraus wirkt.»[25]

Das unabhängige und aus Spenden finanzierte Seminar für freiheitliche Ordnung ist nun eigentlich ein Beispiel für freies Geistesleben. Trotzdem denken seine führenden Köpfe zum Thema «Bodenordnung» ganz in der Tradition der von Steiner abgelehnten Bodenreformer Henry George, Adolf Damaschke und Silvio Gesell. Worin liegt der Grund für diese Differenz? Sind die Äußerungen Steiners überholt, seitdem er seine Bemühungen um soziale Dreigliederung als vorerst gescheitert einstellte, oder ist das Seminar in alten Denkgewohnheiten befangen?

Für ersteres sprechen Titel und manche Stelle des mehrfach zitierten Vortrags «Die Konsequenzen der Dreigliederung für Grund und Boden».[26] Steiner fragt also nach den Folgerungen aus realisierter sozialer Dreigliederung. Andererseits muß man aus den dezidierten Äußerungen gegen die Bodenreformer schließen, daß es für Steiner gar keinen anderen Weg gibt, um zu einem richtigen Umgang mit dem Boden zu kommen. Alle Antworten, die man aus alten Verhältnissen heraus macht und diese nur umgestaltet, sind für Rudolf Steiner weder zeit- noch sachgemäß.[27] Mit einer vom Staat eingezogenen Grund- oder Bodenwertsteigerungssteuer im Sinne der Bodenreformer werde nur «der alte Unfug in eine andere Form gegossen».[28] Damaschke versuche die Bodenfrage durch Nachdenken zu lösen. «Aus dem Nachdenken heraus werden aber keine realen Dinge gelöst.» Wenn man verstehe, was Dreigliederung ist und sich in die Richtung dieser Arbeit begebe, löse diese Arbeit die soziale Frage.[29] Die Tatsachen, die sich aus dem Impuls der Dreigliederung ergäben, würden auch die Bodenfrage lösen, nicht dagegen «Programme» und «abstrakte oder utopistische Begriffe», wie es Damaschke mit der Bodenfrage versuche. «Wie vertrackt auch die heutigen Bodenverhältnisse sein mögen – widmet Euch der Dreigliederung! Führt die Tatsachen, die in der Richtung dieser Dreigliederung liegen, hinein ins soziale Leben! Was dann geschieht, das führt dann Grund und Boden in die Verhältnisse, die für die Menschen segensreich sein werden, soweit auf Erden überhaupt etwas segensreich sein kann.»[30]

Sind es möglicherweise Ausbildung, Berufserfahrungen und politische Aktivitäten, die im Seminar für freiheitliche Ordnung einerseits juristische, ökonomische und politologische Kompetenz anhäuften, andererseits eventuell auch dazu führten, sich von Veränderungen rechtlicher Formen Verbesserungen zu versprechen? Bemerkenswert ist indes, daß das Seminar gerade zur Bodenordnung in seinen *Sieben Thesen* sich nicht auf eine der denkbaren Rechtslösungen festlegt, sondern offen bleibt und im übrigen mit der Erbbaurechts-Initiative einen Weg wählt, der nicht vom Staat durch ein Gesetz dekretiert wird, sondern aus Einsicht von Organen kommunaler Selbstverwaltung beschritten werden kann.

Es fragt sich also, ob diese Konzeption für kommunale Erbbaurechtsverträge zumindest ein Schritt in die richtige Richtung ist, solange wir noch keine Dreigliederung des sozialen Organismus haben. Der ökonomische Effekt eines marktgerechten Erbbauzinses ist es nun in der Tat, daß der Boden «fortwährend entwertet» wird, wie es Steiner im *Nationalökonomischen Kurs* fordert.[31] Das laufende Bodennutzungsentgelt entzieht dem Nutzer den Bodenwert und beläßt diesen bei dem Erbbaurechtsausgeber. Beleihen kann der Nutzer folglich nur den Wert des Gebäudes, so daß sich ganz im Sinne Steiners kein Kapital mehr im Boden stauen kann. Bei der Übertragung eines Erbbaurechts mit marktgerechtem Erbbauzins wird der Erbbauberechtigte für das «nackte Erbbaurecht» kein Entgelt bekommen. Das Bodennutzungsrecht ist zwar übertragbar und vererblich, der Boden als solcher aber nicht mehr käuflich, also keine Ware.

Dies entspricht Steiners Auffassung, wonach der Boden sich von den übrigen Produktionsmitteln dadurch unterscheidet, daß er von Anfang an keine Ware ist;[32] denn der Boden sei, wenigstens der Hauptsache nach, vorhanden, ohne erst von den Menschen zubereitet zu werden. Die übrigen Produktionsmittel seien bis zu ihrer Fertigstellung Waren. Bei Verwirklichung sozialer Dreigliederung würden sie dann in bezug auf die Arbeit, die Menschen mit ihnen leisten, den Gesetzen des Staatslebens unterliegen, während der Übergang dieser Produktionsmittel vom einen zum andern de-n Einrichtungen des geistigen Lebens unterliege.[33] Für Grund und Boden ge te dies von Anfang an. «Grund und Boden kann nicht produziert werden. Er ist also von Anfang an keine Ware. Er unterliegt also niemals dem Prinzip der Ware, über die man Verträge abschließt, geht also überhaupt das, worüber man Verträge abschließt, nichts an, sondern muß allmählich übergeleitet werden in die soziale Struktur so, daß zunächst die Verteilung von Grund und Boden für die menschliche Arbeit eine demokratische Angelegenheit des politischen Staates wird und der Übergang von einem zum andern eine Angelegenheit des geistigen Gliedes des sozialen Organismus.»[34] Das «lebendige Verhältnis im demokratischen Staate», «rechtliche und geistige Impulse» entscheiden darüber, wer an einem Boden arbeitet. Daß man heute

Grund und Boden mit Geld bezahle, das z.B. aus dem Erlös von Waren stamme, sei «eine soziale Lüge».[35]

Wie verhält sich dazu nun die Erbbaurechtskonzeption des Seminars, bei dem nach Meistgebot entschieden wird, wer ein Grundstück zur Nutzung erhält? Denn noch haben wir kein Gesetz, das den Menschen ein Recht auf Boden gewährt und die Verteilung des Bodens regelt, und keine Einrichtungen des Geisteslebens, die den Übergang des Bodens vom einen zum andern bestimmen. Statt dessen macht die Erbbaurechtskonzeption die Bodennutzung zum Gegenstand eines privatrechtlichen Vertrages und die Auswahl des Vertragspartners zur Frage des Geldes. Ist das nicht das Gegenteil dessen, was Steiner fordert? Dafür spricht in der Tat manches. Zwar ist eine Mobilisierung des Bodenmarkts bis zu einem gewissen Grade auch im Sinne Steiners, der für eine Zirkulation der Produktionsmittel eintritt,[36] aber eben nicht gesteuert nach Meistgebot, sondern nach Erkenntnissen und durch Institutionen des Geisteslebens.

Bei der ökonomischen Steuerung der Bodenzuordnung über das Nutzungsentgelt erweist sich als bester Wirt derjenige, der auf dem jeweiligen Grundstück die rentabelste Nutzung realisiert. Die Frage ist, ob bzw. unter welchen Rahmenbedingungen eine solche Durchmonetarisierung der Bodenzuordnung anstelle von Privateigentum eine lebenswerte Stadt ergeben kann. Oder kommen wir vom Regen in die Traufe, indem das Bollwerk des Privateigentums eingerissen und jeder Standort durch entsprechendes Nutzungsentgeltangebot «käuflich» wird? Was dank Privateigentums an Boden verwurzelt und gewachsen ist und sich durch viele Stürme behaupten konnte, droht jetzt durch rentablere Nutzungen hinweggefegt zu werden.

Wird sich nicht die Verödung unserer Städte durch Kommerzialisierung nur noch beschleunigen, indem die rentabelsten Nutzungen sich durchsetzen und die Stadtzentren prägen? Wird die Gefahr, daß sich z.B. an einem historischen Marktplatz die fünfte oder sechste Bankfiliale niederläßt, mit dieser Erbbaurechtskonzeption nicht nur noch größer? Wie sollen Städte verhindern, daß Versicherungen und Büroräume das Wohnen im Zentrum verdrängen?

Liegen doch Reiz und Lebensqualität insbesondere alter Städte in ihrer gewachsenen Nutzungsmischung und in sichtbarem Nebeneinander von Zeugnissen aus verschiedenen Zeiten. Wenn nicht bestimmte quartierprägende Nutzungen auch gegen alle Rentabilitätsberechnungen möglich bleiben, werden unsere Städte vollends unwirtlich. Welchen unschätzbaren Wert für örtliche Atmosphäre, Orientierung und Identität haben z.B. Gasthäuser und Apotheken, die, gesichert durch Privateigentum am Boden, oft

Jahrhunderte überstehen. Wird nicht all dies durch marktgerechten Erbbauzins und die gewollte Mobilisierung des Bodenmarkts gefährdet, bzw. was muß begleitend geschehen, um diese Gefahren zu bannen?

Die Seminarkonzeption verstärkt die Macht des Geldes und berücksichtigt zu wenig, daß diese Macht extrem ungleich verteilt ist. Der Kampf um prestigeträchtige Standorte dürfte sich verstärken wie auch Versuche, mißliebige Konkurrenten durch Überbieten ihres Erbbauzinses zu verdrängen oder gar in den Ruin zu treiben. Zonen für Reiche und Arme werden sich stärker separieren. Das Instrumentarium, schwächere Bewohnerschichten durch Wohnungsmodernisierung und Umwidmung in Eigentumswohnungen zu verdrängen, wird durch marktgerechte Anpassung des Erbbauzinses erweitert.

Je breiter diese Erbbaurechtskonzeption angewendet wird, desto dringlicher werden Gegengewichte und ergänzende Reformen. Nicht maximale, sondern optimale Bodenmobilität muß das Ziel sein. Das Steuerungsinstrument des Bodennutzungsentgelts für die Bodenzuordnung ist nur in gezügelter Form erträglich und bedarf eines Rahmens. Einige wichtige Elemente dieses Rahmens der Bodennutzung sollen im folgenden beleuchtet werden.

3. Ansatzpunkte zur Weiterentwicklung der Erbbaurechtskonzeption

Verdichtete Bodennutzungsplanung

Um eine Aufteilung und Entmischung der Städte nach Rentabilitätsgesichtspunkten zu vermeiden und eine lebenswerte Mischung unterschiedlich rentabler Nutzungen zu gewährleisten bis hin zu kostenintensiven Grünflächen und öffentlichen Einrichtungen, bedarf es einer Bauleitplanung, die bei Realisierung der Bad Boller Erbbaurechtskonzeption in Richtung eines Nutzungsprogramms verdichtet werden müßte. Gerade weil Stadtplanung sich durch den Kostendruck des Erbbauzinses rascher und vollständiger realisiert und kaum noch Baulücken als grüne Lungen und Freiräume verbleiben, wäre optimale Nutzung präziser vorauszudenken.[37]

Auch müßte die Bauleitplanung stärker mit Realisierungsstufen und Zwischennutzungen arbeiten, damit genügend Erweiterungsgelände vorgehalten werden kann und kostenaufwendige Verlagerungen vermieden werden.

Die Planung müßte nicht nur für öffentliche Einrichtungen, Kirchen, Gemeinde- und Pfarrhäuser Standorte sichern, sondern auch für sonstige weniger rentable und doch wünschenswerte Nutzungen in Innenstädten, z.B. für Lebensmittelläden, soziale Beratungsdienste, Galerien, Buchläden und vor allem für Wohnungen. Um einseitige Prägung durch zahlungskräftige Banken und Versicherungen zu vermeiden, bedürfte es entsprechender planerischer Negativfestsetzungen.

Die gesetzlichen Grundlagen für derart verdichtete Bauleitplanung sind bislang nur ausschnittsweise vorhanden (siehe z.B. § 9 I Ziff. 7 – 9 Baugesetzbuch) und müßten erweitert werden. Als ausbaubedürftig wird sich auch das Instrument der Erhaltungssatzung nach §§ 172 ff. Baugesetzbuch erweisen, und zwar nicht nur unter städtebaulichen Aspekten, sondern auch aus sozialen Gründen («Milieuschutzsatzungen») und im Blick auf weniger rentable gewerbliche Nutzungen.

Eine solche Intensivierung der Bodennutzungsplanung wirkt auf den ersten Blick wie ein verzweifelt errichteter Damm gegen zerstörerische Wirkungen des ohnehin problematischen Rentabilitätsprinzips bei der Bodenverteilung. Doch tendenziell bedeutet verdichtete Bodennutzungsplanung eine Verstärkung des geistigen und rechtlichen Elements bei der Bodenzuordnung. Bei breiter Anwendung der Bad Boller Erbbaurechtskonzeption würde Stadtplanung von wirtschaftlichen Interessen unabhängiger, weil das Interesse an Bodenwertsteigerungen entfiele, das jetzt den Städtebau wesentlich bestimmt. Stadtplanung könnte also zu einer Kunstgattung werden, die sich zumindest im Entwurfsstadium speist aus tiefer Einsicht in das, was vorhanden und was anzustreben ist, also aus geistigen und sozialen Impulsen, Phantasie und gestalterischem Können. Wenn die Planung dann über Bürgerbeteiligung und Beschlußfassung in gewählten Organen verbindliche Form annimmt, wechselt sie in die Rechtssphäre.

Das entspricht zwar noch nicht der Vorstellung Steiners, die Bodenverteilung sei Sache des Rechts und der Übergang des Bodens vom einen zum andern Angelegenheit des geistigen Gliedes im sozialen Organismus und der Boden könne nicht Vertragsgegenstand sein.[38] Doch denkt Steiner stets in Prozessen und formuliert gerade an dieser Stelle behutsam, der Boden müsse in eine solche soziale Struktur «allmählich übergeleitet» werden. Insofern wäre die beschriebene Verdichtung der Bodennutzungsplanung eine sowohl notwendige wie richtige Weiterentwicklung der Bad Boller Erbbaurechtskonzeption.

Dem Hinweis Steiners, daß die Übergabe des Bodens vom einen zum andern eine Angelegenheit des geistigen Gliedes im sozialen Organismus sei, käme man näher, wenn Grund und Boden nicht in Eigentum und Verwaltung der politischen Kommune bliebe, sondern an einen unabhängigen Bodenfonds übertragen würde.[39] Denn Bodeneigentum und Planungshoheit in einer Hand führen zu Interessenkollisionen, denen Kommunen nicht immer gewachsen sind. Ähnlich wie bei Gerichten oder auch der Bundesbank könnten Unabhängigkeit und qualifizierte Besetzung dazu beitragen, daß die Bodenvergabe tatsächlich zu einem Akt zutreffender Erkenntnis des jeweils Angemessenen wird, wie es Steiner vorschwebte.[40] Dafür müßte der Bodenfonds auf jeden Fall sehr dezentral organisiert werden, damit die entscheidenden Personen über ausreichende lokale und personelle Kenntnisse verfügen. Einleuchtend ist sicher, daß die Weitergabe des Bodens nicht mehr nach Vererbung und Blutsverwandtschaft geschehen sollte. Daß an deren Stelle Tüchtigkeit und geistige Verwandtschaft treten müßten, wird heute in der Landwirtschaft besonders deutlich.

Wenn sich im Wohn- und Dienstleistungsbereich mehrere Interessenten um die attraktivsten Plätze bewerben, dann fragt sich, nach welchen Maßstäben die Bodenfondsaußenstelle entscheiden soll und ob die verdichtete Nutzungsplanung der Kommune so viele Anhaltspunkte bietet, wie sie der Richter im Gesetz findet. Nicht von der Hand zu weisen ist jedenfalls die Befürchtung, daß sich hier eine neue Bürokratie etabliert, die kaum weniger anfällig für Willkür und Korruption ist als andere Bürokratien. Verständlich mag es deshalb erscheinen, daß das Seminar die Übertragung des Erbbaurechts ganz den Erbbauberechtigten überlassen möchte und im Mustervertrag die Zustimmung hierzu schon vorweg zu erteilen vorschlägt. Das Seminar verläßt sich auch in diesem Falle wiederum auf das Steuerungsinstrument des marktgerechten Erbbauzinses, der dafür sorgen werde, daß der fähigste Nutzer das Grundstück übernimmt. Die Übertragung des Rechts den Beteiligten zu überlassen, dafür spricht auch die Tatsache, daß oft gleichzeitig Gebäude übergehen, über deren Bewertung sich die Vertragspartner einigen müssen.

Im übrigen liegt die Einrichtung von regionalen oder Landesbodenfonds durchaus auf der Linie des Seminars. Dies kommt in der Erbbaurechtskonzeption nur deshalb nicht zum Ausdruck, weil das Seminar bei den Gemeinden in der früheren DDR einen großen Grundstücksbestand vermutete, diese deshalb als Ansprechpartner wählte und sie mit kommunalpolitischen

Argumenten für das Erbbaurecht zu erwärmen suchte: Vermögenserhalt, Verfügbarkeit der Grundstücke, langfristige Mehreinnahmen, Wohnungsbau- und Wirtschaftsförderung, rasche Realisierung der Stadtplanung.

Für eine Bodenfonds-Lösung hätte sich vor allem das riesige von der Treuhand verwaltete Grundvermögen angeboten. Entsprechende Bemühungen hat das Seminar jedoch bald eingestellt, weil die Treuhand vom Gesetzgeber als Übergangsinstitution konzipiert wurde und wegen der ungeheuren Überschuldung bei der Privatisierung von Betrieben auch den Boden mitverkauft. Diese Praxis wird inzwischen zwar bedauert,[41] ohne daß Schritte in Richtung eines Bodenfonds getan würden. Den Zwängen aus Überschuldung, Eigentumsdenken und Druck der am Boden und dessen Wertsteigerung Interessierten kann die Treuhand wohl nichts entgegensetzen.

Rückverteilung des Erbbauzinses

Ausgehend von der Vorstellung, daß den Gemeinden in Ostdeutschland ein großer Teil der Grundstücke gehöre, schlug das Seminar in Anlehnung an Silvio Gesell[42] vor, die Erbbauzinsen (für Wohngrundstücke) pro Kopf an die Einwohner zurückzuverteilen.[43] Es liefe also auf eine Verrechnung hinaus, so daß bescheidene Bodennutzer bzw. kinderreiche Familien eine Nettoauszahlung erhalten würden, während anspruchsvolle Nutzer mit großen oder wertvollen Grundstücken zuzahlen müßten. Dies entspricht dem Gedanken, daß die Erde allen gehört und die unterschiedlichen Qualitäten der Standorte auf diese Weise finanziell ausgeglichen würden.

Daß die Kommunen Erbbauzinsen nicht für andere kommunale Aufgaben verwenden, sondern nach Möglichkeit als Verrechnungsstelle fungieren sollten, ist ein weiterer Ansatz zur Annäherung an die Konzeption Steiners, auch wenn vorläufig noch nicht realisierbar. Denn weil der kommunale Grundstücksbestand in der Regel sehr viel bescheidener ist als angenommen, benötigen die Gemeinden die Erbbauzinsen dringend, um den Einnahmeausfall aus Verkauf auszugleichen, und später, um weiteren Grunderwerb zu finanzieren. Erst nach vielen Jahrzehnten konsequenter Erbbaurechtspraxis mit marktgerechtem Erbbauzins könnten Gemeinden in die Lage kommen, Überschüsse zurückzuverteilen.

Im Rahmen der geltenden Verfassungsordnung, die für den Fall der Enteignung oder Vergesellschaftung des Bodens Entschädigungspflichten festlegt (Art. 14 III und 15 GG), erfordert der Abbau der derzeitigen Bodenprivilegien langfristig angelegtes und konsequent durchgehaltenes politisches Handeln über mindestens drei Jahrzehnte, so daß es einstweilen nichts zu verteilen gibt.

Selbstbewirtschaftung

Angesichts der Bedeutung, die Grund und Boden im Leben der Menschen haben, sollte, so Steiner, der Boden immer nur zur Selbstbewirtschaftung zur Verfügung stehen, so daß das eigene Interesse unter Einsatz der persönlichen Fähigkeiten eine optimale Bewirtschaftung gewährleistet.[44] Ansatzweise taucht dieser Gedanke auch in der Erbbaurechtskonzeption des Seminars auf.

Um insbesondere im Wohnungssektor soziale Härten zu vermeiden, steht der Schutz des Eigennutzers vor Verdrängungswettbewerb in den *Sieben Thesen* des Seminars noch an erster Stelle der oben zitierten Anforderungen an eine freiheitlich-soziale Bodenordnung.[45] Dieser Schutz könne allerdings entfallen mit der vollen Verwirklichung der vom Seminar angestrebten freiheitlichen, sozial-gerechten Wirtschaftsordnung, die nur noch Leistungseinkommen in sozial gerechter Verteilung ermöglicht und deshalb den Zugang zum Eigentum für alle Menschen erleichtert.

In seinen Merkblättern für das Erbbaurecht befürwortet das Seminar den Schutz des Eigennutzers nur noch für Ausnahmefälle.[46] Wenn der Abschluß eines für die Gemeinde wichtigen Erbbaurechtsvertrages an der Anpassungsklausel zu scheitern droht, empfiehlt das Seminar eine «Stufenklausel», wonach der Erbbauzins zunächst nur nach Lebenshaltungskostenindex oder Lohn- und Gehaltsentwicklung angepaßt wird. Nach wirtschaftlicher Übertragung des Nutzungsrechts auf andere, also nach Verkauf, Zwangsversteigerung, Konkurs, aber auch bei Vermietung, Verpachtung und sonstiger Gebrauchsüberlassung sei jedoch an den Marktwert anzupassen, weil anderenfalls der bisher Nutzungsberechtigte den Vorteil des zu niedrigen Erbbauzinses unberechtigterweise auch noch für die Zukunft einsteckt und mitverkauft.

Zur Förderung der Selbstbewirtschaftung könnte man diesen Schutz des Eigennutzers vor Verdrängungswettbewerb zur Regel machen. Bei Eigenheimen und Eigentumswohnungen, für landwirtschaftliche Betriebe, Handwerk und Einzelhandel kann man sich dies auch gut vorstellen. Bei Einliegerwohnungen, Mietwohnungsbau, Gesellschaften mit wechselnden Gesellschaftern, Betriebsübernahmen, unterschiedlichen Trägern für Produktion und Liegenschaften usw. würde die Handhabung schon sehr viel schwieriger.

Steiners primär für die Landwirtschaft aufgestellte Forderung nach Selbstbewirtschaftung des Bodens bedeutet im gewerblichen Bereich eine Betriebsverfassung, welche die Gesamtheit aller Mitarbeiter zum Subjekt und damit zum Bodennutzungsberechtigten macht. Entsprechend wäre im Wohnungsbau das Bodennutzungsrecht den jeweiligen Wohnungsinhabern zuzuordnen.

Subventionen

Um eine günstige Mischung sozialer Schichten und unterschiedlich rentabler Nutzungen zu erreichen, dürfte es bei breiter Verwendung des Erbbaurechts zu marktgerechten Zinsen notwendig werden, verstärkt mit Subventionen zu arbeiten. Dies liegt insbesondere dann nahe, wenn freie Träger öffentliche Aufgaben erfüllen, z.B. Sportstätten, Altenheime, Schulen und kulturelle Einrichtungen. Die anstelle ermäßigter Erbbauzinsen gesondert gezahlte Subvention wahrt immerhin den Anreiz zu sparsamer Grundstücksnutzung, ist transparenter und leichter reversibel.

Um Minderbemittelte nicht zu verdrängen, wird Wohngeld breiteren Anwendungsbereich erlangen und wesentlich mehr Mittel erfordern. Auch im gewerblichen, insbesondere im Dienstleistungsbereich wird der Ruf nach Subventionen sich verstärken, um weniger rentable Nutzungen, z.B. zur Lebensmittelversorgung, zu ermöglichen.

Allerdings ist die Gefahr groß, daß sich hier neben der ohnehin arbeitsaufwendigen Verwaltung von Erbbaurechten eine zusätzliche Subventionsbürokratie entfaltet mit allen Wucherungen, die solcher Art Verwaltung kennzeichnen.

Faire Partnerschaft

Das Seminar will zur Richtlinie der Erbbauzinsanpassung den Wert machen, «der für das Grundstück erzielbar wäre, wenn das Erbbaurecht zum Zeitpunkt der Anpassung vom Grundstückseigentümer neu ausgegeben würde; davon können die Vertragsteile bei der Neufestlegung der Erbauzinshöhe nach unten bis zu ... % nach billigem Ermessen (§ 315 BGB) abweichen» (Mustervertrag Abschnitt IV § 2). Das Seminar will also nicht nur die

tatsächlich erzielte Bodenrente abschöpfen, sondern diejenige, die der «beste Wirt» des jeweiligen Grundstücks erzielen könnte. Durch ein ökonomisches Instrument ökologisch sparsame Bodennutzung zu fördern ist durchaus überzeugend; doch die Ausgestaltung ist noch nicht gelungen. Wenn die Gemeinde sich an dem Wert orientiert, der bei Neuausgabe des Erbbaurechts erzielbar wäre, übersieht sie die zeitliche Begrenzung des Erbbaurechts und die Tatsache, daß sie sich für diese Zeit an einen Vertragspartner gebunden hat. Was bei einem ewigen Erbbaurecht noch logisch wäre, ist es bei einem zeitlich befristeten nicht. Denn letzteres mindert sich gegen Ende des Zeitraums in seinem Wert, weil selbst eine volle Entschädigung der baulichen Anlagen die eingeschränkte Dispositionsfreiheit des Erbbauberechtigten nicht aufwiegt. Nach dem Musterentwurf soll der Erbbauberechtigte sein Nutzungsrecht bis zum letzten Jahr so entgelten, als ob es ewig weiterliefe. Das ist wohl kaum zumutbar.
Im übrigen wirkt die Anpassungsklausel wie die Vorwegsanktionierung eines einseitigen Vertragsbruchs. Faktisch wird das vertragliche Entgelt weitgehend zur einseitig (hoheitlich) veränderbaren Abgabe umfunktioniert. Als Planungsinstanz kann die Gemeinde die Rahmenbedingungen für die Grundstücksnutzung einseitig ändern und als Grundstückseigentümerin über Anhebung des Erbbauzinses alsbald Druck auf Ausschöpfung der erweiterten Nutzungsmöglichkeiten ausüben. Das Risiko eines hierfür suboptimalen Vertragspartners wälzt sie auf diesen ab, so daß dieser entweder bluten oder weichen muß.

Eine marktgerechte Erbbauzinsanpassung ist nur im Rahmen fairer Partnerschaft erträglich, die ein vernünftiges Eingehen auf Besonderheiten des Einzelfalls bzw. einzelner Fallgruppen erfordert. Die wechselseitige Bindung verbietet einseitige, unzumutbare Änderungen. In die oben zitierte Anpassungsklausel wäre vor den Worten «neu ausgegeben» ergänzend einzufügen: «für die restliche Vertragsdauer». Diese Einschränkung dürfte zusammen mit dem schon vorgesehenen Billigkeitsabschlag vor allem gegen Vertragsende zu einer Mäßigung der Erbbauzinsanpassung führen.

Je nachdem, ob eine Gemeinde Baugelände auf Vorrat erschließt oder zögert und dadurch einen Nachfragestau hervorruft, würde sie bei Anwendung des Meistgebotsprinzips niedrige oder hohe Erbbauzinsen erzielen und wäre versucht, ihr Planungsmonopol zu mißbrauchen. Insbesondere bei Einfamilienhausgebieten würde eine solche Vergabe nach Meistgebot während einer vorübergehenden Knappheitslage zu einer untragbaren Bevorzugung der Wohlhabenden führen. Mit Recht erwarten Grundstücksinteressenten, daß sich Gemeinden als verläßliche Partner erweisen, indem sie mäßigend und verstetigend auf Bodenpreise wirken. Bei zeitweiser Übernachfrage wird die Gemeinde deswegen andere Auswahlkriterien wählen: Berücksichtigung in der zeitlichen Reihenfolge der Bewerbung oder des Zugriffs, Quoten für benachteiligte Gruppen wie Kinderreiche, Bezieher niedriger Einkommen, Ausländer usw.

4. Anwendungshemmnisse

So erfreulich das Interesse in ostdeutschen Kommunalverwaltungen an Informationen über das Erbbaurecht war, so erheblich sind die praktischen Probleme bei der Anwendung. Sowohl bei potentiellen Nutzern als auch bei Banken stoßen die Gemeinden auf Zurückhaltung, und dies aus verständlichen Gründen.

Jeder Grundstücksinteressent kann sich ausrechnen, daß er selbst bei bloßer Lebenshaltungskostenindex-Anpassung des Erbbauzinses im Endeffekt mehr zahlt als bei Kauf, ohne Eigentümer zu werden. Deshalb und um darüber hinausgehende Bodenwertsteigerungen lieber selbst einzustecken, wird jeder ökonomisch denkende Grundstücksinteressent den Kauf bevorzugen, sobald er dies finanzieren kann. Werden Kauf und Erbbaurecht wahlweise nebeneinander angeboten, wird sich das Erbbaurecht nur bei Ermäßigung des Erbbauzinses bzw. Verzicht auf marktgerechte Anpassung behaupten, wie die Erfahrungen in westdeutschen Städten zeigen. In den neuen Bundesländern kommt hinzu, daß die Menschen nachholen wollen, was ihnen in den letzten vierzig Jahren vorenthalten wurde. Dazu gehört auch das Bodeneigentum, das in der DDR zwar formal, nicht aber ökonomisch gewährleistet war. Je ländlicher der Raum, desto stärker ist das Bedürfnis, alle Vorteile zu genießen, die Bodeneigentum bietet: Sicherheit, Verfügungsmacht, Besitzerstolz, Wertsteigerung usw. Der durch den Sozialismus erzwungene Fortschritt wird geradezu zwangsläufig abgelöst durch einen Rückfall in das Eigentumsdenken des 19. Jahrhunderts.

Die Reserviertheit der Banken könnte vordergründig in mangelnden Informationen und Erfahrungen begründet sein oder darin, daß sie an hoher Kreditausgabe interessiert sind und deshalb tendenziell unfreundlicher reagieren, wenn der Kunde seinen Kreditbedarf durch Erbbaurecht mindert.

Doch die Abneigung der Kreditwirtschaft hat einen tieferen Grund. Je breiter Kommunen das Erbbaurecht anwenden, desto mehr entzieht sich den Banken der Boden als Sicherheit, die durch ihre Wertsteigerung bisher manches Risiko abfing. Bei breiter Erbbaurechtspraxis müssen Banken ihre Risiken sorgfältiger prüfen oder sie stärker mittragen.

Die Erbbaurechtskonzeption des Seminars überfordert vor allem aber auch die Gemeinden selbst, zum einen wegen mangelnder Grundstücksausstattung und fehlenden Finanzspielraums, zum anderen wegen des erheblichen Verwaltungsaufwands. Die akute Finanzknappheit der Städte und Gemeinden verleitet viele Kommunen, ihre Haushaltslöcher durch Grundstücksverkäufe zu stopfen. Um so weniger sehen sie sich in der Lage, das Erbbaurecht für Grundstücke anzubieten, die sie zuvor erwerben mußten, zumal der Erbbauzins in den ersten zehn bis zwanzig Jahren unter dem Kreditzins liegt. Diese finanzielle Durststrecke schreckt die Gemeinden verständlicherweise ab. Die drängenden Probleme der Gegenwart, notwendige Infrastrukturmaßnahmen und Schaffung von Arbeitsplätzen, wollen jetzt gelöst werden und nicht erst in Jahrzehnten. Die Vorauszahlung des Erbbauzinses könnte nur teilweise helfen, zumal sich Grundstücksinteressenten wohl allenfalls dann darauf einlassen, wenn der Grundstückskauf generell und nicht nur in dieser Gemeinde verweigert würde. Von einer solchen geschlossenen Haltung in der Bodenpolitik sind die Gemeinden jedoch noch weit entfernt. Der weite Spielraum, den die Erbbaurechtsverordnung den Vertragsschließenden läßt, macht lange und komplizierte Verträge notwendig. Die Unterscheidung zwischen dinglichen und schuldrechtlichen Absprachen, die Anpassungsregelung für den Erbbauzins und die komplizierten Absicherungen und Verpflichtungen zur Weiterübertragung, erst recht zusätzliche Stillhalteerklärungen zur ansatzweisen Lösung der Konkurrenz zwischen Grundstückseigentümer und Kreditgeber machen das Erbbaurecht selbst für erfahrene Liegenschaftsverwalter zu einem höchst schwierigen Terrain. Wieviel einfacher ist im Vergleich dazu der Verkauf von Grundstücken!

Nimmt man hinzu, was oben an Rahmenbedingungen und Gegengewichten als notwendig befunden wurde, von verdichteter Bauleitplanung und Bestandsschutz bis zu Subventionen und Rückverteilung, muß man zweifeln, ob das Erbbaurecht in der jetzigen, in vielen Aspekten unzureichenden gesetzlichen Ausgestaltung für Kommunen der «Königsweg» sein kann. Die Hauptwirkung der Seminar-Initiative wird deswegen neben punktuellen Erfolgen in einzelnen Städten darin liegen, einen Lernprozeß über den Umgang mit Boden befördert zu haben, der sich eventuell für eine andere (Teil-) Lösung als hilfreich erweisen könnte, nämlich dann, wenn der Bundesgesetzgeber, genötigt durch ein Urteil des Bundesverfassungsgerichts, das Bewertungsgesetz überarbeiten muß. Die längst überholte Einheitsbewertung von Grundstücken mit z.B. $^1/_5$ oder auch nur $^1/_{100}$ des Verkehrswerts privilegiert die Kapitalanlage in Grund und Boden insbesondere bei der Vermögens-, Erbschafts- und Gewerbekapitalsteuer auf krasse und verfassungwidrige Weise, verursacht eine künstliche Nachfrage und treibt dadurch die Verkehrswerte in die Höhe. Wenn es bei dieser überfälligen Reform gelingt, die Bodenwerte zu aktualisieren und bei der Grundsteuer bebaubare Grundstücke stärker heranzuziehen, die Gebäude auszuklammern und eine gesonderte Besteuerung der Bodenwertzuwächse einzuführen, könnte die breit angelegte Bildungs- und Öffentlichkeitsarbeit des Seminars zu diesem Fortschritt beigetragen haben.

In Rußland dagegen könnte die Warnung, Grund und Boden an Private zu verkaufen, weit größere Bedeutung erlangen – als dringendes Gegengewicht gegen die westlichen Einflüsterungen, daß Marktwirtschaft und wirtschaftliche Entwicklung privates Eigentum am Boden erfordern. Mit Recht weist Fritz Andres in seiner Anzeige in der Wirtschaftsbeilage zur *Isvestija* auf die besonderen Chancen in Rußland hin, die Bodenfrage vorbildlich im Sinne einer freiheitlichen und gerechten Gesellschaftsordnung zu lösen.[47] Dieser verdienstvollen Initiative kann man nur besten Erfolg wünschen.

Die marktwirtschaftstheoretisch in sich stimmige Erbbaurechtskonzeption des Seminars wird einzelnen Forderungen Steiners zur Bodenfrage gerecht, indem sie durch ein laufendes Bodennutzungsentgelt das Stauen von Kapital im Boden verhindert, diesen «entwertet». Das hierfür eingesetzte Mittel des marktgerechten Erbbauzinses macht die Konzeption jedoch gleichzeitig zu einem Gegenbild, weil der Übergang des Bodens vom einen zum andern nicht, wie Steiner es forderte, eine Sache geistiger Erkenntnis, sondern zur Frage des Geldes wird. Bei Berücksichtigung der besprochenen Gegengewichte und Rahmenbedingungen könnte die Konzeption immerhin ein wichtiger Schritt sein, um Chancen einer historischen Situation, wie sie insbesondere in Rußland besteht, wahrzunehmen.

Anmerkungen

1 Das Erbbaurecht in West und Ost. Bericht über ein innovatives Projekt, Teil I, in: *Fragen der Freiheit,* Heft 220 (1993) S. 12–32, Teil II, in: *Fragen der Freiheit,* Heft 224 (1993), S. 17–32.
2 Die Zusammenwirkung des Geistes-, Rechts- und Wirtschaftslebens zum einheitlichen dreigegliederten sozialen Organismus, Vortrag vom 29.10.1919 in Zürich, in: Rudolf Steiner, *Soziale Zukunft,* GA 332a, Tb 631, Dornach, S. 151/166 f.
3 In: Rudolf Steiner, *Soziale Frage und Anthroposophie. Zur Neugestaltung des gesellschaftlichen Organismus,* Vorträge, ausgewählt und hrsg. von Dietrich Spitta, Stuttgart 1985, S. 175–200.
4 Rudolf Steiner, *Nationalökonomischer Kurs,* 14 Vorträge, gehalten in Dornach vom 24.7. – 6.8.1922, GA 340, Dornach [5]1979, S. 73 ff., 166 ff., 176.
5 *Die Ordnung der Kultur, des Staates und der Wirtschaft für die Gegenwart – Sieben Thesen,* hrsg. vom Arbeitskreis für Sozialwissenschaft Bad Boll, Fritz Andres u.a. (1981), S. 15.
6 Ebd., S. 23.
7 R. Steiner, *Soziale Frage und Anthroposophie,* a.a.O. (Anm. 3), S. 175.
8 Ebd., S. 176.
9 Ebd., S. 176 f.
10 *Sieben Thesen,* a.a.O. (Anm. 5), S. 21 f.
11 Siehe dazu Jobst v. Heynitz, Mensch und Boden – Gedanken zu einer den Weltfrieden fördernden umwelt- und naturverträglichen marktwirtschaftlichen Bodenordnung, in: *Fragen der Freiheit,* Heft 224 (1993) S. 4/12.
12 In diesem Sinne schon Herbert K.R. Müller, Das Bodenproblem einst und jetzt, in: *Fragen der Freiheit,* Heft 51 (1966) S. 3 – 45, Heft 52/53 (1966) S. 53 – 76 und Heft 54/55 (1966) S. 22 – 35.
13 Dazu Eckhard Behrens, Das kommunale Erbbaurecht erleichtert die Stadtplanung, in: *Fragen der Freiheit,* 220 (1993) S. 3 – 11.
14 Rudolf Steiner, *Nationalökonomischer Kurs,* a.a.O. (Anm. 4), S. 75, S. 74.
15 Ebd., S. 73.
16 Ebd., S. 78.
17 Ebd., S. 168 f.
18 Ebd., S. 76, 78 f., 170 ff. u. 166.
19 *Soziale Frage und Anthroposophie,* a.a.O. (Anm. 3).
20 Ebd., S. 177 ff.
21 Ebd., S. 179.
22 Ebd., S. 180 f.
23 Ebd., S. 182.

24 Ebd.
25 Ebd., S. 183.
26 Ebd., insbes. S. 192, 196.
27 Ebd., S. 186 f., 196.
28 Ebd., S. 187.
29 Ebd., S. 192 f.
30 Ebd., S. 193.
31 *Nationalökonomischer Kurs,* a.a.O. (Anm. 4), S. 166.
32 *Soziale Frage und Anthroposophie,* a.a.O. (Anm. 3), S. 187 f.
33 Ebd., S. 188.
34 Ebd., S. 188.
35 Ebd., S. 188 f.
36 Siehe den in Anm. 2 genannten Vortrag, S. 165 f., sowie: *Die Kernpunkte der sozialen Frage in den Lebensnotwendigkeiten der Gegenwart und Zukunft,* GA 23, Tb 606, Dornach, S. 87 f.
37 Ansatzweise bedacht von Eckhard Behrens, a.a.O. (Anm. 13), S. 7.
38 *Soziale Frage und Anthroposophie,* a.a.O. (Anm. 3), S. 188.
39 Siehe dazu den Vorschlag von Herbert K.R. Müller, a.a.O. (Anm. 12), S. 22 ff.
40 *Soziale Frage und Anthroposophie,* a.a.O. (Anm. 3), S. 188, 192 f.
41 Dies berichtet Michael Peter, Not der Pioniere, in: *Die Zeit* 1993 Nr. 1, S. 20.
42 Silvio Gesell, Die natürliche Wirtschaftsordnung durch Freiland und Freigeld, 4. Aufl., 1920, *Gesammelte Werke,* Band 11, S. 92 f.
43 Fritz Andres, Privatisierung der Bodennutzung durch die Vergabe von Erbbaurechten, in: *Fragen der Freiheit,* Heft 210 (1991), S. 3/9 f.
44 *Soziale Frage und Anthroposophie,* a.a.O. (Anm. 3), S. 190 ff.
45 *Sieben Thesen,* a.a.O. (Anm. 5), S. 23.
46 Privatisierung der Grundstücksnutzung durch Vergabe von Erbbaurechten. Muster eines Erbbaurechts-Vertrags. Erläuterungen zu IV § 2; desgleichen Fritz Andres, Die Anpassung des Erbbauzinses, abgedruckt in: *Fragen der Freiheit,* Heft 213 (1991), S. 32/36 f.
47 Abgedruckt in: *Fragen der Freiheit,* Heft 223 (1993), S. 48 – 60.

II. DIE SOZIALBINDUNG DES EIGENTUMS AN UNTERNEHMEN

Albert Schmelzer

Rudolf Steiners Anschauungen zum Eigentumsrecht an Produktionsmitteln während der Dreigliederungszeit 1919

I. Die Zeitlage

Die entscheidenden Bestrebungen zur Umgestaltung der Eigentumsverhältnisse gingen am Ende des 1. Weltkrieges von der Rätebewegung aus; sie entstand am 4.11.1918 aus dem Funken einer lokalen Matrosenrevolte in Kiel und wuchs innerhalb weniger Tage zum Steppenbrand einer revolutionären Massenbewegung an. Rainer Maria Rilke hat als sensibler Zeitbeobachter auf das innere Anliegen dieses spontanen Aufbruchs hingewiesen, der über die Arbeiterschaft hinaus weite Bevölkerungskreise ergriff; in einem Brief vom 7.11.1918 schilderte er seiner Frau, wie ein junger Arbeiter bei einer Münchener Volksversammlung von einem Wirtshaustisch herab eine improvisierte Rede hielt: «Plötzlich stieg ein junger blasser Arbeiter hinauf, sprach ganz einfach: ‹Haben Sie oder Sie oder Sie, habt ihr, sagte er, das Waffenstillstandsangebot gemacht? Und doch müßten wir es tun, nicht diese Herren da oben; bemächtigen wir uns einer Funkstation und sprechen wir, die gewöhnlichen Leute zu den gewöhnlichen Leuten drüben, gleich wird Friede sein.› Ich wiederhole das lange nicht so gut, wie er es ausdrückte, plötzlich, als er das gesagt hatte, stieg ihm eine Schwierigkeit auf, und mit rührender Gebärde, nach Weber, Quidde und den anderen Professoren, die neben ihm auf dem Podium standen, fuhr er fort: ‹Hier, die Herren Professoren können Französisch, die werden uns helfen, daß wir's richtig sagen, wie wir's meinen.› Solche Momente sind wunderbar, und wie hat man sie gerade in Deutschland entbehren müssen ... Man kann nicht anders als zugeben, daß die Zeit recht hat, wenn sie große Schritte zu machen sucht.»[1]

Die Briefstelle ist ein bedeutendes Dokument, weist sie doch treffend auf den noch unbeholfen ausgedrückten Impuls der Selbstbestimmung und Selbstverwaltung hin, der sich in den Novemberereignissen aussprach. Die große Mehrheit der Bevölkerung, die endlich Frieden verlangte, rebellierte gegen das wilhelminische System, sie wollte sich nicht mehr von «denen da oben» regieren lassen, sondern ihre Angelegenheiten selbst in die Hand nehmen. Ihren organisatorischen Ausdruck fand die Volksbewegung in den «Räten»; in ihnen als spontan gebildeten Einrichtungen der «Selbstorganisation der Massen»[2] kristallisierten sich gleichsam ihre Motive und ihre Zielsetzungen. Wenn es auch zunächst darum ging, den Krieg zu beenden und praktische Arbeit bei der Demobilisierung der Truppen, der Versorgung der Bevölkerung und der Aufrechterhaltung der öffentlichen Ordnung zu leisten, so gelangte doch in der Tiefenströmung dieser Bewegung ein bis dahin «eher latent existierender Wille zu einer umfassenderen Neugestaltung der politischen und sozialen Ordnung zum Durchbruch».[3]

Im politischen Bereich strebten die Räte eine durchgreifende Demokratisierung an. Damit war nicht eine Räterepublik nach russischem Muster gemeint, sondern eine parlamentarische Demokratie; auf dem zentralen Reichskongreß der Arbeiter- und Soldatenräte vom 16. bis 20. Dezember 1918 in Berlin sprach sich eine überwältigende Mehrheit der Delegierten für eine Nationalversammlung aus.[4] Allerdings war den Räten klar, daß ein funktionierender Parlamentarismus eine Demokratisierung der gesellschaftlichen Verhältnisse voraussetzt; daher ihre Forderung nach einer wirksamen Kontrolle der alten Machteliten im Heer wie in der Verwaltung.

Weniger verbreitet als auf politischem Felde war das Streben nach Selbstverwaltung durch Räte im kulturellen Bereich. Doch auch hier zeigten sich Initiativen, besonders bei den Künstlern. Anfang 1919 wurde ein Arbeitsrat für Kunst gegründet, dem die Expressionisten Erich Heckel, Ludwig Meidner, Max Pechstein, Karl Schmitt-Rottluff, Lyonel Feininger, Otto Müller, Emil Nolde und Architekten wie Walter Gropius und Bruno Taut angehörten. Ihre Zielvorstellungen veröffentlichten sie in einem programmatischen Zirkular im März 1919 in Berlin. Vorangestellt ist der Leitsatz: «Kunst und Volk müssen eine Einheit bilden. Die Kunst soll nicht mehr Genuß weniger, sondern Glück und Leben der Masse sein. Zusammenschluß der Künste unter den Flügeln der großen Baukunst ist das Ziel.»[5] Interessant ist, daß der Weg zur Volksnähe sich verband mit der Forderung, die Kunst aus staatlicher Beeinflussung herauszulösen. An die Stelle der «Akademie der Künste», der «Akademie für das Bauwesen» und der «Preußischen Landeskunstkommission» sollten Körperschaften treten, die aus der produktiven Künstlerschaft selbst heraus zu schaffen wären. In bezug auf Lehrplan und Unterrichtsmethodik der Kunsthochschule heißt es konsequent: «Befreiung des gesamten Unterrichts für Architektur, Plastik, Malerei und Handwerk von staatlicher Bevormundung.»

Auch in bezug auf eine Umgestaltung des Wirtschaftslebens zeichnete sich in der Rätebewegung eine Konsenslinie ab: «In weiten Schichten des Volkes, nicht nur bei den Arbeitern, sondern auch bei den Intellektuellen usw., war die Überzeugung verbreitet, daß die alte kapitalistische Ordnung sich überlebt habe und daß sie einer neuen Form des Wirtschaftslebens Platz machen müsse.»[6] Die schon von Arthur Rosenberg aus eigenem Miterleben des revolutionären Aufbruchs formulierte Sicht ist von der neueren Forschung bestätigt worden.[7] So unbestimmt und wenig konkret die Vorstellungen im einzelnen auch waren, die in der Zauberformel «Sozialisierung» ihren Ausdruck fanden, so war man sich doch in zwei Punkten einig: Das uneingeschränkte Privateigentum an Produktionsmitteln sollte überwunden, eine Mitbestimmung der Werktätigen über Betriebsräte sollte ermöglicht werden. Dabei beschränkte sich der Wunsch nach einer tiefgreifenden Umgestaltung des Wirtschaftslebens nicht auf proletarische Kreise, sondern erfaßte auch Gruppen des linksliberalen Bürgertums. So erkannte der Gründungsaufruf der DDP vom 16.11.1918, der von dem Soziologen Alfred Weber und dem Chefredakteur des Berliner Tagblatts, Theodor Wolf, ausging und von Persönlichkeiten wie Hellmuth von Gerlach, Hugo Preuß und Albert Einstein mitgetragen wurde, Sozialisierungsbestrebungen «für monopolistisch entwickelte Wirtschaftsgebiete» an; ebenso stimmte der von Gustav Stresemann formulierte Wahlaufruf der DVP einer «Überführung dazu geeigneter Betriebszweige in die Leitung und das Eigentum der öffentlichen Gewalt» zu und verlangte eine «angemessene Mitwirkung der Arbeiter und Angestellten durch ihre Ausschüsse und ihre Vertretung». Allerdings – eine Anleitung zur konkreten Politik bedeuteten diese Absichtserklärungen nicht; die begrenzte Bereitschaft zur Sozialisierung blieb auf kleine Kreise des Bürgertums beschränkt und erreichte keine längerfristige Akzeptanz in den liberalen Parteien. Immerhin machten die Aufrufe deutlich, daß über Parteigrenzen hinweg wache Zeitbeobachter 1918/19 die Notwendigkeit einer Umgestaltung der Eigentumsverhältnisse sahen.

Ende 1918, so läßt sich zusammenfassen, zeichnete sich ein fundamentaler kultureller, sozialer und politischer Umschwung von einer hierarchisch verfaßten Ordnung zum noch zarten, unscharf konturierten Impuls für eine selbstverwaltete Gesellschaft ab. Dieser stellte schon in der Art seines Auftretens «etwas qualitativ Neues»[8] dar: Er äußerte sich spontan über die Köpfe der Führer hinweg und paßte nicht in bestehende Parteischablonen. Denn weder wurde einfach eine bürgerliche Demokratie angestrebt noch eine sozialistische Diktatur. Jenseits der in westlichen Systemen bestehenden Kombination von Liberalismus und Kapitalismus und der im Bolschewismus realisierten Verbindung von Sozialismus und Parteidiktatur zielte die Rätebewegung auf ein Drittes hin, das sich vorsichtig umschreiben läßt als Entwurf einer freiheitlichen, demokratischen und solidarischen Gesellschaft.

Dieser Entwurf aber wurde in der Folgezeit nicht verwirklicht. Besonders die sozialistischen Parteien verharrten in unfruchtbaren Alternativen; zwischen den Rufen «hie Nationalversammlung – hie Räte» drohte die «breite Mitte der sozialistischen Bewegung»[9] ausgeschaltet zu werden. Diese Tendenz zeichnete sich schon am 9. November 1918 mit der doppelten Ausrufung der Republik ab – Philipp Scheidemann von der SPD proklamierte die «freie deutsche Republik», während Karl Liebknecht vom Spartakusbund zum Schwur auf die «freie sozialistische Republik Deutschlands»[10] aufrief –, sie führte im Dezember zu einer Polarisierung innerhalb der Arbeiterbewegung und endete in den Weihnachtstagen von 1918 und im Januar 1919 in bewaffnetem Kampf: Der Spartakusbund wurde auf Befehl der Volksbeauftragten der SPD mit Hilfe von konservativen Freikorps niedergeschlagen, die anschließend Karl Liebknecht und Rosa Luxemburg in einer Lynchjustiz ermordeten. Die Wahlen vom 19.1.1919 brachten der SPD die Möglichkeit, mit den bürgerlichen Parteien der DDP, des Zentrums und der BVP eine Koalititionsregierung zu bilden. Die Weichen waren in Richtung einer parlamentarischen Demokratie gestellt, gleichzeitig aber waren tiefe Gräben in der sozialen Bewegung aufgerissen worden.

In dieser Lage kam es im Frühjahr 1919 in der gesamten Republik zu einer zweiten revolutionären Welle, die Massenbewegung belebte sich neu. Es gab ausgedehnte Streiks im Ruhrgebiet und in Mitteldeutschland sowie kleinere Aktionen an vielen anderen Orten; in Bremen und München wurde die Räterepublik ausgerufen. Die Unruhen waren Ausdruck des sozialen Protestes gegen die mageren Ergebnisse der Revolution, stellten aber darüber hinaus eine Verengung und Radikalisierung des ursprünglichen Räteimpulses dar. Was die Bewegung «an Radikalität, zum Teil auch an revolutionärer Dynamik gewann, verlor sie an Breite».[11] Im Unterschied zum November 1918 enthielt sie eine antiparlamentarische Komponente; ein politisches und wirtschaftliches Rätesystem wurde gefordert. Diese zweite Welle der deutschen Revolution verlief ungleich blutiger als die erste; wo die Regierung den revolutionären Elan der Streikbewegungen nicht durch sozialpolitische Maßnahmen eindämmen konnte, schreckte sie auch vor massivem Einsatz von Freikorpsverbänden nicht zurück. Im Sommer 1919, nach der Niederschlagung der Münchner Räterepublik, ging die deutsche Revolution zu Ende; gemessen an den Erwartungen des spontanen Aufbruchs vom November 1918 stellte sie eine «steckengebliebene Revolution»[12] dar.

Die Idee: «Die Kernpunkte der sozialen Frage»

In dem angedeuteten Kontext einer zweiten revolutionären Welle im Frühjahr 1919 sind Rudolf Steiners Stellungnahmen zur Sozialisierung anzusiedeln. Schon während des Krieges hatte Steiner sein Konzept einer «Dreigliederung des sozialen Organismus» entwickelt und vertreten; es sah eine funktionale Gliederung der Gesellschaft entsprechend den drei Impulsen der französischen Revolution vor: ein freies geistiges Leben mit staatsunabhängigen Schulen und Universitäten, auf Gleichheit vor dem Recht beruhende, demokratisch verfaßte staatliche Verhältnisse und ein Wirtschaftsleben, das sich auf der Grundlage brüderlichen Zusammenwirkens von Produzenten, Händlern und Konsumenten assoziativ organisiert. Mit der Rätebewegung der Jahre 1918/19 trat der in dem Dreigliederungskonzept liegende differenzierte Selbstverwaltungsimpuls an die Oberfläche des gesellschaftlichen Bewußtseins; damit bot sich die Chance, der relativ diffusen Volksbewegung eine klar umrissene Programmatik zu geben. Auf Anregung der Stuttgarter Industriellen Emil Molt und Carl Unger, zweier langjähriger Mitarbeiter in der Anthroposophischen Gesellschaft, ergriff Rudolf Steiner die Zeitforderung und bereitete im Frühjahr 1919 eine politische Kampagne für eine Dreigliederung des sozialen Organismus vor, die ihren Schwerpunkt in Württemberg haben sollte.

Eine theoretische Fundierung dieser Aktion erfolgte im Februar / März 1919 durch die Niederschrift des Buches *Die Kernpunkte der sozialen Frage.*[13] Diese Schrift bezieht sich in ihren Analysen und Vorschlägen unmittelbar auf die Zeitlage, entsprechend eindringlich hat sich Steiner später gegen eine schematische Übertragung der darin skizzierten Vorstellungen auf andere gesellschaftliche Verhältnisse gewandt: Er habe 1919 die Dreigliederung des sozialen Organismus «aus den Zeitverhältnissen heraus»[14] vertreten, hat er 1923 geäußert. Von daher kann nicht erstaunen, daß sich Steiner ausführlich mit der Transformation der kapitalistischen Eigentumsverhältnisse befaßt, war doch die Forderung nach Sozialisierung im Frühjahr 1919 zum zentralen Programmpunkt der Rätebewegung geworden.

Betrachtet man zusammenfassend Steiners Ausführungen, besonders im dritten Kapitel «Kapitalismus und soziale Ideen», so wird sein Anliegen deutlich. Steiner ging es einerseits darum, die gesamtgesellschaftlichen Nachteile des Privateigentums an Produktivkapital, wie sie etwa durch ein ungezügeltes Streben nach Profitmaximierung, durch Finanzspekulationen oder durch den unkontrollierten Verkauf von Betrieben entstehen, zu vermeiden. Andererseits war ihm klar, daß die sozialistische Perspektive einer

Verstaatlichung der Produktionsmittel oder einer unbestimmten «Überführung in Gemeinbesitz» dem beweglichen Charakter des Wirtschaftslebens nicht gerecht wird und die Gefahr von bürokratischen Tendenzen mit sich bringt. Folglich galt es, die an die private Verfügung über Sach- und Geldkapital gebundene Freiheit unternehmerischer Initiative zu sichern und damit eine für die Gesamtorganisation fruchtbare wirtschaftliche Produktivität zu ermöglichen, die negativen Auswirkungen des Privateigentums aber zu vermeiden.

Eine Lösungsrichtung umreißt Steiner mit den Begriffen des «befristeten Verfügungsrechts» und des «Kreislaufs der Produktionsmittel». Danach wird die private Verfügungsgewalt eines einzelnen oder einer Gruppe über Produktivkapital auf den Zeitraum beschränkt, wo sie sich gesamtwirtschaftlich als funktional erweist; im Falle von Unfähigkeit, Krankheit oder nach dem Tod des Unternehmers wird das Verfügungsrecht an einen anderen unternehmerisch Befähigten übertragen. «Die Möglichkeit, frei über die Kapitalgrundlage aus den individuellen Fähigkeiten heraus zu verfügen, muß bestehen; das damit verbundene Eigentumsrecht muß in dem Augenblicke verändert werden können, in dem es umschlägt in ein Mittel zur ungerechtfertigten Machtentfaltung.»[15] Das juristische Verfahren einer solchen Kapitalübertragung wird vom Rechtsstaat aus zu regeln sein, die Entscheidung aber, wann und an wen das Kapital fließen soll, obliegt einer «Korporation der geistigen Organisation».[16] Über die Zusammensetzung eines solchen Gremiums äußert sich Steiner in den *Kernpunkten* nicht, doch wird man sinnvoll an unabhängige Wirtschaftswissenschaftler mit vielseitiger praktischer Erfahrung denken können.

Ein solcher Vorschlag schließt grundlegende Konsequenzen ein. Zunächst einmal: Eigentumsformen wie Aktienbesitz oder der Besitz von GmbH-Anteilen, durch die arbeitsloses Einkommen erzielt werden kann, sind ausgeschlossen. Weiterhin entfällt die Möglichkeit, Produktionsmittel zu verkaufen oder zu vererben. Damit ändert sich der Status des privaten Unternehmertums. Aus einem «Kapitalisten» oder «Arbeitgeber» wird ein Geschäftsführer oder, in der funktionalen, auf die organisierende Tätigkeit zielenden Formulierung Steiners, ein «Arbeitsleiter».

Man kann sich den neuen Eigentumsbegriff verdeutlichen, indem man sich seine Auswirkungen für den oder die unternehmerisch Tätigen, für die Gesamtbelegschaft wie für die Allgemeinheit vergegenwärtigt.

1. Für den Einzelunternehmer (oder eine Gruppe unternehmerisch Tätiger) beinhaltet das Eigentumsrecht ein befristetes Verfügungsrecht über das vorhandene Kapital; er trägt die volle Verantwortung für die Bilanz

des Unternehmens und benötigt entsprechenden Freiraum für Initiativen und Produktionsentscheidungen.
Andererseits ist er auf das Vertrauen der Belegschaft angewiesen. Vertrauen aber wächst durch Einsicht, Einsicht wiederum setzt Information voraus. Daher schlägt Steiner vor, regelmäßig «Besprechungen, die zum Arbeitsbetrieb gerechnet werden müssen wie die Arbeit selbst»,[17] zu veranstalten, um so die Bildung eines «gemeinsamen Vorstellungskreises» aller Mitarbeiter über alle Belange des Unternehmens zu erreichen. Mit diesen Überlegungen ist in Richtung eines Unternehmensverständnisses gewiesen, das auf dem Gedanken der Selbstverwaltung beruht. Die Realisierung eines solchen Konzeptes dürfte davon abhängen, inwieweit es gelingt, einen kollegialen unternehmerischen Führungsstil zu entwickeln, in dem einerseits die freie Initiative nicht gehemmt wird und andererseits hierarchische Organisationsstrukturen abgebaut werden. Dieses Problem, in den *Kernpunkten* nicht genauer behandelt, hat in der Dreigliederungsbewegung im Zusammenhang mit der Funktion der Betriebsräte eine Rolle gespielt[18] und wird ebenfalls in diesem Zusammenhang aufzugreifen sein.

2. Für die Belegschaft, die Geschäftsführer eingeschlossen, bedeutet die neue Eigentumsordnung, daß sie sich für die Dauer ihrer Mitarbeit als gemeinsame Eigentümer der Produktionsmittel betrachten können. Damit wird eine Beziehung zwischen dem Arbeiter und der Maschine hergestellt, wie sie zwischen dem selbständigen Handwerker und seinen Werkzeugen besteht. Da der Betrieb «allen» gehört und kein Kapitaleigner zwischen den Arbeiter und sein Arbeitsmittel tritt, kann die Verantwortung für das vorhandene Sachkapital und seine optimale Nutzung wachsen.
3. Auch die Gesamtgesellschaft ist am Eigentum der Produktionsmittel beteiligt, insofern ihr nach Abzug sämtlicher Kosten für Gehaltszahlungen und Neuinvestitionen der Gewinn der Unternehmungen zufließt. Der wichtigste Finanzierungsbereich, der im allgemeinen selbst keine Produktions- und Einnahmequellen hat, ist das freie Geistesleben. Bildung und Erziehung werden ebenso wie die Sozialleistungen in erster Linie aus den Überschüssen des Wirtschaftslebens zu tragen sein.

Noch anschaulicher wird die neue Eigentumsordnung, wenn man sie hinsichtlich ihrer Auswirkungen auf die Einkommensbildung untersucht. Da der Unternehmer nicht mehr Kapitaleigner im Sinne des Privatkapitalismus ist, kann er weder den «vollen Profit» beanspruchen noch die Möglichkeit, «seine» Arbeiter zu «entlohnen». An die Stelle des alten Lohn- und Gehaltssystems treten Arbeitsverträge, in denen der Anteil festgesetzt wird, den ein jeder Arbeiter an der Herstellung der Waren hat. Welche Form ein solches «Ertragsteilungsverfahren» im einzelnen annehmen könnte, hat Steiner nicht weiter ausgeführt; sie wird von der Konsensbildung der Beteiligten und – zumindest was ein garantiertes Mindesteinkommen anbelangt – vom öffentlichen Recht abhängen.[19]

Im Überdenken der vorgeschlagenen Eigentumsordnung erweist sich Steiners Anliegen. Die negativen sozialen Folgen des Kapitalismus sollen überwunden werden, ohne seinen entscheidenden Vorzug zu negieren – die auf freier unternehmerischer Initiative beruhende Produktivität: «Nicht die *ursprüngliche* freie Verfügung führt zu sozialen Schäden, sondern lediglich das *Fortbestehen* des Rechtes auf diese Verfügung, wenn die Bedingungen aufgehört haben, welche in zweckmäßiger Art individuelle menschliche Fähigkeiten mit dieser Verfügung zusammenbinden.»[20]

Dabei ist der Rechtsstaat aufgerufen, regulierend einzugreifen; nicht aber soll er selbst Wirtschafter werden. «Aus dem demokratischen Untergrund des Rechtsstaates heraus … wird gewacht werden können, daß Eigentumsrecht nicht im Laufe der Zeit zu Eigentumsunrecht wird. Dadurch, daß dieser Staat das Eigentum nicht selbst verwaltet, sondern sorgt für die Überleitung an die individuellen menschlichen Fähigkeiten, werden diese ihre fruchtbare Kraft für die Gesamtheit des sozialen Organismus entfalten.»[21] Voraussetzung für die Fruchtbarkeit einer solchen Regelung ist allerdings, daß die Motivation für die unternehmerische Tätigkeit nicht in der Profitmaximierung, sondern in dem aus einem erneuerten Geistesleben erfließenden «sozialen Verständnis» liegt. Andererseits schließt Steiner materielle Anreize nicht aus, indem er eine Beteiligung der Geschäftsführer am Gewinn für möglich hält.[22] Überhaupt ist sein Hinweis wesentlich, eine realitätsnahe Konzeption könne keine Patentrezepte anbieten, sondern nur «auf die *Richtung* weisen, in der sich die Regelung bewegen kann. Geht man verständnisvoll auf diese Richtung ein, so wird man im konkreten Einzelfalle immer ein Zweckentsprechendes finden.»[23]

Auf der gleichen Linie wie seine Vorschläge zum Eigentum an Produktionsmitteln bewegen sich Rudolf Steiners Vorstellungen zum Boden- und Grundbesitz. Denn gerade auf diesem Gebiete sind durch das Hypothekenwesen, durch Verpachtung und Bodenspekulation im Zusammenhang mit dem Wohnungsbau krasse soziale Ungerechtigkeiten entstanden. Insofern Grund und Boden als Produktionsmittel betrachtet werden können, gelten auch für sie das «befristete Verfügungsrecht» wie das «Kreislauf»-Prinzip des Eigentums, das in diesem Fall durch eine Kooperation für Bodenverwaltung übertragen würde. Als Besonderheit der Landwirtschaft erkennt Steiner allerdings die Tatsache an, daß oft über Generationen eine enge Verbindung zwischen einem Bauernhof, dem dazugehörigen Boden und der ihn bearbeitenden Familie entstanden ist – daher sein Vorschlag, den Sohn oder die Tochter des ausscheidenden «Eigentümers» als Nachfolger zu bevorzugen, falls diese es wünschen und über entsprechende Qualifikationen verfügen;[24] in ähnlicher Richtung könnte die von Steiner nicht angesprochene Frage der Übertragung von Wohnraum behandelt werden.

Für alle beweglichen Sachen schließlich gilt das private unantastbare Eigentumsrecht; mit der Bemerkung, das Prinzip der Kapitalübertragung beziehe sich nur auf Werte «von einer bestimmten Höhe» an,[25] schließt Steiner Kleinstbetriebe in diesen Bereich ein. Eine solche Regelung leuchtet vom funktionalen Denkansatz her ein, können doch für einen Kiosk etwa oder eine Schuhreparaturwerkstatt die für das Privateigentum geltenden Bestimmungen, die sowohl das Recht auf Verkauf wie auch Vererbung einschließen, praktiziert werden, ohne soziale Schäden anzurichten.

Versucht man, die in den *Kernpunkten* entwickelten Vorstellungen zu einer neuen Eigentumsordnung in das Parteienspektrum der damaligen Zeit einzuordnen, so ergibt sich folgendes Bild: Rudolf Steiner suchte mit seinen Vorschlägen eine Richtung zu skizzieren, die geeignet war, über die unfruchtbare Alternative von Privatkapitalismus westlicher und Staatssozialismus östlicher Prägung hinwegzuführen. Entsprechend isoliert befand er sich mit seinem Brückenschlag gegenüber all jenen Gruppierungen und Parteien, die nach dem Verfliegen der ersten revolutionären Euphorie bzw. des ersten Schreckens im November 1918 schnell versuchten, sich auf den Ufern der Systemkonformität oder fundamentaler, aber abstrakter Systemkritik einzurichten.

Besonders kraß war die Distanz zu den Konservativen, die sich nach anfänglicher Zurückhaltung bald in der Deutschnationalen Volkspartei sammelten und alle Sozialisierungsversuche strikt als Bolschewismus brandmarkten.

Ebenso hielt das Zentrum, die Partei des deutschen Katholizismus, grundsätzlich am Privateigentum an Produktionsmitteln und an Grund und Boden fest, allerdings verlangte man gleichzeitig eine Verbesserung der Lage der Arbeiterschaft durch eine aktive Sozialpolitik.

Ähnlich systemkonform verhielten sich die Liberalen; der Elan des bürgerlichen Aufbruchs, wie er sich etwa im Gründungsaufruf der DDP vom 16.11.1918 gezeigt hatte, hielt nicht lange an. Der frühe Wahlkampf brachte den Gründerkreis in Abhängigkeit von den fortbestehenden Parteiapparaten der «alten» Nationalliberalen und der fortschrittlichen Volkspartei; frühere Parlamentarier und Funktionäre gewannen an Einfluß. Die Finanzierung der Wahlpropaganda durch die Wirtschaft und der Druck mittelständischer Verbände aus Handel, Gewerbe und Industrie führten dazu, daß sich die Parteileitung bald weniger sozialisierungsfreundlich gab; die reformerische Gruppierung, die einen Schwerpunkt in der organisierten Arbeiterschaft des neuen Mittelstandes hatte, wurde immer weiter in den Hintergrund gedrängt.

Auch die SPD, im Herbst 1918 und Frühjahr 1919 die entscheidende politische Kraft, blieb in ihrer politischen Praxis auf dem Boden kapitalistischer Eigentumsverhältnisse. Zwar hielt man programmatisch am Endziel des Sozialismus fest, doch beschränkte sich die SPD-Führung um Friedrich Ebert und Philipp Scheidemann mangels praktikabler wirtschaftlicher Konzepte auf soziale Reformen wie die Einführung des Acht-Stunden-Tages, die Legitimation der Gewerkschaften sowie kollektiver Tarifverträge und eine Neuregelung der Krankenversicherung; das heiße Eisen der Sozialisierungsfrage wurde an eine Kommission ohne Entscheidungsbefugnis überwiesen und zunächst einmal vertagt.

Demgegenüber rückte die USPD, die sich 1917 von der SPD gelöst hatte und eine Politik systemüberwindender Reformen verfolgte, die Sozialisierung in das Zentrum ihrer politischen Bemühungen, allerdings blieben ihre Forderungen relativ unbestimmt; auch hier ist der Mangel an konkreten Konzepten auffallend. Immerhin bestand eine gewisse Nähe zur Auffassung Rudolf Steiners, indem nicht eine Verstaatlichung, sondern eine Vergesellschaftung der Produktionsmittel angestrebt wurde.

Anders verhielt es sich mit der KPD, die nach russischem Vorbild auf eine Überführung des Privateigentums an Fabriken und Kapital in staatlichen Besitz hinarbeitete.

Überdenkt man die unterschiedlichen Positionen, so erstaunt das offenkundige Versagen der sozialistischen Parteien angesichts der Zeitforderung, die Zauberformel «Sozialisierung», seit Jahrzehnten das Kernstück sozialdemokratischer Zielvorstellungen, mit konkretem Inhalt zu füllen. Dieses Defizit entsprang nicht einfach der Kopflosigkeit einiger Parteiführer, sondern lag tief in der Geschichte der Sozialdemokratie begründet. Denn seitdem die Partei Ende des 19. Jahrhunderts zu einer Massenorganisation herangewachsen war, hatte sie versucht, die Kluft zwischen dem radikalen marxistischen Erbe und der gemäßigten sozialpolitischen Praxis durch einen fragwürdigen ideologischen Spagat zwischen den Positionen des «Zentrismus» Karl

Kautskys und des «Revisionismus» Eduard Bernsteins zu überbrücken. Karl Kautsky, vor dem Krieg der unbestritten führende Theoretiker der SPD, hielt zwar grundsätzlich an dem marxistischen Endziel einer staats- und klassenlosen Gesellschaft und der proletarischen Revolution als dem adäquaten Weg dorthin fest, weigerte sich aber unter Berufung auf den wissenschaftlichen Charakter des Programms standhaft, auf eine solche Revolution hinzuarbeiten: «Wir wissen aber auch, daß es ebenso wenig in unserer Macht steht, diese Revolution zu machen, als in der unserer Gegner, sie zu verhindern.»[26] Wann die Revolution ausbreche, bleibe «der Entwicklung» überlassen, die mit eherner Notwendigkeit erfolgen werde. Insofern sei es müßig, «Rezepte für die Garküche der Zukunft auszuspintisieren»[27] und ein detailliertes Programm für den Aufbau des Sozialismus auszuarbeiten.

Während Kautsky so in der Orientierung auf ein hehres Endziel die konkreten Schritte auf dem Wege vernachlässigte, nahm Eduard Bernstein genau die umgekehrte Position ein; für ihn war «das, was man gemeinhin das Endziel des Sozialismus nennt, ... nichts, die Bewegung alles».[28] Der Zusammenbruch des Kapitalismus, von Karl Marx und Friedrich Engels noch mit revolutionärer Ungeduld erwartet, sei ebensowenig in Sicht wie die von ihnen prognostizierte wachsende Verelendung der Arbeiterklasse; folglich seien ihre Lehren einer Revision zu unterziehen. Durch sozialpolitische Maßnahmen solle die Stellung des Arbeiters innerhalb des Bestehenden verbessert werden, ihm sei die Möglichkeit zu schaffen, «aus der sozialen Stellung eines Proletariers zu der eines Bürgers»[29] aufzusteigen.

So gegensätzlich die Richtungen Kautskys und Bernsteins auch waren, so gut ließ es sich mit beiden Positionen innerhalb der oppositionellen SPD leben: die orthodoxe lieferte die festgefügten Formeln für die programmatischen Erklärungen, die revisionistische bestimmte im allgemeinen die praktische Politik.

Wie ungenügend ein solcher Standpunkt war, hatte der aufmerksame Zeitbeobachter Karl Korsch schon 1913 moniert: Der Sozialismus dürfe sich nicht mit der nichtssagenden Formel «Vergesellschaft der Produktionsmittel» begnügen, sondern müsse «zu einer für positive Zwecke brauchbaren Konstruktionsformel für die sozialistische Organisation der Volkswirtschaft durchdringen».[30] Die Berechtigung einer solchen Kritik zeigte sich 1918/19: Als die sozialistische Bewegung an die Macht kam, versagte sie aufgrund mangelnder konzeptioneller Phantasie in der Sozialisierungsfrage.

II. Die Idee in Wirksamkeit: Treuhand-AG, Sozialisierungskommission und Betriebsrätebewegung

Die Dreigliederungskampagne ging, wie schon angedeutet wurde, von Württemberg aus, weil sich hier ein Initiativkreis gebildet hatte, der Rudolf Steiner um Rat für ein politisches Engagement fragte und die weiteren Aktivitäten energisch vorantrieb. «Ich mußte die ersten Hände ergreifen, die mir entgegenkamen, denn jeder Augenblick drängte. Ich mußte die ersten Hände ergreifen, die mir entgegenkamen: Es waren diejenigen, die mir aus Stuttgart entgegenkamen»,[31] hat Steiner rückblickend geäußert. Dabei stand man in Schwaben Verhältnissen gegenüber, die der Lage im Reich glichen: Auch in Württemberg bildete sich nach den Wahlen im Januar 1919 eine Koalitionsregierung von SPD, DDP und Zentrum, auch hier wurde die SPD-Politik durch eine pragmatisch-revisionistische Linie bestimmt, waren doch die entscheidenden Exponenten der Partei, Wilhelm Keil als Vorsitzender und Wilhelm Blos als Ministerpräsident, von einer tiefsitzenden Skepsis gegenüber ökonomischen Strukturreformen erfüllt. Unter solchen Bedingungen war es schwierig, die heilige Kuh des Kapitalismus, das Privateigentum an Produktionsmitteln, anzutasten. Doch scheute sich der Stuttgarter Initiativkreis nicht, unkonventionelle Wege einzuschlagen. Emil Molt etwa ging ins Wirtschaftsministerium und bot dem Arbeitsminister Hugo Lindemann von der SPD ungefragt seine Mitarbeit an: Man könne doch sicher in der schwierigen ökonomischen Lage erfahrene Wirtschafter gut gebrauchen. Durch dessen zunächst verständnislose Miene ließ er sich nicht beirren und erhielt auch wirklich ein Büro im Ministerium zugewiesen.[32] Von hier aus versuchte er, zusammen mit Carl Unger, den Plan einer «Selbsthilfe-Organisation der Industriebetriebe» mit «assoziativem Charakter» voranzutreiben, den sie bei einem zufälligen Treffen in Zürich am 7.11.1918 gemeinsam entwickelt und zwei Tage darauf mit Steiner besprochen hatten.

Das Anliegen war, einen schnellen Übergang von der Kriegs- zur Friedensproduktion zu schaffen, um so einer permanenten Wertevernichtung entgegenzuwirken. Die für eine solche Umstellung notwendigen Kredite sollten durch eine Treuhand-Gesellschaft aufgebracht werden, welche im Gegenzug die hergestellten Friedenswaren übernehmen und dem Konsum zuführen würde. Der Plan bedeutete nicht nur konkrete Hilfe für vorübergehend defizitäre Unternehmen, sondern war auch ein erster Schritt auf dem Wege zu einer assoziativen Wirtschaftsordnung.

Berücksichtigt man die Zeitumstände, so erscheint ein solcher Plan keinesfalls unrealistisch. Denn auch ein so einflußreicher Unternehmer wie Robert Bosch vertrat im November 1918 die Ansicht, gegen eine geordnete «Überleitung der kapitalistischen Wirtschaftsordnung in die sozialistische» dürften «wirklich ernsthafte Bedenken wohl nicht bestehen».[33] Dennoch konnte das Projekt der Treuhand-AG sich trotz anfänglichen Interesses von seiten des Wirtschaftsministeriums nicht durchsetzen – der Widerstand «der führenden Industriellen»[34] war zu groß. Molt mußte ernüchtert feststellen: «Man war in diesen Kreisen für solche Gedanken trotz der Revolution noch nicht reif und war gar nicht gewillt, auch nur auf die einfachsten sozialen Reformen einzugehen.»[35] Immerhin bot sich ihm eine weitere Wirkensmöglichkeit: Ende November oder Anfang Dezember wurde er von Arbeitsminister Lindemann in die staatliche Sozialisierungskommission gerufen, der Vertreter aus Industrie und Arbeiterschaft angehörten.[36] Die Aufgabe der Kommission bestand darin, eine der zentralen, aber diffusen revolutionären Forderungen, die «Überführung der Arbeitsmittel in den Besitz der Gesellschaft», zu konkretisieren und Wege zur Realisierung aufzuzeigen – entsprechend hochgesteckt waren die Erwartungen der Arbeiterschaft. Diese Hoffnungen hatte Wilhelm Blos gegenüber der *Schwäbischen Tagwacht* in einem Interview noch genährt: «Aus den Arbeiten dieser Kommission soll das hervorgehen, was die wirtschaftliche und soziale Umgestaltung in sich schließt und was mit Recht von der Arbeiterschaft als der wichtigste Teil der Errungenschaften der Revolution angesehen wird. In diesen Fragen soll es kein bängliches Zögern geben.»[37]

Aber schon bei der Landesversammlung der SPD am 21. und 22. Dezember 1918 wurde deutlich, daß die Sozialdemokraten keineswegs an eine unmittelbare Realisierung der Sozialisierungsforderung dachten. Unter dem Beifall der Abgeordneten warnte Wilhelm Keil vor überstürztem Handeln: «Man kann die Besitzer der Produktionsmittel enteignen und damit unter Umständen die Lebenslage der breiten Massen verschlechtern statt verbessern. Für gewagte wirtschaftliche Experimente ist die Zeit nicht geeignet.»[38]

Damit zeichnete sich auch für Württemberg eine Strategie ab, die der SPD-Politik im Reich ähnelte und mit der auch Wilhelm Blos keineswegs unzufrieden war: die Sozialisierungsfrage mangels eigener Konzeption zunächst einmal zu vertagen.[39] Unter solchen Umständen drohte die Kommissionsarbeit zu einem bloßen Alibi zu mißraten.

Demgegenüber setzte sich Emil Molt in einer Sitzung vom 21. Januar 1919 für eine strukturelle Revolutionierung der Wirtschaftsverhältnisse ein, indem er sich für die Aufhebung des Privateigentums an Produktionsmitteln bei gleichzeitiger Entschädigung der Unternehmer aussprach – eine Position, die bei einem Bericht im Arbeiterrat von Groß-Stuttgart mit starkem Beifall begrüßt wurde.[40]

Wie groß damit die Distanz zu den meisten seiner Kollegen geworden war, zeigt die nach einer Versammlung von tausend Industriellen am 17. Dezember 1918 in Stuttgart verabschiedete Entschließung des Verbandes württembergischer Industrieller, in der die provisorische Landes- und Reichsregierung aufgefordert wurde, «mit starker Hand für innere Ordnung zu sorgen» und «alle aberwitzigen Experimente vom Wirtschaftsleben fernzuhalten».[41] Das hinderte Molt nicht daran, sich weiterhin öffentlich für die Sozialisierung einzusetzen; dabei ordnete er die Sozialisierungsfrage in das Konzept eines dreigliedrigen Sozialorganismus ein und grenzte es gegen Pläne zur Verstaatlichung der Industrie ab.[42] Die Begrenztheit der Möglichkeiten innerhalb der Sozialisierungskommission erkannte er aber offensichtlich bald: «Nach verschiedenen Sitzungen war zu sehen, daß man nicht über das Anfangsstadium hinauskam.»[43] Dieses Anfangsstadium war umrissen durch die von Arbeitsminister Lindemann vorgelegten Leitsätze vom 4. Januar 1919;[44] sie begrenzten die Möglichkeit der Sozialisierung auf Monopolbetriebe wie etwa Bergbau, Eisen, Elektrizität, Wasserkraft, Verkehrswesen und die Chemische Industrie, sahen als Träger gesellschaftlichen Eigentums den Staat, die Gemeinden und andere «öffentlich-rechtliche Verbände» vor und schlossen jegliche Maßnahmen vor Abschluß des Friedensvertrages mit der Entente aus. Im übrigen seien «einheitliche Richtlinien für das gesamte deutsche Wirtschaftsgebiet» abzuwarten. Mit dem Akzeptieren solcher Leitsätze als Arbeitsgrundlage hatte die Kommission sich praktisch selbst aus der Verantwortung entlassen und die weitere Entwicklung der Sozialisierungsfrage zur «Reichssache» erklärt.

Gerade über diesen zögernden Standpunkt aber wollte Rudolf Steiner hinauskommen. Bei Gesprächen mit Emil Molt und anderen Teilnehmern des Stuttgarter Initiativkreises am 25. und 27. Januar 1919 in Dornach kommentierte er die von Molt mitgebrachten Leitsätze Lindemanns reserviert: «Mit dem heutigen Begriff der Sozialisierung kann ich nichts Rechtes anfangen. Wenn ich diese Kautschuk-Paragraphen lese, so frage ich mich: was ist da Reales dahinter?»

Im Gegenzug legte Steiner Anfang Februar in Abänderung von Lindemanns Entwurf eigene «Leitsätze zur Dreigliederungsarbeit» vor, in denen er sich programmatisch zur Sozialisierungsfrage äußerte.[45] Vergleicht man beide Stellungnahmen, so werden tiefgreifende Unterschiede in bezug auf den Begriff und den Zeitpunkt der Sozialisierung deutlich. Gegenüber der Formulierung der Vorlage, daß «Leitung und Wirtschaftsführung einzig und allein für die Gesellschaft und unter deren Mitwirkung erfolgt», wobei als Vertretung der Gesellschaft der Staat, die Gemeinde und andere öffentlich-rechtliche Verbände anzusehen sind, betont Steiner die Notwendigkeit wirtschaftlicher Selbstverwaltung durch Assoziation unter Beteiligung der «Arbeitgeber und Arbeitnehmer in jeder Form». Eine solche Sozialisierung soll in bezug auf «notwendigste Wirtschaftszweige ... sofort»[46] durchgeführt und nicht nur, wie es im staatlichen Entwurf vorsichtig heißt, «geprüft» werden.

Die klare Stellungnahme Rudolf Steiners für eine solche unmittelbare Sozialisierung, die sich grundlegend von einer Verstaatlichung der Produktionsmittel unterscheidet, wird auf dem Hintergrund einer doppelten Überlegung verständlich. Einerseits kam es aus seiner Sicht darauf an, die Friedensverhandlungen schon von der Basis eines dreigliedrigen Sozialorganismus aus zu führen; nicht nur, um durch einen radikalen Bruch mit dem alten System die moralische Glaubwürdigkeit der deutschen Delegation zu erhöhen, sondern auch, um die Verhandlungen auf ein sachlicheres Gleis zu bringen, bedeutete es doch einen wesentlichen Unterschied, ob etwa die Frage einer deutschen Kriegsentschädigung mit deutschen Politikern, die durch die Bewilligung der Kriegskredite kompromittiert waren, oder Vertretern wirtschaftlicher Assoziationen, die direkt über das praktisch Machbare informieren konnten, ausgehandelt würde.[47] Andererseits barg für Rudolf Steiner eine schnelle Sozialisierung die Chance zur Erhöhung der wirtschaftlichen Produktivität in sich; durch die veränderten Besitz- und Einkommensverhältnisse, auch durch eine Einsicht in den Produktionsverlauf, werde eine engere Beziehung zum Betrieb geschaffen, die Arbeitsmotivation erhöht.[48] Die Skepsis eines Friedrich Ebert oder Wilhelm Blos, von denen der Ruf nach Sozialisierung in der schwierigen Übergangsphase nach dem 1. Weltkrieg als «Produkt einzelner Phantasten»[49] oder als «ein Stück aus dem Tollhaus»[50] angesehen wurde, teilte Rudolf Steiner nicht; seine Ansicht lag eher auf einer Linie mit dem Nationalökonomen Robert Wilbrandt, der als Mitglied der staatlichen Sozialisierungskommission in seiner im Frühjahr 1919 erschienenen Schrift *Sozialismus* unmißverständlich erklärte: «Gerade die Volkswirtschaft verlangt heute den Sozialismus ... Nicht als Betriebsverstaatlichung, sondern als Erzeugung voller, ehrlicher Harmonie, durch Aufhebung des Gegensatzes von Kapital und Arbeit: mittels allmählicher Überführung des Ertrags an gemeinnützige Zwecke und vor allem an die Betriebstätigen selbst.»[51]

Politisch wirksam wurden Rudolf Steiners «Leitsätze» als ideelle Orientierung in der nun folgenden Dreigliederungskampagne im Frühjahr 1919, die zeitlich mit der zweiten Phase der Rätebewegung zusammenfiel; diese war bestimmt von heftigen Auseinandersetzungen um Bedeutung und Aufgabe der Betriebsräte und stand im Spannungsfeld von staatlicher Gesetzgebung einerseits – im Mai 1919 wurde der erste Entwurf eines Betriebsrätegesetzes veröffentlicht – und spontaner Selbstorganisation der linksgerichteten Kreise der Arbeiterschaft andererseits.

In diesem Kontext gelang es den Mitarbeitern vom inzwischen gegründeten «Bund für Dreigliederung des sozialen Organismus», eine Kooperation mit einem «Arbeiterkomitee» aufzubauen, das aus engagierten Linkssoziaisten bestand – die meisten waren Anhänger der USPD – und das einen gewissen Rückhalt in den Stuttgarter Großbetrieben hatte. Von diesem Kreis gingen die entscheidenden Initiativen für das Entstehen einer Betriebsrätebewegung aus. Am 8. Mai 1919 fand die erste von zahlreichen Diskussionen Rudolf Steiners mit den «Arbeiterausschüssen und Betriebsräten der großen Betriebe Stuttgarts» statt;[52] die Protokolle der Sitzungen[53] vermitteln ein lebendiges Bild von Zielsetzung und Strategie der Betriebsrätebewegung.

In den einleitenden Referaten versucht Steiner von immer neuen Gesichtspunkten aus, die Sozialisierung in die Gesamtkonzeption der Dreigliederung einzuordnen. An den Anfang stellt er ein eindeutiges Bekenntnis zum Sozialismus, zu einem Sozialismus allerdings, der sich in lebendiger Gestaltung fortwährend erneuert: «Sehen Sie, mein Vorschlag geht davon aus, daß der Sozialismus, nachdem er nun einmal da ist, wiederum nicht von der Tagesordnung abgesetzt werden kann … Der Sozialismus wird immer neu gehandhabt werden müssen, er ist etwas ganz Lebendiges … Wer glaubt, daß er einmal den Sozialismus einführen kann, und dann ist er da, der gleicht einem Menschen, der sagt: ich habe gestern gegessen, da war ich ganz satt. Nun brauche ich nichts mehr zu essen. – Sie müssen, weil der Organismus ständig gewisse Veränderungen durchmacht und weil er etwas Lebendiges ist, fortwährend essen. Und so ist es auch mit dem, was sozialistische Maßnahmen sind. Sie müssen fortwährend sozialisieren, weil der soziale Organismus etwas Lebendiges ist.»[54]

Nicht als starres Lehrgebäude wissenschaftlicher Theorie ist hier der Sozialismus gefaßt, sondern als ein Sozialismus der Tat, der sich an der Praxis zu bewähren und zu korrigieren hat. Immer wieder betont Steiner dabei, daß die konkreten Ausgestaltungen einer assoziativen Ökonomie von den zusammenarbeitenden Menschen abhängen; letztlich werde erst eine sich den alltäglichen wirtschaftlichen Aufgaben stellende Betriebsräteschaft zeigen, was Sozialisierung eigentlich sei.[55]

Unter diesem Gremium versteht Steiner den Zusammenschluß der Betriebsräte Württembergs zu einem Zentralrat, der etwa tausend direkt aus den Betrieben heraus entsandte Delegierte umfassen könnte.[56] Zu einer solchen Produktivassoziation müßten sich in Zukunft noch «Verkehrs- und Wirtschaftsräte» als Vertretung der Händler- und Konsumenteninteressen gesellen, um – wie in den *Kernpunkten* beschrieben – zu einer assoziativen Wirtschaftsform mit ausgewogener Preisgestaltung zu kommen.[57]

So grundsätzlich die angeschnittenen Gesichtspunkte über Sozialismus und Sozialisierung auch sind – sie münden immer ein in die unmittelbar praktische Aufgabe: die Wahl von Betriebsräten, die als «Atome der Betriebsräteschaft»[58] im Mittelpunkt der Beratungen stehen.

Drei Fragen werden im wesentlichen behandelt:

- Worin bestehen die Funktionen der Betriebsräte?
- Wer ist in ihnen vertreten?
- Wie werden sie gewählt?

Die in ihrer lapidaren Kürze einfachsten und eindeutigsten Aussagen zur Aufgabe der Betriebsräte finden sich in den Protokollen vom 24. Juni und 2. Juli 1919: Die Betriebsräte sollen nicht nur Beratungs-, Mitbestimmungs- oder Kontrollrechte haben; sie sollen vielmehr «im Auftrage der gesamten Arbeiterschaft die Betriebe selbst verwalten».[59] Und in der Diskussion vom 2. Juli stellt Steiner fest: «Die Betriebsräte sind als wirkliche Leiter der Betriebe gedacht.»[60]

Solche Sätze wirken zunächst überraschend. Hatte nicht Steiner in den *Kernpunkten* eindringlich auf die Bedeutung der freien unternehmerischen Initiative hingewiesen und vor einer Lähmung der individuellen Fähigkeiten durch eine Vergesellschaftung der Produktionsmittel gewarnt?[61] Bei genauerer Lektüre fällt allerdings auf, daß Steiner sich auch eine «Gruppe von Personen» als Subjekt unternehmerischer Tätigkeit vorstellen konnte.[62] Als eine solche Gruppe, als ein Organ des Geisteslebens auf wirtschaftlichem Feld, wird der Betriebsrat von ihm verstanden. So fordert er konsequent, daß innerhalb dieses Kollegialorgans mit Leitungsfunktionen die freie Einzelinitiative nicht gestört werden dürfe, «daß zum Beispiel viele befehlen wollen und dergleichen».[63] Die hier aufgezeigte Spannung wird nicht definitorisch durch Abgrenzung von Kompetenzen aufgelöst, sondern als Aufgabe kollegialer Gestaltung der sozialen Phantasie der Beteiligten überlassen.[64]

Wird die Aufgabenstellung der Betriebsräte so weit und offen gedacht, daß eine Urversammlung der Betriebsräteschaft den konkreten Kreis ihrer Funktionen eigenverantwortlich bestimmen soll,[65] gewinnt die Frage an

Gewicht, wer denn in ihnen vertreten sein wird. Auch hier ist die Antwort umfassend: alle, die in Produktion und Verwaltung eines Betriebes mitarbeiten; Handarbeiter, Ingenieure und Angestellte können in den Betriebsrat gewählt werden. Von entscheidender Bedeutung werde es sein, die technische Intelligenz zu gewinnen – daß dieses nach der Russischen Revolution versäumt worden sei, habe zur wirtschaftlichen Katastrophe geführt.[66] Auch der frühere Unternehmer könne mitarbeiten, sofern er bereit sei, seine ökonomischen Kenntnisse innerhalb der veränderten Betriebsstruktur einzubringen. Er sei dann nicht mehr «Arbeitgeber» – ein solcher Begriff, der voraussetze, einer «besitze» die Arbeit und könne sie «geben», erscheine innerhalb eines dreigegliederten sozialen Organismus als widersinnig –, er sei vielmehr von seiner Funktion her ein «Arbeitsleiter», eben ein «Arbeiter von anderer Art».[67]

Eine zusammenhängende Darstellung über das Verhältnis der früheren Unternehmensleitungen zum neuen Betriebsrat gibt Steiner in der Diskussion vom 2. Juli: «Ein wirklicher Betriebsrat würde entweder den heutigen Unternehmer, wenn er sich dazu bereit erklärt, als einen Betriebsrat unter sich haben, ebenso Personen aus dem Kreis der Angestellten, der geistigen Arbeiter, ferner der physischen Arbeiter, oder aber der Unternehmer müßte sich zurückziehen. Man muß sich eben durchaus darüber klar sein, daß der Betriebsrat als solcher so gedacht ist, daß er der wirkliche Leiter eines Betriebes sein wird, so daß alles Unternehmertum im heutigen Sinne neben diesem Betriebsrat verschwindet.»[68]

Der Betriebsrat wird, so läßt sich resümieren, von denen gebildet werden, die «das absolute Vertrauen der Arbeiterschaft und, bis zu einem gewissen Grade, soweit es möglich ist, auch das Vertrauen der geistigen Arbeiter des betreffenden Betriebes haben».[69]

Demgegenüber sei der Wahlmodus zweitrangig – von einer formellen Wahl bis zur einfachen Akklamation bei einer Betriebsversammlung seien verschiedene Möglichkeiten denkbar –, doch sei darauf zu achten, keine getrennte Wahl von Handarbeitern und Kopfarbeitern durchzuführen und so eine Betriebsräteschaft mit verschiedenen Kammern zu schaffen, denn das müsse in eine «aristokratische Schichtbildung» der geistigen Arbeiter hineinführen.[70] Angesichts der bevorstehenden Aufgaben sei nicht anzustreben, daß sich die geistigen Arbeiter absonderten und «Extrawürste brieten», sondern gerade das Gegenteil: die Bereitschaft zu brüderlichem Lernen. Allerdings ist gerade in der Frage der Wahl der Betriebsleitung einschränkend anzumerken, daß es sich bei der in den Diskussionsabenden skizzierten Position um Übergangsregelungen handelte, die im Fortgang der Entwicklung noch im Sinne der *Kernpunkte* zu modifizieren gewesen wären. Am 23. Juli etwa deutete Rudolf Steiner an, daß nach der Realisierung eines selbstverwalteten Geisteslebens, aus dem «die geistigen Leiter der Betriebe hervorgehen», diese Verwaltung auch ein Mitspracherecht haben werde «bei der Bestellung der Betriebsräte ..., so daß in der Betriebsräteschaft auch das Urteil der geistigen Leiter Berücksichtigung findet».[71]

Es fällt nicht leicht, die Position Rudolf Steiners in der Sozialisierungsproblematik und der Frage der Betriebsräte in den Rahmen der sehr lebhaft geführten Debatten seiner Zeit einzuordnen.

Sie entspricht nicht all jenen Vorschlägen, die das Privateigentum an Produktionsmitteln grundsätzlich erhalten, es aber durch gemeinwirtschaftliche Elemente ergänzen wollten, wie etwa die nach dem Urteil Steiners «halbherzigen Rahmengesetze» des SPD-Wirtschaftsministers Wissell und seines Unterstaatssekretärs Wichard von Moellendorf. Das von ihnen vorgeschlagene Modell einer «Deutschen Gemeinwirtschaft» sah ein System von Wirtschaftsgruppen vor, die aus Unternehmer- und Arbeitnehmervertretern, Verbrauchern und Kaufleuten gebildet waren und in einem Reichswirtschaftsrat zusammenliefen. Der Staat sollte die gemeinwirtschaftliche Verwaltung beaufsichtigen, aber auch selbst als Wirtschafter tätig werden.[72]

Die partiellen Realisierungen dieses Modells in den Sozialisierungsgesetzen über die Kohle- und Kaliwirtschaft vom 23. März und 24. April 1919 enthüllten die Defizite solcher Überlegungen. Denn die Bestimmungen brachten lediglich «eine Zwangssyndizierung zweier bereits durchkartellisierter Wirtschaftszweige»,[73] doch konnten sie weder die wirtschaftliche noch die politische Macht der Unternehmer wirkungsvoll einschränken.[74]

Auch der erste Referentenentwurf des Betriebsrätegesetzes, den das Reichsarbeitsministerium Ende April 1919 vorlegte und der von den Verbandsleitungen der Gewerkschaften mitgetragen wurde,[75] blieb systemimmanent. Der Entwurf sah für den Betriebsrat eng umgrenzte Befugnisse vor: im wesentlichen ein Mitwirkungsrecht bei der Einstellung und Entlassung von Arbeitnehmern, der Bekämpfung von Unfall- und Gesundheitsgefahren sowie bei der Verwaltung betrieblicher Wohlfahrtseinrichtungen; darüber hinaus sollte er die Betriebsleitung durch Rat unterstützen und für eine möglichst hohe Produktivität Sorge tragen.[76]

Sowohl am Zustandekommen wie am Inhalt der staatlichen Gesetzgebung übte Steiner massive Kritik. Die zur Vorbereitung des Betriebsrätegesetzes eingesetzten Sozialisierungskommissionen seien aus Arbeitgebern, Sozialpolitikern und Arbeitnehmern zusammengesetzt, d.h. in der Mehrzahl aus Leuten, die entweder am Kapitalismus festhalten wollten oder nicht in der betrieblichen Arbeit drinnenstünden;[77] auf diese Weise wolle man den Betriebsleitungen die Funktionen von außen vorschreiben und Gremien schaffen, die «den Leuten Sand in die Augen streuen, um die Arbeiter damit zu beruhigen, daß man sagt: wir haben ja die Betriebsräte».[78] Bei einer solchen «Sozialisierung von oben» werde die Parole von der notwendigen Schulung der Betriebsräte zu einer bloßen Phrase: «Das heißt in diesem Falle nämlich nichts anderes, als die Leute darauf hin zu dressieren, daß sie sich im Dienst des Kapitalismus wohlfühlen.»[79] Die staatlich anerkannten Betriebsräte seien nichts als «Strohpuppen»,[80] mit deren Hilfe der alte Kapitalismus «wiederum aufgepäppelt»[81] werden solle.

Im Gegensatz zur staatlichen Gesetzgebung und zu den unter der falschen Flagge «Betriebsdemokratie» segelnden gewerkschaftlichen Mitbestimmungsmodellen[82] sah Steiner die Überwindung der kapitalistischen Besitzverhältnisse als Kernstück einer «wirklichen Sozialisierung» an. Vom umgewandelten Rechtsstaat «würde zunächst vor allen Dingen alles das zu regeln sein, was die gegenwärtigen Besitz- und Eigentumsverhältnisse, auf die es ja bei der wirklichen Sozialisierung vor allen Dingen ankommt, in einen wünschenswerten nächsten Zustand überführt».[83]

Eine Verstaatlichung der Produktionsmittel innerhalb einer Zentralverwaltungswirtschaft, wie sie am pointiertesten von Otto Neurath gefordert wurde,[84] lehnte Steiner jedoch strikt ab, denn – und damit formulierte er Vorbehalte gegen Bürokratisierungstendenzen – «... der Staat kann nicht durch Gesetze sozialisieren. Es kann nur aus dem Wirtschaftsleben selbst heraus sozialisiert werden.»[85]

Weder ein sozialpolitisch gebändigter Kapitalismus noch ein autoritär-technokratischer Staatssozialismus entsprechen der Dreigliederungskonzeption – was aber dann?

Offensichtlich bestand eine größere Nähe zur Konzeption einer «Sozialisierung von unten», wie sie innerhalb der «revolutionären Betriebsrätebewegung» propagiert wurde.[86] Diese war aus der zweiten revolutionären Welle im Frühjahr 1919 hervorgegangen; sie stellte den Versuch dar, nach den schweren Niederlagen die Rätebewegung unter der Flagge des «reinen Rätesystems» erneut zu sammeln. Ihre Schwerpunkte hatte sie in Berlin, Hamburg, im Ruhrgebiet, am Niederrhein sowie in Sachsen und in Halle, ihr organisatorisches Zentrum befand sich in der Berliner Münzstraße – in den Räumen der von Ernst Däumig redigierten Zeitschrift *Der Arbeiterrat.* Die Diskussionen auf der vom linken USPD-Flügel einberufenen revolutionären Betriebsrätekonferenz in Halle am 27. Juli 1919 und die dort verabschiedeten Richtlinien erlauben einen Einblick in ihre programmatische

Ausrichtung:[87] Die Betriebsräte entscheiden gemeinsam mit der Betriebsleitung alle sozialen und arbeitstechnischen Fragen; auf wirtschaftlichem Gebiet erhalten sie ein umfassendes Informations- und Kontrollrecht, nicht aber die Verantwortung für die unternehmerischen Belange: «Eigenmächtige selbständige Eingriffe in die Betriebsführung stehen dem Betriebsrat nicht zu.»[88] Allerdings ist die Betriebsleitung vom Betriebsrat insofern abhängig, als sie von ihm gewählt wird wie auch abgesetzt werden kann.

Ähnliche Vorstellungen existierten auch in Württemberg bei den Mitgliedern des «Arbeiterkomitees»; einige von ihnen hatten schon im März anläßlich eines Streiks ein «Aktionsprogramm» verabschiedet, in dem es heißt: «Um die inneren Angelegenheiten der Betriebe zu ordnen, die Arbeitsverhältnisse, insbesondere die Entlassung und Einstellung von Arbeitern zu regeln, die Produktion zu kontrollieren, ist in den Betrieben zur Wahl von Betriebsräten zu schreiten.»[89]

Überdenkt man diese Programmatik, so wird doch ein klarer Unterschied zu Rudolf Steiners Ansatz deutlich: Denn im «reinen Rätesystem» sind die Betriebsräte als revolutionäre Kampforgane innerhalb der Errichtung einer Diktatur des Proletariats konzipiert, entsprechend kontrollieren sie die Betriebsführung, üben aber selbst keine Leitungsfunktion aus. Im Rahmen der Dreigliederung dagegen stellen sie im Zusammenhang mit der Betriebsräteschaft die zentralen Organe betrieblicher Selbstverwaltung, inklusive der Unternehmensführung, dar – eine Frontstellung zu einer außerhalb dieses Gremiums gedachten «Betriebsleitung» besteht folglich nicht.

Daß viele Angestellte durchaus bereit waren, in engem Zusammenwirken mit der Arbeiterschaft die Betriebe zu übernehmen, zeigt die Erklärung von Siegfried Aufhäuser (USPD), Carl Giebel (SPD) und Paul Lange (KPD), die als Vertreter der linken Opposition innerhalb der freigewerkschaftlichen Angestelltenverbände auf einer Konferenz vom 15. Mai 1919 die Mitwirkung der Betriebsräte an der Betriebsleitung forderten: Diese «dürfe heute nicht mehr ausschließlich Sache des einzelnen Betriebsleiters sein, sondern Sache aller im Betrieb tätigen Arbeitnehmer».[90]

Die Anschauungen Rudolf Steiners zur Frage der Betriebsräte erweisen sich somit, vergleicht man sie mit den Ideen des gesellschaftlichen Umkreises, als eigenständige Konzeption; sie entwickeln den Gedanken betrieblicher Selbstverwaltung als Konsequenz veränderter Eigentumsverhältnisse. Interessanterweise lassen sich zahlreiche Parallelen zu den Überlegungen eines Außenseiters der sozialistischen Bewegung entdecken: zu Karl Korsch, von dem die theoretischen Grundlagen des Rätesystems «am klarsten … erarbeitet» wurden.[91]

Wie Steiner betont Korsch am Sozialismus den Aspekt der umwälzenden, aufbauenden Praxis, die Sozialisierung ist auch für ihn eine «Tatidee», ist «der durch praktische, menschlich-sinnliche Tätigkeit Fleisch und Wirklichkeit werdende sozialistische Gedanke».[92] Ein weiterer Berührungspunkt zwischen Steiner und Korsch liegt in der Zurückweisung aller «halben Maßregeln», die unter dem Namen Sozialisierung firmieren, aber keine Veränderung der Eigentumsverhältnisse anstreben.[93] Vor allem aber ist die Klarheit bestechend, mit der Korsch in Übereinstimmung mit Steiner auf die Gefahr von einseitigen Formen der Sozialisierung hinweist.[94] Weder dürfe eine einfache Übertragung der Betriebe an die Arbeiter gemäß der syndikalistischen Losung «Die Bergwerke den Bergleuten, die Eisenbahnen den Eisenbahnern ...» allein das Ziel sein – dann würde ein «Produzentenkapitalismus» entstehen mit der Fortexistenz einer nicht am Bedarf ausgerichteten Produktion. Noch könne andererseits eine Verstaatlichung oder Kommunalisierung die Lösung bringen – in dem dann sich bildenden «Konsumentenkapitalismus» hätten die Arbeiter eher weniger Rechte als zuvor. Vielmehr sei ein Ausgleich des Interessengegensatzes der Produzenten und Konsumenten anzustreben; aus ihrem Zusammenwirken müsse die Bedarfs- und Preisfeststellung geleistet werden. Damit sind Aufgaben umrissen, die Steiner in ganz ähnlicher Weise den wirtschaftlichen Assoziationen zuordnete.

So ausgewogen die Selbstverwaltungskonzeption von Korsch und Steiner mit ihrer Balance von betrieblichem Unterbau und gesellschaftlichem Überbau, von praktischer Selbsttätigkeit der Arbeiterschaft und gesamtwirtschaftlicher Koordination, von Basisnähe und Überschau auch gedacht war, sie konnte sich in der Folge nicht durchsetzen.

III. Ausblick

Nachdem die Dreigliederungsbewegung anfangs erfolgreich verlaufen war, erwuchs ihr bald eine erhebliche Gegnerschaft aus den etablierten Parteirichtungen. Die Konservativen witterten Bolschewismus, die Spartakisten argwöhnten, es handle sich um eine «bürgerliche Ideologie». Zwischen den Fronten sozialer Phantasielosigkeit wurde eine neue Idee zerrieben. Das Scheitern der Kampagne hing auch mit einer Veränderung der gesamtpoliti-

sierung und Konzeptionslosigkeit drängte sie in eine unfruchtbare Oppositionsrolle, ihre Schwächung minderte ihre Widerstandskraft gegen die erstarkende nationalsozialistische Bewegung; gleichzeitig verstärkten die konservativen militärischen und industriellen Eliten, deren Machtpositionen die Sozialdemokratie 1918/19 nicht entschieden genug bekämpft hatte, die breite antidemokratische und antisozialistische Strömung, die den Hintergrund für den Aufstieg eines Adolf Hitler bildete.

In der historischen Rückschau können somit die Anschauungen Rudolf Steiners zu einer veränderten Eigentumsordnung an Produktionsmitteln, so keimhaft und allgemein sie 1919 auch blieben, als ein bedeutsamer Versuch gewertet werden, die Kluft zwischen Kapital und Arbeit zu überbrücken, ein Versuch im übrigen, der im Blick auf die gegenwärtige Zeitlage nichts an Aktualität eingebüßt hat.

Anmerkungen

1 R.M. Rilke, *Briefe,* hrsg. vom Rilke-Archiv in Weimar, Wiesbaden 1950, S. 562 f.

2 G.D. Feldman, E. Kolb, R. Rürup, «Die Massenbewegung der Arbeiterschaft in Deutschland am Ende des 1. Weltkrieges, in: *PVS 13,* 1972, S. 95.

3 E. Kolb, *Die Weimarer Republik,* München 1988, S. 6.

4 Vgl. J. Berlin (Hrsg.), *Die Deutsche Revolution 1918/19. Quellen und Dokumente,* Köln 1979, S. 225.

5 U. Conrads, *Programme und Manifeste zur Architektur des 20. Jahrhunderts,* Braunschweig / Wiesbaden 1981, S. 42.

6 A. Rosenberg, *Geschichte der Weimarer Republik,* hrsg. von K. Kersten, Frankfurt/Main 1987, S. 19.

7 Vgl. H.A. Winkler, *Von der Revolution zur Stabilisierung. Arbeiter und Arbeiterbewegung in der Weimarer Republik 1918 bis 1924,* Berlin/Bonn 1984, S. 32.

8 G.D. Feldman u.a., a.a.O. (Anm. 2), S. 85.

9 A. Rosenberg, a.a.O. (Anm. 6), S. 25.

10 G.A. Ritter / S. Miller (Hrsg.), *Die deutsche Revolution 1918–19. Dokumente,* Hamburg 1975, S. 77 ff.

11 E. Kolb, a.a.O. (Anm. 3), S. 21.

12 Ebd., S. 22.

13 R. Steiner, *Die Kernpunkte der sozialen Frage,* GA 23, Dornach [6]1976; eine breitere Interpretation der Dreigliederungsidee und eine Schilderung der Dreigliederungsbewegung hat der Verfasser in Buchform gegeben: A. Schmelzer, *Die Dreigliederungsbewegung 1919. Rudolf Steiners Einsatz für den Selbstverwaltungsimpuls,* Stuttgart 1991.

14 R. Steiner, *Die Weihnachtstagung zur Begründung der Allgemeinen Anthroposophischen Gesellschaft 1923/24,* GA 260, S. 204.

15 R. Steiner, GA 23, a.a.O. (Anm. 13), S. 88.

16 Ebd., S. 93.

17 Ebd., S. 78.

18 Vgl. J. Raschke, *Soziale Bewegungen. Ein historisch-systematischer Grundriß,* Frankfurt/Main 1985.

19 Inzwischen sind konkrete Modelle auf der Grundlage von Steiners Ansatz ausgearbeitet worden. Wolfgang Latrille etwa schlägt vor, eine zehnstufige Gehaltsskala für einen Betrieb verbindlich festzulegen; das Gehalt des Managers würde demzufolge höchstens zehnmal höher sein als das eines ungelernten Arbeiters, vgl. W. Latrille, *Assoziative Wirtschaft. Ein Weg zur sozialen Neugestaltung,* Stuttgart 1985, S. 102 ff.

20 R. Steiner, GA 23, a.a.O. (Anm. 13), S. 87.

21 Ebd. S. 89.
22 Ebd., S. 90.
23 Ebd., S. 91, ebenso S. 94.
24 Vgl. R. Steiner, *Soziale Zukunft,* GA 332a, Dornach ^{2}1977, S. 180.
25 Ebd., S. 92.
26 K. Kautsky, *Der Weg zur Macht,* neu hrsg. u. eingeleitet von G. Fülberth, Frankfurt/Main 1910, S. 52.
27 Zitiert nach P. v. Oertzen, *Betriebsräte in der Novemberrevolution,* Berlin / Bonn-Bad Godesberg ^{2}1976, S. 33.
28 E. Bernstein, *Die Voraussetzungen des Sozialismus und die Aufgaben der Sozialdemokratie,* neu hrsg. von G. Hillmann, Reinbek bei Hamburg 1969, S. 169.
29 Ebd., S. 158.
30 Zitiert nach P. v. Oertzen, a.a.O. (Anm. 27), S. 33.
31 R. Steiner, *Geisteswissenschaft als Erkenntnis der Grundimpulse sozialer Gestaltung,* GA 199, Dornach 1976, S. 275.
32 Vgl. H. Kühn, *Dreigliederungszeit,* Dornach 1978, S. 25; vgl. auch E. Molt, *Entwurf meiner Lebensbeschreibung,* Stuttgart 1972, S. 163; C. Unger, in: *Phänomene und Symptome der geistigen, politischen und wirtschaftlichen Weltlage,* 1. Jg., 12. Mai 1927, S. 9; R. Boos, Ausweg. Aufsatz vom 17. und 18.12.1918, zitiert nach: *Phänomene und Symptome der geistigen, politischen und wirtschaftlichen Weltlage,* 1. Jg., 12. Mai 1927, S. 9 f.
33 So in einem Brief vom 21.11.1918 an den «Demokratischen Volksbund» in Berlin, zitiert nach: M. Scheck, *Zwischen Weltkrieg und Revolution. Zur Geschichte der Arbeiterbewegung in Württemberg 1914–1920,* Köln 1981, S. 79.
34 E. Molt, a.a.O. (Anm. 32), S. 165.
35 Ebd.
36 Vgl. M. Scheck, a.a.O. (Anm. 33), S. 178 f.; H. Kühn, a.a.O. (Anm. 32), S. 25 f.; E. Molt, a.a.O. (Anm. 32), S. 170.
37 W. Blos, *Von der Monarchie zum Volksstaat. Zur Geschichte der Revolution in Deutschland, insbesondere in Württemberg,* 2 Bde., Stuttgart 1922/23, S. 66.
38 W. Keil, *Erlebnisse eines Sozialdemokraten,* 2 Bde., Stuttgart 1947/48, S. 126.
39 Vgl. W. Blos, a.a.O. (Anm. 37), S. 77.
40 Der Bericht ist abgedruckt in: *Stuttgarter Neues Tagblatt,* 23.1.1919.
41 Abgedruckt in: G. Cordes (Bearb.), *Krieg, Revolution, Republik. Die Jahre 1918 bis 1920 in Baden und Württemberg. Eine Dokumentation,* Ulm 1978, S. 240.
42 Vgl. *Stuttgarter Neues Tagblatt,* 12.3.1919 und 13.3.1919.
43 E. Molt, a.a.O. (Anm. 32), S. 170.
44 Abgedruckt in G. Cordes, a.a.O. (Anm. 41), S. 240.
45 In: E. Molt, a.a.O. (Anm. 32), S. 213.
46 Ebd., S. 214.
47 Vgl. eine entsprechende Äußerung Steiners in: ebd., S. 237.
48 Vgl. ebd., S. 235.
49 So Ebert in der Berliner Großkundgebung der SPD vom 1.12.1918, zitiert nach: D. Schneider / R.F. Kuda, *Mitbestimmung. Weg zur industriellen Demokratie,* München 1969, S. 88.
50 W. Blos, a.a.O. (Anm. 37), S. 77.

51 R. Wilbrandt, *Sozialismus,* Jena 1919, S. 311.

52 Arbeiterausschüsse waren zum Teil während des Krieges als betriebliche Arbeitervertretungen mit je nach Betrieb unterschiedlichen Kompetenzen zugelassen worden; zur Wahl von Betriebsräten war in Württemberg im Zuge der März-Streiks aufgerufen worden.

53 In: R. Steiner, *Betriebsräte und Sozialisierung. Diskussionsabende mit den Arbeiterausschüssen der großen Betriebe Stuttgarts, 1919,* GA 331, Dornach 1989.

54 Ebd., S. 32 f.

55 Ebd., S. 205.

56 Ebd., S. 92, S. 175 ff. und S. 243.

57 Ebd., S. 144 und S. 175 f.

58 Ebd., S. 274.

59 Ebd., S. 184 f.

60 Ebd., S. 222.

61 Vgl. R. Steiner, a.a.O. (Anm. 13), S. 79 ff.

62 Ebd., S. 75.

63 R. Steiner, a.a.O. (Anm. 53), S. 185.

64 Inzwischen hat B. Hardorp eine Konzeption für die kollegiale Leitung von Unternehmen vorgelegt; vgl. B. Hardorp, Elemente einer sozialen Baukunst. Ein Beitrag zum Unternehmensverständnis, in: S. Leber (Hrsg.), *Der Mensch in der Gesellschaft. Die Dreigliederung des sozialen Organismus als Urbild und Aufgabe,* Stuttgart 1977, S. 42-64.

65 Vgl. R. Steiner, a.a.O. (Anm. 53), S. 111.

66 Ebd., S. 97.

67 Ebd., S. 113 f.

68 Ebd., S. 222.

69 Ebd., S. 90.

70 Ebd., S. 46.

71 Ebd., S. 277.

72 Vgl. R. Wissell, *Praktische Wirtschaftspolitik,* Berlin 1919; vgl. auch R. Wissell / W. v. Moellendorff, *Wirtschaftliche Selbstverwaltung. Zwei Kundgebungen des Reichswirtschaftsministeriums,* Jena 1919.

73 H.A. Winkler, a.a.O. (Anm. 7), S. 194.

74 Vgl. ebd., S. 195; vgl. auch D. Schneider / R.F. Kuda, a.a.O. (Anm. 49), S. 112 ff.

75 Vgl. H.A. Winkler, a.a.O. (Anm. 7), S. 284.

76 Ebd., S. 284.

77 Vgl. R. Steiner, a.a.O. (Anm. 53), S. 115.

78 Ebd., S. 107.

79 Ebd., S. 116.

80 Ebd., S. 123.

81 Ebd., S. 98.

82 Vgl. H.A. Winkler, a.a.O. (Anm. 7), S. 201.

83 R. Steiner, a.a.O. (Anm. 53), S. 25 f.

84 Vgl. D. Schneider / R.F. Kuda, a.a.O. (Anm. 49), S. 91 ff.

85 R. Steiner, a.a.O. (Anm. 53), S. 283.

86 Vgl. H.A. Winkler, a.a.O. (Anm. 7), S. 286.

87 Vgl. P. von Oertzen, a.a.O. (Anm. 27), S. 164.
88 Zitiert nach: ebd., S. 164.
89 HSTASE E 130a, 217; Archivalien aus dem Hauptstaatsarchiv Stuttgart.
90 Zitiert nach: P. von Oertzen, a.a.O. (Anm. 27), S. 159.
91 Ebd., S. 105 ff.
92 K. Korsch, *Rätebewegung und Klassenkampf. Schriften zur Praxis der Arbeiterbewegung 1919–1923,* hrsg. und eingel. von Michael Buckmiller, Bd. 2, Frankfurt/Main 1980, S. 214 f.
93 Ebd., S. 105 ff.
94 Ebd., S. 110 ff.
95 E. Troeltsch, *Spektator-Briefe. Aufsätze über die Deutsche Revolution und die Weltpolitik,* zusammengestellt u. hrsg. von H. Baron, Aalen 1966, S. 87.
96 Vgl. E. Kolb, a.a.O. (Anm. 3), S. 37.
97 Vgl. M. Scheck, a.a.O. (Anm. 33), S. 233.
98 Ebd., S. 239.
99 H.A. Winkler, a.a.O. (Anm. 7), S. 293.
100 H. Mommsen, *Die verspielte Freiheit. 1918–1933,* Berlin 1989, S. 8.

Dietrich Spitta

Die Problematik des Privateigentums an Unternehmen. Gesichtspunkte und Ansätze zu seiner Umwandlung

Der Zusammenbruch der osteuropäischen sozialistischen Staaten hat bei den Vertretern des westlichen, auf dem Privateigentum an den Unternehmen beruhenden marktwirtschaftlichen Systems zu der Überzeugung geführt, daß dieses System sich im Wettstreit mit dem östlichen, auf dem Staatseigentum beruhenden sozialistischen System als das bessere durchgesetzt und gesiegt habe. Übersehen oder verdrängt wird dabei jedoch, daß auch das marktwirtschaftliche System erhebliche Mängel aufweist und negative Auswirkungen hat, die es als äußerst problematisch erscheinen lassen. Ursache dieser Problematik ist das Privateigentum an Produktionsmitteln, worauf vor allem Karl Marx mit Recht hingewiesen hat.

Ursprung und Bedeutung des Privateigentums

Das Privateigentum an Grund und Boden und an den Produktionsmitteln hat seinen Ursprung in römischen Rechtsinstituten. Die Römer waren die ersten, welche Grund und Boden als eine Sache ansahen, die man wie bewegliche Sachen kaufen und verkaufen, verpfänden und vererben kann. Auch gingen sie davon aus, daß sich das Eigentum an Grund und Boden auf die damit fest verbundenen Gegenstände erstreckt, wie zum Beispiel Bäume und Sträucher sowie Gebäude; ferner daß dem Eigentümer auch das Eigentum an den Früchten sowie den Bodenschätzen auf seinem Grundstück zusteht. Auch kannte das römische Recht die Miete der Dienste eines Arbeiters, woraus der heutige Arbeitsvertrag entstand. Der Arbeitsunternehmer und Eigentümer, welcher durch andere neue Produkte herstellen ließ, wurde auch Eigentümer derselben.[1]

Diese römischen Rechtseinrichtungen hatten seinerzeit ihre große Bedeutung und volle Berechtigung im Zusammenhang mit der Herauslösung des Individuums aus den früheren Bluts- und Stammeszusammenhängen, die auf der Grundlage des Gemeineigentums beruhten. Sie förderten die Entwicklung des Menschen zur selbständigen, freien Persönlichkeit. Durch die Rezeption des römischen Rechts während des Mittelalters wurden diese Rechtseinrichtungen in deutsches Recht übernommen und hatten auch hier die gleiche positive Bedeutung für die Entwicklung der Selbständigkeit und Unabhängigkeit des Menschen.

In der Neuzeit, insbesondere seit dem Ende des 18. Jahrhunderts, kam es durch die moderne Naturwissenschaft zu einer rasanten technischen Entwicklung, die zur industriellen Produktion mit Hilfe von Maschinen geführt hat, die heute entweder teil- oder vollautomatisiert laufen. Das römischrechtliche Institut des Eigentums an Grund und Boden führte nun dazu, daß der Eigentümer des Bodens zugleich Eigentümer der darauf errichteten Gebäude sowie der installierten Maschinen ist und daß ihm auch das Eigentum an den mit Hilfe dieser Produktionsmittel hergestellten Waren zusteht, obwohl er diese meist gar nicht persönlich, jedenfalls nicht allein, produziert. Auch der Erlös aus dem Verkauf der Produkte und der Gewinn nach Abzug der Kosten, zu denen heute auch die Arbeitslöhne und Gehälter gerechnet werden, stehen allein dem Eigentümer der Produktionsmittel bzw. des Unternehmens zu.

Die Sozialschädlichkeit des Privateigentums an Unternehmen

Diese moderne Entwicklung hat einen ausgeprägten Egoismus mit sich gebracht, so daß heute das Privateigentum an Produktionsmitteln bzw. an Unternehmen nicht mehr notwendig ist, um den Individualisierungsprozeß zu fördern. Hinzu kommt, daß inzwischen große Teile der Menschheit im Zusammenhang mit diesem Prozeß ihre alten religiösen, sozialen und moralischen Bindungen weitgehend verloren haben, was zu einer Entfremdung der Menschen gegenüber dem Göttlich-Geistigen, gegenüber den Mitmenschen und gegenüber der Natur geführt hat. So bewirkt heute dieses Privateigentum schwerwiegende soziale Ungerechtigkeiten, eine sozialschädliche Machtausübung sowie schwere Umweltschädigungen.

Dies zeigt sich besonders deutlich an den sozialen Mißständen des Frühkapitalismus, wie überlange Arbeitszeiten, Hungerlöhne, Kinderarbeit, miserable Wohn- und Lebensverhältnisse, keine soziale Sicherung für den Fall der Arbeitslosigkeit, der Krankheit und für das Alter, kein Kündigungsschutz. Diese Mißstände wurden inzwischen vor allem in westlichen Staaten durch umfangreiche arbeits- und sozialrechtliche Regelungen gemildert, doch in vielen Ländern bestehen sie fort. Die auf dem Privateigentum an den Unternehmen und auf dem Konkurrenzkampf beruhende sogenannte «soziale» Marktwirtschaft als solche ist nicht sozial, sondern im Gegenteil antisozial, indem ihr das sozialdarwinistische Prinzip der Auslese durch Kampf ums Dasein zugrunde liegt. Das soziale Element wird nur von außen durch staatliche Gesetze oder durch karitative Einrichtungen hinzugefügt. An der im Privateigentum an Unternehmen begründeten Machtstellung des Eigentümers, an der Abhängigkeit der Arbeiter und Angestellten sowie an dem Interessengegensatz zwischen sogenannten Arbeitgebern und sogenannten Arbeitnehmern hat sich dadurch im Prinzip wenig geändert. Dieser tritt immer wieder in den Lohnkämpfen, verbunden mit Streiks und Aussperrungen, zutage, aber auch in Rationalisierungsmaßnahmen, die zur Arbeitslosigkeit führen. Dieser Interessengegensatz wirkt sich weit über das einzelne Unternehmen hinaus in dem Gegensatz von sogenannten Arbeitgeberverbänden und Gewerkschaften aus. Letztlich war auch der die Fortexistenz der Menschheit gefährdende Ost-West-Gegensatz in diesem Interessengegensatz begründet.

Der von den deutschen Gewerkschaften auch aus Selbsterhaltungsgründen betriebene, fortlaufend wiederholte Kampf um höhere Löhne, kürzere Arbeitszeiten usw. hat inzwischen zur Folge, daß in der BRD weltweit die höchsten Kosten je Arbeitsstunde anfallen, so daß deutsche Firmen in vielen Branchen nicht mehr konkurrenzfähig mit ausländischen Produkten sind. Dies führt neben Automatisierung und Rationalisierung zunehmend zur Verlagerung der Produktion in sogenannte Billiglohnländer und dadurch zum «Abbau» von Arbeitsplätzen im Inland, so daß die Gewerkschaften jetzt ihre Bemühungen vermehrt auf die Sicherung von Arbeitsplätzen richten. Die Tendenz zu steigender Arbeitslosigkeit ist im gegenwärtigen privatkapitalistischen System trotz aller Bemühungen und vorübergehend sinkender Zahl der Arbeitslosen nicht aufzuhalten, geschweige denn dauerhaft umzukehren. So gab es in Deutschland im Jahresdurchschnitt 1998 insgesamt 4,279 Millionen Arbeitslose. Im März 1999 lag die Arbeitslosenzahl bei 4, 288 Millionen, was einer Arbeitslosenquote von 11,1 % entspricht.[2] Darin sind Vorruhestandsentlassungen und Millionen von Arbeitsförderungsmaßnahmen nicht eingerechnet. In den sieben größten Industriestaaten Deutschland, Frankreich, Großbritannien, Italien, Japan, Kanada und USA zusammen waren im Sommer 1994 24 Millionen arbeitslos. Da die Arbeitslosen unterhalten werden und die dafür erforderlichen Mittel durch Steuern aufgebracht werden müssen, ist die Entlassung von Arbeitern und Angestellten letztlich nur eine Verschiebung des Problems von den einzelnen Unternehmen auf die Allgemeinheit und belastet schließlich auch die Wirtschaftsunternehmen selbst.

Neben dem riesigen Problem der zunehmenden Arbeitslosigkeit ist eine weitere gravierende Schwierigkeit die zunehmende Konzentration des Eigentums bzw. der Verwaltung des Eigentums an Unternehmen in den Händen weniger, die damit eine immer größere Macht erlangen. Es hängt dies einerseits damit zusammen, daß die Gewinne den Eigentümern der Unternehmen zustehen, ob sie nun ausgeschüttet oder Rücklagen zugeführt werden, und andererseits damit, daß mit Hilfe der Gewinne Eigentum an Unternehmen käuflich erworben werden kann. Erleichtert wird diese Möglichkeit durch das Instrument der Aktie, die problemlos den Kauf und Verkauf von Unternehmensanteilen sowie Kapitalerhöhungen durch Ausgabe neuer Aktien ermöglicht. Dies führt zu immer größeren Unternehmenskomplexen und -verflechtungen sowie Konzernbildungen, die sich nicht auf das Inland beschränken, sondern Unternehmen in vielen Ländern weltweit umfassen. Eine Folge dieser Entwicklung ist trotz Anti-Kartell- und Anti-Monopolgesetzen vielfach eine Marktbeherrschung mit der Möglichkeit, beim Einkauf Preise zu drücken und beim Verkauf überhöhte Preise und Gewinne zu erzielen. Dies führt in Verbindung mit dem Konkurrenzkampf zu zahlreichen Konkursen, welche die Arbeitslosigkeit vermehren und eine erhebliche Vernichtung und Verschleuderung volkswirtschaftlicher Werte zur Folge haben. Auch die katastrophale Verschuldung der Entwicklungsländer und die zunehmende Verarmung ihrer Bevölkerungen hängt hiermit und somit letztlich mit dem Privateigentum an den Unternehmen und am Kapital zusammen. Nicht zu übersehen ist auch die enge Verflechtung zwischen Wirtschaft und Staat mit vielfältigen Einflußnahmen wirtschaftlicher Kreise auf die staatliche Politik und Gesetzgebung.

Das Privateigentum an Unternehmen mit seinem daraus resultierenden Profitstreben hat ferner zur Folge, daß ständig nach Umsatzausweitung und Wirtschaftswachstum gestrebt wird. Dies führt zur Schaffung von Überkapazitäten sowie einer sich ständig steigernden globalen Umweltzerstörung und -vergiftung, die sich auch zunehmend schädigend auf die Menschheit auswirkt. Daß das Profitstreben in Verbindung mit dem Konkurrenzkampf überdies zu einer besorgniserregenden Charakterveränderung vieler Menschen führt, die sich in sozialer Kälte und Härte, in einem Verfall der guten Sitten sowie im Hinwegsetzen über gesetzliche Vorschriften äußert, wird heute noch nicht genügend beachtet. Für die in den neuen deutschen Bundesländern lebenden Menschen war und ist dies jedoch an manchen Westdeutschen deutlich erfahrbar. Auch wird sich dies zunehmend bei den Ostdeutschen selbst zeigen, nachdem das Privateigentum an den Unternehmen und die Marktwirtschaft mit ihrem Konkurrenzkampf dort eingeführt worden sind. Eine weitere sozial schädliche Auswirkung unserer Eigentums- und Wirtschaftsordnung ist die immer stärker zunehmende Verarmung breiter Bevölkerungskreise, die sich in einem ständigen Steigen der Zahl der Sozialhilfeempfänger sowie der Obdachlosen zeigt. So stieg die Zahl der Sozialhilfeempfänger in Deutschland im früheren Bundesgebiet von 3.136.000 im Jahre 1987 auf 3.738.000 im Jahre 1991. Im gesamten Bundesgebiet einschließlich der neuen Bundesländer betrug diese Zahl 1991 4.227.000. Sie stieg im Jahre 1993 auf 5.017.000. Die Ausgaben für Sozialhilfe beliefen sich im alten Bundesgebiet 1987 auf 25,199 Milliarden DM. Sie stiegen 1991 auf 34,119 Milliarden. Im gesamten Bundesgebiet wurden 1991 37,337 Milliarden für Sozialhilfe ausgegeben. Diese Zahl stieg bis 1995 auf 52,161 Milliarden.[2a] Im Jahre 1997 gingen die Ausgaben zwar auf 44,4 Milliarden zurück, was jedoch nicht mit einem Rückgang der Zahl der Sozialhilfeempfänger, sondern insbesondere mit der Entlastung der Sozialhilfe durch die Pflegeversicherung zusammenhängt.[2b]

Ein weiterer Mißstand ergibt sich daraus, daß das Privateigentum an Unternehmen vererbt werden kann. So erlangen Erben tüchtiger Unternehmer, die möglicherweise selbst nicht befähigt und willens sind, das Unternehmen weiterzuführen, ohne irgendein Verdienst Eigentum an diesem – mit der Folge, daß sie das Unternehmen entweder herabwirtschaften oder von ihm, ohne produktiv tätig zu sein, ohne eigene Arbeit Einkommen beziehen. Die Möglichkeit der Veräußerung des Eigentums an Unternehmen gibt ihnen darüber hinaus die Möglichkeit, sich den Erlös aus dem von der gesamten Mitarbeiterschaft miterarbeiteten Kapital anzueignen und von diesem bzw. den daraus zu erzielenden Zinsen ein angenehmes Leben zu führen. Eine solche Veräußerung bedeutet zugleich, daß die Mitarbeiterschaft gewissermaßen mitverkauft wird und sich plötzlich anderen Eigentümern und damit einer anderen Unternehmensleitung gegenübergestellt findet.

Die Verstaatlichung der Unternehmen – keine Alternative

Karl Marx, der diese Mißstände am schärfsten analysiert und kritisiert hat, sah die Lösung des Problems in der Übernahme der Macht im Staate durch das Proletariat und in der anschließenden Verstaatlichung der Produktionsmittel, der Banken, des Verkehrs usw. Dabei ging er von der illusionären Vorstellung aus, daß damit der Klassengegensatz zwischen der besitzenden Klasse und dem Proletariat und die Ausbeutung des Proletariats durch die Bourgeoisie beseitigt würden, weil dann das Proletariat als Träger des Staates zugleich Eigentümer der Produktionsmittel wäre und sich nicht selbst ausbeuten könnte.[3] Er sah dabei nicht voraus, daß sich in der Kommunistischen Partei und Staatsbürokratie eine neue Klasse von Funktionären herausbilden würde, die den Staat total beherrscht, das Volk mit Spitzelmethoden und Polizeigewalt völlig unterdrückt und selbst ein schönes Leben auf Kosten der Allgemeinheit führt.[4] Auch bedachte er nicht, daß die Verstaatlichung der Produktionsmittel in Verbindung mit der staatlichen Planung aller Wirtschaftsvorgänge zur weitgehenden Ausschaltung der unternehmerischen Initiative führt. In den sozialistischen Staaten war daher die Produktivität der Wirtschaft und damit die Versorgung der Bevölkerung wesentlich schlechter als in den westlichen, privatkapitalistischen Ländern.

An die Stelle des Kapitalismus auf der Grundlage von Privateigentum an Unternehmen und an Grund und Boden trat nicht der Sozialismus, sondern der Staatskapitalismus. An der Lohnabhängigkeit und Ausbeutung der Werktätigen hat sich in diesem System nichts geändert. Rudolf Steiner hat schon 1919 in seiner Schrift *Die Kernpunkte der sozialen Frage* darauf hingewiesen, daß eine Lähmung der individuellen menschlichen Fähigkeiten eintreten muß, wenn die Produktionsmittel und die individuellen menschlichen Fähigkeiten, wie von sozialistisch Denkenden angestrebt, vom Staat verwaltet werden.[5]

Die Verschleierung der Problematik durch breitere Eigentumsverteilung

Die Problematik des privaten Eigentums an den Produktionsmitteln und am Kapital wird auch von den christlichen Kirchen mehr oder weniger gesehen.[6] Sie halten jedoch am Prinzip des Privateigentums bzw. an der «Heiligkeit» des Eigentums fest, auch soweit sich dieses auf die Produktionsmittel bezieht. Der als ungerecht empfundenen Eigentumsverteilung wollen sie durch Förderung der Vermögensbildung in der Hand breiter Bevölkerungskreise mit Hilfe des Staates entgegenwirken. So heißt es zum Beispiel schon in der Sozialenzyklika *Rerum Novarum* von Papst Leo XIII. aus dem Jahre 1891: «Es ist eine Folge der Umgestaltung der bürgerlichen Verhältnisse, daß die Bevölkerung der Städte sich in zwei Klassen geschieden sieht, die eine ungeheure Kluft voneinander trennt. Auf der einen Seite die Übermacht des Kapitals, welches Industrie und Markt völlig beherrscht, und weil es Träger aller Unternehmungen, Nerv aller öffentlichen Tätigkeit ist, nicht bloß seinen Besitzer pekuniär immer mehr bereichert, sondern auch denselben in staatlichen Dingen zu einer einflußreichen Beteiligung beruft. Auf der anderen Seite jene Menge, die der Güter dieses Lebens entbehren muß und die mit Erbitterung erfüllt und zu Unruhen geneigt ist. Wenn nun diesen niederen Klassen Aussicht gegeben würde, bei Fleiß und Anstrengung zu einem kleinen Grundbesitz zu gelangen, so müßte allmählich die Annäherung zwischen den zwei Lagern von Staatsbürgern stattfinden; es würden die Gegensätze von äußerster Armut und angehäuftem Reichtum mehr und mehr verschwinden.» Gleichzeitig wird jedoch betont: «Bei allen Versuchen zur Abhilfe gegenüber den gegenwärtigen sozialen Notständen ist durchaus als Grundsatz festzuhalten, daß das Privateigentum unantastbar und heilig ist.»[7] Auch Papst Pius XI. hält in der Sozialenzyklika *Quadragesimo anno* von 1931 am Grundsatz des Privateigentums an den Produktionsmitteln und seiner Vererbung fest. Ihm geht es darum, «mit aller Macht und Anstrengung dahin zu arbeiten, daß wenigstens in Zukunft die neugeschaffene Güterfülle nur in einem billigen Verhältnis bei den besitzenden Kreisen sich anhäufe, dagegen in breitem Strom der Lohnarbeiterschaft zufließe.»[8] Allerdings denkt er auch an die Möglichkeit einer «Umbildung des Nur-Lohnverhältnisses in ein Gesellschaftsverhältnis», die «nach Maßgabe des Tunlichen empfohlen werden könne, um Arbeiter und Angestellte zu Mitbesitzern oder zur Mitverwaltung oder zu irgendeiner Art Gewinnbeteiligung kommen zu lassen». Papst Johannes XXIII. erwähnt in diesem Zusammenhang in seiner Sozialenzyklika *Mater et magistra* auch den Erwerb von in Wertpapieren verbrieften Kapitalanlagen in Mittel- oder Großunternehmen, wozu Oskar Klug bemerkt, daß der Papst dabei gewiß an die Finanzpraktiken der katholischen Kirche selbst gedacht habe, die zu den größten Kapitalanlegern auf dieser Erde gehöre.[9] Grundsätzlich will die katholische Kirche somit das kapitalistische Wirtschaftssystem nicht verändern, zumal sie nur die zu Recht abgelehnte Alternative der Verstaatlichung der Produktionsmittel sieht. So heißt es in dem Hirtenbrief der Fuldaer Bischofskonferenz von 1950, daß die soziale Neuordnung nicht in einer Umwandlung des Privatkapitalismus bestehen darf.[10] Andererseits hat die katholische Kirche im Prinzip nichts dagegen einzuwenden, «daß auch der Staat und andere öffentlich-rechtliche Gebilde rechtmäßig Eigentum besitzen, auch an Produktionsmitteln», weil unter anderem «der Staat um des Gemeinwohls willen immer größere Aufgaben übernehmen muß». Allerdings müsse hierbei das Prinzip der Subsidiarität unbedingt beachtet werden.[11]

Auch die Evangelische Kirche in Deutschland hat in ähnlicher Weise zur Eigentumsfrage Stellung genommen, und zwar in der Denkschrift *Eigentumsbildung in sozialer Verantwortung* vom 6. April 1962. In ihr heißt es gleich zu Beginn, daß jeder Mensch, der Eigentum erstrebt, hat oder darüber verfügt, daran denken soll, «daß er und alle Güter Gott zu eigen sind». Damit ist nicht gemeint, daß die bestehenden Eigentumsverhältnisse als unabänderlich oder gar heilig zu betrachten seien.[12] Doch strebt die evangelische Kirche ebenso wie die katholische keine Umwandlung des Privatkapitalismus, d.h. des Privateigentums am Produktivvermögen, an. Vielmehr geht es ihr um eine gerechtere Eigentumsverteilung. Diese soll auf anderem Wege als dem der Enteignung erreicht werden.[13] Gedacht wird für die Zukunft an eine breitere Eigentumsstreuung insbesondere in der Weise, daß «Empfänger von Lohneinkommen in wachsendem Maße selbst Eigentum an Produktionsmitteln bilden und dieses ständig vermehren». Sie sollen diese Anteilsrechte am Produktivvermögen grundsätzlich nicht zur Steigerung ihres Konsums veräußern, sondern behalten. Die daraus erfließenden Kapitalerträge sollen das Realeinkommen der Arbeitnehmer erhöhen.[14] Vorgeschlagen wird auch, den Willen zum Sparen durch «Schaffung kräftiger Sparanreize sowie eine spürbare Erleichterung der Sparleistung und des Aktienerwerbs der Arbeitnehmerschaft» zu fördern, wobei offensichtlich an steuerliche Regelungen des Staates gedacht ist.[15] Ein weiterer Vorschlag geht dahin, «daß neben dem frei verfügbaren Lohn ein zusätzlicher Einkommensteil gewährt wird, der nicht zum Verbrauch, sondern zur produktiven Eigentumsbildung bestimmt ist und darum besonderen Bindungen unterliegt». Dabei ist nicht nur an den Erwerb von Aktien, sondern auch von Investment-Zertifikaten, an Festkonten usw. gedacht. Betont wird, daß bei dieser Vermögensbildung «möglichst alle Kreise der Arbeitnehmerschaft, nicht nur die Arbeitnehmer der gewerblichen Wirtschaft, berücksichtigt werden» sollen.[16] Darüber hinaus hält die evangelische Kirche für erforderlich, daß die Arbeitnehmer in die Lage kommen, die mit ihrem Anteil am Produktivvermögen verbundenen Entscheidungsbefugnisse durch geeignete Einrichtungen sachgemäß und wirkungsvoll wahrzunehmen. «In einer freiheitlichen Gesellschaftsordnung sind die freien Glieder des Volkes selbst berufen, durch gemeinsame Vertretungen (als Arbeitnehmer oder als Arbeitgeber, als Verbraucher, Kleinaktionäre usw.) dem Überhandnehmen von Machtgruppen in Staat und Wirtschaft zu wehren.»[17]

In einer neueren Denkschrift der Evangelischen Kirche in Deutschland, *Gemeinwohl und Eigennutz,* von 1991 wird ebenfalls an dem Prinzip des Privateigentums am Produktivvermögen festgehalten, zugleich aber auf die damit verbundene soziale Verantwortung hingewiesen. So heißt es darin, «daß – wenn seine Sozialbindung beachtet wird – Privateigentum in der Marktwirtschaft eine wichtige und unersetzliche Funktion für verantwortliches Wirtschaften ausübt». Über die frühere Denkschrift hinaus wird auch auf andere Formen des Eigentums hingewiesen wie Genossenschaften oder die Eigentums- und Arbeitsform der Kibbuzim. «Freiwillig gewählte gemeinschaftsbezogene Eigentumsformen können das soziale Verantwortungsbewußtsein fördern.»[18]

Auch von unternehmerischer Seite werden Vorschläge gemacht, die in die gleiche Richtung einer breiten Eigentumsstreuung zielen. Ein Beispiel hierfür ist die Schrift *Volkskapitalismus* von Wolfgang Heintzeler, einem ehemaligen Vorstandsmitglied der BASF. Darin wird die Auffassung vertreten, daß der Trend zur Publikumsaktiengesellschaft zur Folge haben wird, «daß das Eigentum an den Produktionsmitteln in immer stärkerem Maße über die ‹Volksaktie› in die Hände einer immer größeren Zahl von Menschen aus allen Bevölkerungsgruppen übergeht». Heintzeler meint, daß sich auf diese Weise das Problem des Eigentums an den Produktionsmitteln «in individueller, einer freiheitlich-rechtsstaatlichen Ordnung entsprechenden Weise» löst. Er hält es zwar für wünschenswert, «daß der einzelne Arbeitnehmer seine Ersparnisse vorzugsweise in Aktien des Unternehmens anlegt, in dem er selbst tätig ist …», vertritt dann aber die Auffassung, daß dem einzelnen die freie Wahl der Ersparnisanlage ohne gesetzlichen Zwang und ohne moralischen Druck belassen werden sollte. Er spricht sich gegen eine Umverteilung von Vermögen aus und setzt sich statt dessen dafür ein, den Glauben des Arbeitnehmers an die Zukunft durch den Gedanken der Neubildung von Vermögen in seiner Hand zu stärken. Illusionär erscheint Heintzelers Vorstellung, daß das Problem der Mitbestimmung in der Gesellschaft von morgen seine Bedeutung verlieren würde, «weil die Antithese von Kapital und Arbeit sich auflöst, wenn mehr oder weniger jeder im Arbeitsprozeß Tätige gleichzeitig Kapitaleigner ist oder zum mindesten sein kann».[19]

Die von den großen christlichen Kirchen sowie von anderer Seite vorgeschlagenen Maßnahmen zur Förderung einer stärkeren Vermögensbildung breiter Bevölkerungskreise, insbesondere der Arbeitnehmerschaft, tragen sicher wie beabsichtigt dazu bei, das Privateigentum an den Produktionsmitteln und am Kapital weiterhin aufrechtzuerhalten. Sie sind jedoch in keiner Weise geeignet, die oben angedeuteten und von den Kirchen selbst gesehenen Mißstände des privatkapitalistischen Systems zu beseitigen, abgesehen davon, daß sie die ungerechte Vermögensverteilung etwas mildern. Sie bewirken vielmehr, daß wenig Veranlassung gesehen wird, über eine Umwandlung des privatkapitalistischen Systems und damit über eine wirksame Beseitigung dieser Mißstände nachzudenken.

Die Idee des befristeten bzw. korporativen Eigentums an den Produktionsmitteln und am Kapital

Es ist das große, in seiner Bedeutung bisher noch viel zu wenig erkannte Verdienst Rudolf Steiners, in der Auseinandersetzung mit dem Marxismus-Leninismus und mit den chaotischen Verhältnissen nach dem Ersten Weltkrieg in zahlreichen Vorträgen sowie in seinem 1919 erschienenen Buch *Die Kernpunkte der sozialen Frage* praktikable Vorschläge unter anderem für eine Umwandlung des Privateigentums an Unternehmen gemacht zu haben, welche einerseits der Notwendigkeit Rechnung tragen, daß die unternehmerische Initiative sich weiterhin frei entfalten kann, und welche andererseits ermöglichen, das Eigentum an den Unternehmen so umzugestalten, daß die schädlichen Folgen des Privateigentums nicht eintreten können.

Steiner stellt sich voll hinter die Kritik von Karl Marx am Privatkapitalismus, die er großartig und gewaltig nennt. Er ist der Auffassung, daß in dem Gegensatz von Kapital und menschlicher Arbeitskraft «vielleicht das tiefste, das bedeutungsvollste Problem unserer Zeit liegt». Als hauptsächlichstes Kennzeichen der kapitalistischen Weltwirtschaftordnung, die sich zum Imperialismus entwickelt hat, sieht Steiner, «daß der Mensch ausgeht für sein Erwerbsleben, für seine Bereicherung von der sogenannten Rentabilität, der Anlagefähigkeit des Kapitals».[20] Hinzu kommt, daß im Kapitalismus Kapital, Menschenarbeit und Leistung zur Ware gemacht werden, «geregelt durch Angebot und Nachfrage, sich selbst regelnd dadurch nach der Rentabilität, nach der wüsten Konkurrenz, nach dem blindesten menschlichen Egoismus, unter dessen Einfluß jeder so viel erwerben will, als er aus der gesellschaftlichen Ordnung herauspressen kann». Er weist darauf hin, daß an die Stelle des alten patriarchalischen Herrschafts- und Dienerverhältnisses das wirtschaftliche Verhältnis des Bürgertums trat, «sich gründend auf den Konkurrenzkampf, auf die Rentabilität, auf das wirtschaftliche Zwangsverhältnis zwischen Kapital und Lohn, in welches Verhältnis eingezwängt ist der Warenaustausch, eingezwängt ist alle Preisgestaltung, die abhängig ist von dem egoistischen Kapital- und Lohnkampf».[21]

Die Vorschläge von Karl Marx, eine Sozialisierung durch Verstaatlichung der Produktionsmittel herbeizuführen, lehnt Steiner jedoch ebenso ab wie die christlichen Kirchen. So sagt er zum Beispiel in einem Vortrag vom 16. Mai 1919, daß man unterscheiden lernen muß «zwischen wirklicher Sozialisierung und demjenigen, was heute vielfach angestrebt wird, der Überführung des Privatkapitalismus in Staats- und Kommunalkapitalismus. Das ist keine Sozialisierung, das ist Fiskalisierung oder etwas ähnliches.»[22] Steiner geht davon aus, daß das Streben nach einer wirklichen Sozialisierung und nach Dreigliederung des sozialen Organismus in den unterbewußten Seelentiefen der Menschen wirkt.[23] Erreicht werden muß für eine wirkliche Sozialisierung, «daß ein engeres Band hergestellt werde zwischen den Leitern eines Betriebes mit Produktionsmitteln und diesen Produktionsmitteln selber. Ein Leiter oder ein Leiterkonsortium muß unbedingt dasjenige sein, welches durch seine geistige Arbeit, sei es disponierend, sei es kalkulierend, sei es erfinderisch, in den Betrieb durch die Produktionsmittel eingreift und sich daran beteiligt.»[24] Wenn der Leiter oder eines der Mitglieder eines Leitungskollegiums seine Tätigkeit mit den Produktionsmitteln nicht mehr fortsetzen kann oder will, «dann erwächst dem sozialen Organismus die Verpflichtung, diese Produktionsmittel ohne Kauf überzuleiten an eine andere Person oder Personengruppe».[25]

Es geht also nicht um die Abschaffung des Eigentums an Produktionsmitteln, sondern um seine Umwandlung dahingehend, daß dieses in einer bestimmten Weise befristet wird: Es soll gebunden werden an die produktive leitende Tätigkeit mit Hilfe der Produktionsmittel und soll ohne Entgelt übertragen werden, wenn die leitende Tätigkeit aus irgendeinem Grund endet. So sagt Steiner in seinem Buche *Die Kernpunkte der sozialen Frage:* «Nicht die *ursprüngliche* freie Verfügung führt zu sozialen Schäden, sondern lediglich das *Fortbestehen* des Rechtes auf diese Verfügung, wenn die Bedingungen aufgehört haben, welche in zweckmäßiger Art individuelle Fähigkeiten mit dieser Verfügung zusammenbinden. [...] Nicht ein Mittel ist zu finden, wie das Eigentum an der Kapitalgrundlage ausgetilgt werden kann, sondern ein solches, wie dieses Eigentum so verwaltet werden kann, daß es in der besten Weise der Gesamtheit diene.»[26]

Eine unentgeltliche Übertragung des Verwaltungsrechts an Produktionsmitteln findet schon heute bei Aktiengesellschaften statt, wenn ein Vorstandsmitglied ausscheidet und durch ein neues ersetzt wird. Allerdings sind hier noch die Eigentümer in Gestalt der Aktionäre im Hintergrund, die ihr Eigentum veräußern und vererben und den Aufsichtsrat wählen, aber keinen Einfluß auf die Bestellung und Abberufung von Vorstandsmitgliedern und deren Geschäftsführung nehmen können. So hat der Vorstand einer Aktiengesellschaft eine eigentümerähnliche Stellung, da er bei seinen unternehmerischen Entscheidungen, wie zum Beispiel bei Investitionen, in der Regel, d.h. wenn die Satzung oder der Aufsichtsrat nichts anderes bestimmt, frei und nicht an die Zustimmung des Aufsichtsrats bzw. der Aktionäre gebunden ist. Der Aufsichtsrat hat in erster Linie die Aufgabe, die Geschäftsführung des Vorstands zu überwachen und bei Ausscheiden oder Abberufung eines Vorstandsmitglieds für einen geeigneten Nachfolger zu sorgen.[27] Insofern kann die rechtliche Stellung des Vorstands einer Aktiengesellschaft zum Verständnis der von Steiner vorgeschlagenen Umwandlung des Eigentumsrechts in ein zeitlich befristetes Verfügungsrecht beitragen.

Die Übertragung des Verfügungsrechts über Produktionsmittel sollte künftig aber nicht durch selbst nicht produktiv tätige, nur am Gewinn interessierte außenstehende Kapitaleigentümer bzw. durch deren gewählte Vertreter, sondern durch solche Persönlichkeiten erfolgen, die selbst unternehmerisch tätig sind und damit am besten beurteilen können, wer als Nachfolger für die Leitung eines bestimmten Unternehmens am relativ besten geeignet ist. Eine solche Auswahl kann entweder durch den Ausscheidenden selbst bzw. das Leitungsorgan, dem er bisher angehörte, erfolgen, oder sie kann von diesem einer der Kapitalverwaltungskörperschaften übertragen werden, die aus der künftigen Organisation des Geisteslebens heraus gebildet werden. Eine solche Körperschaft wird Persönlichkeiten umfassen, die für die Beurteilung individueller Fähigkeiten, wie sie zur Leitung eines

Unternehmens benötigt werden, kompetent sind.[28] Man kann sich auch vorstellen, daß aus den bestehenden Verbänden verschiedener Wirtschaftszweige heraus solche Körperschaften gebildet werden, in welchen entsprechend befähigte Unternehmerpersönlichkeiten bei der Übertragung des Eigentumsrechts an einem Unternehmen mitwirken. Auch eine Abberufung von nicht entsprechend befähigten Persönlichkeiten wird zu ihrer Aufgabe gehören.

Die Umwandlung des Privateigentums an Unternehmen in ein zeitlich befristetes Eigentum ist Aufgabe der staatlichen Gesetzgebung. Der Gesetzgeber hat durch entsprechende Gesetze dafür zu sorgen, daß das Eigentum in dem Augenblick auf andere übertragen wird, in welchem der bisherige Eigentümer nicht mehr willens oder in der Lage ist, in dem von ihm geleiteten Unternehmen weiterhin für die Allgemeinheit produktiv tätig zu sein. Der Staat darf jedoch nicht selbst das Eigentum übernehmen oder bestimmen wollen, wer es verwalten soll, weil sonst zweifellos nicht die Fähigsten zu Verwaltern der Produktionsmittel bestellt würden.[29] Die von Steiner vorgeschlagene Neuregelung des Eigentums an Produktionsmitteln kommt allerdings nur für solche Unternehmen in Frage, deren Kapital eine gewisse Höhe überschreitet. Bei kleineren Unternehmen ist das Privateigentum und seine Veräußerung und Vererbung nicht sozial schädlich wie bei größeren.[30]

Nun ist allerdings bei der Frage einer Neuregelung des Eigentums an Unternehmen noch ein weiteres Problem zu berücksichtigen, nämlich die Frage der Eigentumsbeteiligung der Mitarbeiterschaft an ihrem Unternehmen. Eine Beteiligung der Mitarbeiter als Aktionäre läßt wie dargelegt das bisherige Privateigentum an den Produktionsmitteln unverändert und beseitigt somit nicht seine schädlichen Auswirkungen. Latrille vertritt die Auffassung, daß allen Mitgliedern der Gesamtbelegschaft einschließlich der Geschäftsführer ein «befristetes, anteiliges, sachbezogenes Eigentum» am Unternehmen zusteht. Er schlägt deshalb vor, daß jedem Betriebsangehörigen beim Eintritt ins Unternehmen «laut Arbeitsvertrag ein Anteil am Gesamteigentum der Firma zugeschrieben und bei seinem Ausscheiden wieder gelöscht» wird.[31] Richtig ist, daß dann niemand ein Produktionsmittel als Privateigentum besitzt und kein Kapitaleigentümer zwischen dem Arbeitenden und seiner Maschine steht. Wenn Latrille dann sagt, daß dadurch die unmittelbare Zusammengehörigkeit von Arbeiter und seinem Werkzeug, wie sie im selbständigen Handwerk besteht, wiederhergestellt werde, und von einem Eigentum des Arbeiters z.B. an einer Maschine spricht,[32] so meint er damit offensichtlich nicht ein veräußerlichtes Privateigentum, sondern eine andere moralische Beziehung des Arbeiters zu «seiner Maschine» im Sinne eines ideellen Miteigentums, die in dem Umgang mit ihr und der Verantwortung für sie begründet ist. Die für unsere Frage sehr wesentlichen Äußerungen Steiners, auf welche sich Latrille bezieht, lauten:

«Wenn einer in einen Betrieb eintritt, wird ihm ein Teil des Eigentums zugeschrieben, gleichgültig, ob er Arbeiter oder Unternehmer ist. Das Eigentum hat als solches einen moralischen Wert. Eine Einnahme können wir nur von dem haben, was das Produktionsmittel trägt, nur von der Leistung. [...] Es ist ein Fortschritt, wenn im wirtschaftlichen Werden von der Nomadisierung fortgeschritten wird zur Verwurzelung. Um überhaupt irgendwie ein Interessiert-Sein zu erreichen, müssen Sie ein ähnliches Band zwischen Arbeiter und Produktionsmittel schaffen. Das kann nicht durch Kommunismus, sondern nur durch Individualismus erfolgen. Ich will nicht die Freizügigkeit bekämpfen. Was ich meine, hat damit gar nichts zu tun, sondern nur damit, daß jeder Mensch ein Interesse an den Produktionsmitteln habe, an denen er arbeitet. Dadurch, daß er in die Fabrik eintritt, machen Sie ihn zu einem Menschen, der ebenso beteiligt ist an seinem Betrieb wie ein Bauer an seinem Gut. Der Arbeiter muß sich sagen können: ohne meinen Willen kann am Besitz nichts geändert werden. Real betrachtet bringen nur Leistungen Erträgnisse. Besitz hat nur einen moralischen Wert: Man soll nicht Grund und Boden einfach verkaufen können. Das ist nicht etwas, was der Mensch leistet. [...] Beim gewerblich-industriellen Betrieb ist es so, daß, wenn einer den Betrieb verläßt, er sein Eigentumsrecht verliert. Dieses haftet an der Stelle. Praktisch ist die Folge des Besitzes dieses, daß der, der heute eine Fabrik einfach verkaufen kann, dann beschränkt sein wird. Beim Verkauf müssen alle übereinstimmen. Der einzelne kann nicht einfach, weil es ihm nicht paßt, seinen Posten verlassen. Im übrigen ist der einzelne ganz frei: Wenn er weg will, so muß er von seinem Posten gehen. Er kann aber nicht den Betrieb verkaufen. Sagen Sie den Leuten: Beim gegenwärtigen System, wie bei der Verstaatlichung, seid ihr doch nur Werkzeuge! Heute verkauft der Unternehmer mit seinem Unternehmen sein ganzes Werk und mit ihm alle Arbeiter. Wenn aber jeder Mitbesitzer ist, kann das nicht geschehen.»[33]

Wie aus diesen Äußerungen hervorgeht, denkt Steiner an ein Miteigentum der Mitarbeiter an dem Unternehmen, in welchem sie tätig sind, das mit ihrem Eintritt in das Unternehmen begründet wird und mit ihrem Ausscheiden endet. Offensichtlich hat er dabei jedoch nicht eine Kapitalbeteiligung im Auge, die auch veräußert werden könnte, denn das Miteigentum soll an die Mitarbeit im Unternehmen geknüpft sein und nur einen moralischen, keinen materiellen Wert besitzen. Auch ein Miteigentum im

Sinne eines Eigentums an einzelnen Maschinen usw., wie es beim selbständigen Handwerker gegeben ist, kann nicht gemeint sein. Wer wäre dann Eigentümer z.B. der Gebäude, in welchem die einzelnen Maschinen stehen? Vielmehr kann nur ein *korporatives Eigentum* gemeint sein, bei welchem allen Mitarbeitern einschließlich dem Unternehmensleiter ein ideelles Miteigentum am gesamten Unternehmen zusteht, das nicht veräußert werden kann. Dabei kann es sich jedoch nicht darum handeln, daß die Belegschaft eines Unternehmens seine Leiter demokratisch wählt. Bei der Auswahl der Unternehmensleiter geht es um die Beurteilung geistiger Fähigkeiten, die nicht auf dem Wege einer Mehrheitsentscheidung erfolgen kann. Steiner bemerkt hierzu: «Durch Wahl des Unternehmers seitens der Arbeiterschaft würde eine Unterdrückung der Freiheit eintreten. Was absolut gewährleistet sein muß, ist dieses: Ihr müßt mir dasjenige für meine geistige Leistung geben, was ich für nötig halte. Dafür, daß der Unternehmer geistiger Leiter ist, bekommt er sein volles Einkommen.»[34] Da die Festsetzung des Unternehmereinkommens durch Vertrag erfolgt, wird er allerdings nur so viel Einkommen erhalten können, als ihm aufgrund seiner Fähigkeiten im Hinblick auf die zu übernehmende Tätigkeit zugebilligt wird. Dabei denkt Steiner auch an eine prozentuale Beteiligung der Unternehmensleiter an der Kapitalvermehrung, die durch ihre Tätigkeit entstanden ist.[35]

Zu berücksichtigen ist bei solchen konkreten Vorschlägen Steiners zur Lösung der Eigentumsproblematik, daß sie nur beispielhaft die Richtung weisen sollen, in der Lösungen gefunden werden können, die aber je nach den gegebenen Rechtsverhältnissen und aus dem jeweiligen Rechtsbewußtsein der beteiligten Menschen heraus abgewandelt werden können. So sagt Steiner in seiner Schrift *Die Kernpunkte der sozialen Frage* in bezug auf eine gesetzliche Regelung der Eigentumsübertragung: «Man kann sich denken, daß im einzelnen die Bestimmungen, die eine solche Rechtsübertragung regeln, in sehr verschiedener Art aus dem Rechtsbewußtsein heraus für richtig befunden werden. Eine Vorstellungsart, die wie die hier dargestellte *wirklichkeitsgemäß* sein soll, wird niemals mehr wollen als auf die *Richtung* weisen, in der sich die Regelung bewegen kann. Geht man verständnisvoll auf diese Richtung ein, so wird man im konkreten Einzelfalle immer ein Zweckentsprechendes finden. Doch wird aus den besonderen Verhältnissen heraus für die Lebenspraxis dem Geiste der Sache gemäß das Richtige gefunden werden müssen. Je wirklichkeitsgemäßer eine Denkart ist, desto weniger wird sie für Einzelnes aus vorgefaßten Forderungen heraus Gesetz und Regel feststellen wollen. Nur wird andererseits eben aus dem Geiste der Denkart in entschiedener Weise das eine oder das andere mit Notwendigkeit sich ergeben.»[36]

Es wäre allerdings eine Illusion zu glauben, daß allein durch eine Umwandlung des privaten Eigentums an Unternehmen in der von Steiner gewiesenen Richtung seine Sozialschädlichkeit völlig und auf Dauer überwunden werden könnte. Solche Einrichtungen können ein soziales Verhalten fördern, aber ein egoistisches, unsoziales Verhalten allein nicht verhindern. Hinzukommen muß vielmehr, daß die Menschheit durch eine geistige Weltauffassung den Weg aus dem Materialismus und Egoismus heraus findet, indem sie sich wieder mit dem in der Welt wirksamen Göttlich-Geistigen verbindet und dadurch eine neue Moralität begründet. Auf diese Voraussetzung für eine wahrhafte soziale Reform hat Rudolf Steiner bereits Anfang 1906 in seinem dritten Aufsatz über *Geisteswissenschaft und soziale Frage* mit folgenden Worten hingewiesen: «Das, was allein helfen kann, ist eine geistige Weltanschauung, welche durch sich selbst, durch das, was sie zu bieten vermag, sich in die Gedanken, in die Gefühle, in den Willen, kurz in die ganze Seele des Menschen einlebt.»[37]

Die Verwirklichung der Eigentumsidee Rudolf Steiners

Die Rechtsformen, welche unsere gegenwärtige Rechtsordnung für Unternehmen zur Verfügung stellt, gehen alle vom Grundsatz des Privateigentums aus, das veräußerbar und vererblich ist. Deswegen sind diese Rechtsformen in der gesetzlich vorgesehenen Form wenig geeignet, um die zuvor skizzierte Idee eines befristeten und korporativen Eigentums an Unternehmen zu verwirklichen. Allerdings besteht teilweise die Möglichkeit, durch entsprechende Satzungsgestaltung Schritte in Richtung auf eine Verwirklichung der Eigentumsidee Steiners zu tun. Auch gibt es Rechtsformen, die es ermöglichen, diese Idee weitgehend zu verwirklichen.

Zu nennen ist zunächst die *Unternehmensträger-Stiftung.* Durch sie wird erreicht, daß das private Eigentum am Unternehmen aufhört, so daß dieses nicht mehr veräußert und vererbt werden kann. Es hat sich eingebürgert, in solchen Fällen von «Neutralisierung des Kapitals» zu sprechen.[38] Auch ermöglicht die Rechtsform der Stiftung, durch entsprechende Regelungen in der Stiftungssatzung ein Organ zu bilden, dem die Auswahl befähigter Unternehmensleiter obliegt. Diese haben nur so lange ein Verwaltungsrecht am Unternehmen, als sie in diesem leitend tätig sind. Nicht möglich ist bei der Stiftung ein korporatives Eigentum der Mitarbeiter am Unternehmen, da es sich bei ihr nicht um eine Vereinigung von Personen, sondern um ein rechtsfähiges zweckgebundenes Vermögen ohne Mitgliedschaft handelt. Ein gewisser Nachteil ist auch, daß die Stiftung staatlicher Genehmigung bedarf und der Aufsicht des Staates unterliegt.

Auch die Rechtsform einer *gemeinnützigen Gesellschaft mit beschränkter Haftung* (gGmbH) kommt für eine teilweise Verwirklichung der Eigentumsidee Steiners in Frage. Auch bei ihr wird das Eigentum an den Produktionsmitteln aus dem Vererbungsstrom herausgenommen. Die Veräußerung des Unternehmens bleibt bei dieser Rechtsform möglich, wenn sie nicht durch eine entsprechende Satzungsregelung ausgeschlossen wird, wobei der Erlös wieder gemeinnützigen Zwecken zu dienen hat. Eine Beteiligung der Mitarbeiter als Gesellschafter ist zwar theoretisch möglich, aber praktisch sehr erschwert, da jede Aufnahme eines neuen und jedes Ausscheiden eines bisherigen Gesellschafters notarieller Beurkundung bedarf und mit einer Kapitalbeteiligung bzw. Kapitalübertragung verbunden ist.

Eine weitere mögliche Rechtsform ist die *Genossenschaft.* Jeder Mitarbeiter eines Unternehmens kann als Mitglied in die Genossenschaft aufgenommen werden. Die Höhe der Genossenschaftsanteile kann so bemessen werden, daß jeder Mitarbeiter einen Anteil erwerben kann. Das Eigentum am Unternehmen steht dann der Genossenschaft zu, an der alle Mitarbeiter beteiligt sind, soweit sie Genossenschaftsanteile erwerben. Damit ist eine Vererbung des Unternehmens als Ganzes ausgeschlossen. Der einzelne Genossenschaftsanteil unterliegt allerdings der Vererbung. Doch endet die Mitgliedschaft des Erben mit dem Ende des Geschäftsjahres, in welchem der Erbfall eingetreten ist, es sei denn, die Satzung sieht etwas anderes vor. Eine Veräußerung des Unternehmens durch die Genossenschaft bleibt allerdings möglich. Eine Genossenschaft kann wegen ihrer wirtschaftlichen Zielsetzung in der Regel nicht gemeinnützig sein, so daß die Übertragung eines Unternehmens auf eine Genossenschaft aus steuerlichen Gründen praktisch ausscheidet. Hingegen ist die Umwandlung eines bestehenden Unternehmens in eine Genossenschaft im Umwandlungsgesetz vorgesehen und somit möglich. Ein gewisser Nachteil der Genossenschaft ist, daß diese der Prüfung und Aufsicht durch den Genossenschaftsverband unterliegt, dessen Vertreter an jeder Generalversammlung der Genossenschaft teilnehmen kann.

Eine ideale Rechtsform zur Verwirklichung des korporativen Eigentums an Unternehmen wäre der *Verein.* In ihn können alle Mitarbeiter eines Unternehmens ohne Formalitäten als Mitglieder aufgenommen werden. Die Mitglieder eines Vereins haben kein anteiliges Eigentum am Kapital des Unternehmens. Es ist jedoch möglich, daß der Erwerb der Mitgliedschaft mit einer Kapitaleinlage verbunden wird. Das Mitgliedschaftsrecht wäre jedoch auch in diesem Falle weder veräußerbar noch vererblich. Die Mitglieder haben grundsätzlich nur ein ideelles Miteigentum am Unternehmen, das befristet werden kann, indem vorgesehen wird, daß mit ihrem Ausscheiden aus dem Unternehmen auch ihre Mitgliedschaft im Verein endet. Das Eigentum am Unternehmen steht allein dem Verein zu und ist damit der Vererbung entzogen. Eine Veräußerung durch den Verein bleibt allerdings möglich. Doch steht der Erlös dann nicht einem privaten Eigentümer, sondern dem Verein zu. Durch entsprechende Satzungsbestimmungen kann dem Verein und damit dem Unternehmen eine Verfassung gegeben werden, die eine sachgerechte Auswahl der Unternehmensleiter ermöglicht und ihre unternehmerische Freiheit gewährleistet.

Zu berücksichtigen ist beim Verein als Rechtsform für Unternehmen, daß es zwei Arten von Vereinen gibt: den sogenannten *Idealverein*, dessen Zweck nicht auf einen wirtschaftlichen Geschäftsbetrieb gerichtet ist und der durch Eintragung ins Vereinsregister die Rechtsfähigkeit erlangt, und den *Wirtschaftsverein,* welcher staatlicher Genehmigung bedarf. Ein Wirtschaftsverein wird heute praktisch nicht genehmigt, indem man davon ausgeht, daß für Wirtschaftsunternehmen andere Rechtsformen zur Verfügung stehen, wie insbesondere die Form der Aktiengesellschaft, der Gesellschaft mit beschränkter Haftung und der Genossenschaft, deren gesetzliche Regelungen nicht durch die Wahl des BGB-Vereins umgangen werden sollen. Die Rechtsform des Wirtschaftsvereins sei nur subsidiär vorgesehen und könne deshalb nur in den Fällen zugelassen werden, in denen sie durch gesetzliche Regelungen vorgesehen sei, wie z.B. bei landwirtschaftlichen Erzeugergemeinschaften nach dem Marktstrukturgesetz oder bei Forstbetriebsgemeinschaften nach dem Gesetz über forstwirtschaftliche Zusammenschlüsse; in anderen Fällen ausnahmsweise nur dann, wenn eine «wirtschaftliche Vereinigung wegen der atypischen Umstände des Einzelfalls nicht in einer für sie noch zumutbaren Weise auf eine der bundesgesetzlichen typischen Organisationsformen verwiesen werden kann».[39] Unter diesen Umständen wird die Neugründung eines Wirtschaftsunternehmens in der Rechtsform eines Wirtschaftsvereins erst dann möglich sein, wenn der Bundesgesetzgeber die Voraussetzungen dafür durch ein Wirtschaftsvereinsgesetz schafft. Außerdem müßte durch eine entsprechende Änderung des Umwandlungsgesetzes die steuerlich unschädliche Umwandlung eines bestehenden Unternehmens mit anderer Rechtsform in einen Wirtschaftsverein ermöglicht werden, da die Übertragung eines Unternehmens auf einen Wirtschaftsverein, der nicht gemeinnützig sein kann, aus steuerlichen Gründen ausscheiden würde. Denkbar wäre jedoch in Zukunft nach einer gesetzlichen Normierung der Wirtschaftsvereine eine entgeltliche Übertragung von Unternehmen auf einen solchen Verein, z.B. gegen eine Leibrente, die auch in einem bestimmten Prozentsatz am Gewinn des eingebrachten Unternehmens bestehen könnte.

Die Rechtsform des *Idealvereins* kommt dann in Frage, wenn der Verein als gemeinnützig anerkannte Zwecke verfolgt und das von ihm zu betreibende Unternehmen als sogenannter Zweckbetrieb der Erfüllung dieser Zwecke dient. Dies ist z.B. bei Schulen in freier Trägerschaft, bei heilpädagogischen Heimen, Kliniken und dergleichen der Fall. Bei diesen bietet sich eine Mitgliedschaft der Mitarbeiter im Trägerverein der Einrichtung an. Möglich ist allerdings auch, einen Idealverein mit gemeinnütziger Zielsetzung als Unternehmensträger zu begründen und auf diesen ein sonstiges Wirtschaftsunternehmen schenkungsweise oder gegen ein Entgelt, z.B. in Gestalt einer Leibrente, zu übertragen. Der Vorstand des Vereins darf dann allerdings keinen Einfluß auf die Leitung des Unternehmens ausüben. In der Satzung müßte die Bildung eines Organs vorgesehen werden, dem die Auswahl der Leiter des Unternehmens obliegt. Der Verein unterliegt in diesem Falle hinsichtlich des Wirtschaftsunternehmens den üblichen Steuern, insbesondere Körperschafts-, Umsatz- und Gewerbesteuer. Ansonsten bleibt der Verein steuerfrei, muß aber zur Erhaltung seiner Gemeinnützigkeit mittels der ausgeschütteten Gewinne seine satzungsmäßigen, als gemeinnützig anerkannten Zwecke erfüllen. Auch bei einer solchen Lösung ist das Unternehmen der Vererbung entzogen. Eine Veräußerung wäre zwar möglich; der Erlös würde jedoch nicht einem privaten Eigentümer, sondern dem gemeinnützigen Verein zufließen und damit weiterhin gemeinnützigen Zwecken dienen. Eine Mitgliedschaft der Mitarbeiterschaft des Wirtschaftsunternehmens in einem solchen gemeinnützigen Verein dürfte allerdings kaum in Frage kommen, da die Aufgabe des Vereins nicht im Betreiben eines üblichen Wirtschaftsunternehmens, sondern in der Erfüllung gemeinnütziger Zwecke besteht.

Zusammenfassend ist somit festzustellen, daß die bisher bestehenden Rechtsformen eine Verwirklichung der oben dargestellten Eigentumsidee Rudolf Steiners nur beschränkt ermöglichen. Notwendig sind deshalb entsprechende Gesetzesänderungen. Da der Wirtschaftsverein, wie gezeigt, die am besten geeignete Rechtsform zur Verwirklichung eines befristeten bzw.

eines korporativen Eigentums an Wirtschaftsunternehmen darstellt, sollte darauf hingewirkt werden, daß der Gesetzgeber durch ein *Wirtschaftsvereinsgesetz* und durch eine entsprechende Ergänzung des Umwandlungsgesetzes in Zukunft einerseits die Gründung von Wirtschaftsvereinen, andererseits auch die steuerlich unschädliche Umwandlung von Unternehmen mit anderer Rechtsform in Wirtschaftsvereine ermöglicht.

Für die Zukunft wird man darüber hinaus dringend darauf hinarbeiten müssen – um die oben dargestellten schädlichen Auswirkungen des heutigen privatkapitalistischen Systems zu beseitigen –, daß eine Umwandlung des Privateigentums an Unternehmen in dem dargelegten Sinne durch staatliche Gesetze allgemein verbindlich vorgenommen wird. Dies setzt allerdings voraus, daß in breiten Bevölkerungskreisen die Einsicht hervorgerufen wird, daß eine solche Umwandlung möglich und notwendig ist, da diese einer demokratischen Mehrheitsentscheidung bedarf. Das deutsche Grundgesetz steht einer solchen Umwandlung nicht entgegen, da sein Artikel 15 besagt, daß Grund und Boden, Naturschätze und Produktionsmittel zum Zwecke der Vergesellschaftung durch ein Gesetz, das Art und Ausmaß der Entschädigung regelt, in Gemeineigentum oder *andere Formen der Gemeinwirtschaft* überführt werden können.

Praktische Versuche neuer Eigentumsformen an Unternehmen

Seit 1919, als Rudolf Steiner seine Idee einer Umwandlung des Privateigentums an Produktionsmitteln entwickelt hat, sind verschiedene praktische Versuche unternommen worden, neue Unternehmen in einer Form zu begründen bzw. bestehende Unternehmen in solche Formen überzuführen, die dieser Idee im Rahmen der gegebenen rechtlichen Möglichkeiten wenigstens teilweise entsprechen. Einige dieser Versuche sollen im folgenden beispielhaft dargestellt werden.

Weleda AG

Die Weleda AG mit Sitz in Arlesheim/Schweiz ist eine Aktiengesellschaft nach Schweizer Recht. Sie stellt pharmazeutische, kosmetische und diätetische Präparate her. Entstanden ist sie aus einer Zusammenarbeit von Dr. Rudolf Steiner und der Ärztin Dr. Ita Wegman mit dem Pharmazeuten Dr. Oskar Schmiedel und dem Arzt Dr. Ludwig Noll, die in einem Laboratorium am Goetheanum seit 1920 an der Ausarbeitung von Heilmitteln nach Angaben Dr. Steiners arbeiteten. Im Jahre 1921 wurde das Laboratorium am Goetheanum von der Schweizer Aktiengesellschaft Futurum AG übernommen, die im gleichen Jahr das spätere Weleda-Gebäude in Arlesheim kaufte. Mit der Eröffnung des Klinisch-Therapeutischen Instituts Arlesheim am 15. Juni 1921 begann die offizielle Herstellung von Heilmitteln und Körperpflegemitteln in enger Zusammenarbeit mit dem Institut. Dieser Zeitpunkt wird als die Geburtsstunde der Weleda betrachtet. Am 1. April 1922 wurden die Laboratorien am Goetheanum und in Arlesheim aus der Futurum AG ausgegliedert und mit dem Klinisch-Therapeutischen Institut in Arlesheim zu dem Unternehmen «Internationale Laboratorien und Klinisch-Therapeutisches Institut Arlesheim AG» (ILAG) zusammengefaßt. Am 25. März 1924 fand eine Fusion der Futurum AG mit der ILAG statt. Dann wurde am 30. Juni 1924 das Klinisch-Therapeutische Institut an den «Verein des Goetheanum» verkauft, der am 8. Februar 1925 in «Allgemeine Anthroposophische Gesellschaft» umbenannt wurde.

In Deutschland hatte die am 13. März 1920 errichtete Aktiengesellschaft zur Förderung wirtschaftlicher und geistiger Werte «Der Kommende Tag» bereits im gleichen Jahr eine chemische und Nährmittelfabrik in Schwäbisch Gmünd übernommen, die einen modernen Mühlenbetrieb umfaßte und auf deren Gelände durch Umbauten eine chemische Fabrik mit einem Versuchslaboratorium zur Herstellung und Entwicklung pharmazeutischer und kosmetischer Präparate eingerichtet wurde. Mit deren Produktion konnte im Jahre 1921 begonnen werden. Außerdem wurde vom Kommenden Tag im Frühjahr 1921 in Stuttgart das frühere Sanatorium Wildermuth in der Gänsheidestraße 88 (heute Adelheidweg 3) erworben, um dort ein Klinisch-Therapeutisches Institut einzurichten. Neben der Klinik wurde auf dem Gelände ein Laboratoriumsgebäude zur Entwicklung der Heilmittel des Instituts errichtet, das im Januar 1922 bezogen werden konnte. Die fabrikmäßige Herstellung dieser Heilmittel erfolgte in der Zweigniederlassung des Kommenden Tages in Schwäbisch Gmünd.[40] Am 8. August 1924 wurden dann die Chemischen Werke der Aktiengesellschaft «Der Kommende Tag» in Schwäbisch Gmünd und die Laboratorien des Klinisch-Therapeutischen Instituts Stuttgart der ILAG in Arlesheim als Zweigniederlassungen angegliedert. In der Verwaltungsratssitzung der ILAG am 7. September 1924 schlug Rudolf Steiner dann vor, diese in «Weleda AG» umzubenennen. Wegen markenrechtlicher Probleme konnte der Name des Stammhauses in Arlesheim allerdings erst am 10. Dezember 1928 entsprechend geändert werden.[41]

Die Weleda AG hatte Ende 1998 noch ein Aktienkapital von 5,25 Millionen Franken, wobei die Allgemeine Anthroposophische Gesellschaft und das Klinisch-Therapeutische Institut Arlesheim, welches heute Ita-Wegman-Klinik heißt, gemeinsam die Stimmenmehrheit besitzen. Zur gleichen Zeit hatte sie ein Partizipationskapital von 1 Million Franken, das weiterhin durch Umwandlung von Namensaktien in Partizipationsscheine erhöht werden soll. Außer durch ihre große Niederlassung in Schwäbisch Gmünd war die Weleda AG 1998 in weiteren 32 Ländern mit Tochterunternehmungen, Beteiligungen und Vertretungen sowie durch Lizenznehmer vertreten.

Bei den Aktien der Weleda AG handelt es sich um Namensaktien, die nur mit vorheriger Zustimmung des Verwaltungsrates übertragen werden dürfen. Die Zustimmung kann verweigert werden, wenn der vorgesehene Erwerber nicht Mitglied der Allgemeinen Anthroposophischen Gesellschaft ist und somit nicht hinreichend dokumentiert, daß er die anthroposophische Zielsetzung der Weleda AG als berechtigt anerkennt und unterstützt, und wenn dieser nicht ausdrücklich erklärt, daß er die Aktien im eigenen Namen und für eigene Rechnung erwirbt. Die Zustimmung kann auch in der Form verweigert werden, daß die Weleda AG dem Veräußerer oder bei Erwerb durch Erbgang, Erbteilung, eheliches Güterrecht oder Zwangsvollstreckung dem Erwerber anbietet, die Aktien zum Zeitwert zu übernehmen. Damit ist sichergestellt, daß das Eigentum am Unternehmen nicht willkürlich veräußert und dieses dadurch in fremde Hände gelangen kann, die mit dem Unternehmen ganz andere Ziele verfolgen. Aktienerwerb durch Mitarbeiter und damit eine Beteiligung am Unternehmen ist nur möglich, soweit diese Mitglieder der Allgemeinen Anthroposophischen Gesellschaft sind.

Seit dem Jahre 1996 ist die Weleda AG dazu übergegangen, Aktien auf freiwilliger Basis in Partizipationsscheine umzuwandeln. Darüber hinaus kann das Partizipationskapital von der Generalversammlung jederzeit durch Ausgabe neuer Partizipationsscheine erhöht werden. Dieses darf jedoch das Doppelte des Aktienkapitals nicht übersteigen. Die Inhaber von Partizipationsscheinen haben die gleichen Rechte wie die Aktionäre mit Ausnahme des Stimmrechts. Die Übertragung von Partizipationsscheinen bedarf keiner Zustimmung der Gesellschaft.

Oberstes geschäftsleitendes Organ der Weleda AG ist entsprechend dem Schweizer Aktienrecht der Verwaltungsrat. Dieser hat eine Weleda-Gruppenleitung berufen, die sich gegenwärtig aus Delegierten des Verwaltungsrates und Geschäftsleitungsmitgliedern der Schweizer, der deutschen, der französischen und der niederländischen Weleda zusammensetzt. Eine Gewinnbeteiligung der Mitarbeiter ist nicht vereinbart. An diese wird jedoch zusätzlich zum 13. Gehalt ein Bonus ausgezahlt, dessen Höhe sich nach dem Jahresergebnis richtet. Außerdem gibt es eine betriebliche Altersversorgung, in der Schweiz in der Form einer Fürsorgestiftung, in Deutschland durch eine Altersversorgungszusage. In den Betrieben in Deutschland, Frankreich und der Schweiz finden während der Arbeitszeit regelmäßige Werkstunden für alle Mitarbeiter statt, um ein gemeinsames Bewußtsein von den Aufgaben des Unternehmens und seinem Darinnenstehen im gesamtgesellschaftlichen Zusammenhang hervorzurufen.[42] Außerdem haben die Mitarbeiter die Möglichkeit, einmal wöchentlich während der Arbeitszeit an einer Eurythmiestunde teilzunehmen, wovon reger Gebrauch gemacht wird.

Man kann sagen, daß die Eigentumsverfassung der Weleda AG mit ihrer Rechtsform der Aktiengesellschaft nur bedingt der Eigentumsidee Steiners entspricht. Die Weleda hat noch private Eigentümer in Gestalt der Aktionäre, wobei die Stimmenmehrheit allerdings in den Händen von zwei gemeinnützigen Körperschaften liegt. Eine Vererbung des Unternehmens als Ganzes ist damit ausgeschlossen. Eine Veräußerung von Aktien hingegen ist möglich. Indem diese an die Zustimmung des Verwaltungsrates gebunden sind, ist jedoch ausgeschlossen, daß das Unternehmen in fremde Hände übergehen und seiner Zielsetzung entfremdet werden kann.

Darüber hinaus wurde mit der Umwandlung von Aktien in frei übertragbare Partizipationsscheine und mit der Möglichkeit, weitere Partizipationsscheine auszugeben, ein wichtiger Schritt im Sinne der Eigentumsidee Steiners gemacht, indem zu der eigentumsmäßigen Kapitalbeteiligung durch Aktien eine Beteiligung mit Leihkapital hinzugetreten ist. Diese unterscheidet sich aber von einer Darlehensgewährung, indem sie u.a. das Recht auf Teilnahme an der Generalversammlung und auf Auskunft sowie den gleichen Anspruch auf Beteiligung am Bilanzgewinn und am Liquidationserlös gewährt wie das Eigentum an einer Aktie.

Wala Heilmittel GmbH

Im Jahre 1953 wurde von Dr. Rudolf Hauschka, seiner Frau Dr. Margarethe Hauschka und ihren Freunden Maja Mewes und Max Kaphahn die Wala-Heilmittel Laboratorium Dr. R. Hauschka oHG in Boll-Eckwälden begründet. Sie ging hervor aus Forschungsarbeiten zur Entwicklung einer rhythmischen Herstellung von Arzneimitteln aus pflanzlichen, tierischen und mineralischen Substanzen, die Rudolf Hauschka 1929 in Zusammenarbeit mit Ita Wegman am Klinisch-Therapeutischen Institut in Arlesheim begonnen hatte. Ihre gegenwärtige Verfassung wird im Beitrag von Helmut Hagenauer dargestellt.

Mahle GmbH

Die Anfänge der Mahle GmbH gehen zurück auf das Jahr 1920. Damals trat zunächst Hermann Mahle als kaufmännischer Mitarbeiter in die kleine Motorenversuchsanstalt von Hellmuth Hirth in Stuttgart-Bad Cannstatt ein, die damals sechs Mitarbeiter hatte. Zwei Jahre später wurde sein Bruder Ernst Mahle als Maschinenbauingenieur leitender Mitarbeiter in dem kleinen nternehmen, das inzwischen auf 100 Mitarbeiter angewac en war. Durch die Tüchtigkeit der beiden Brüder und durch Erfindungen von Ernst Mahle entwickelte sich das Unternehmen vor und während des weiten Weltkriegs zu einem bedeutenden Hersteller von Kolben und Zyli dern, von Leichtmetallrädern und Flugzeugfahrwerken sowie von Le chmetalldruckgußteilen. 1932 konnten die Brüder Mahle das Unterneh en, das inzwischen zur IG-Farbenindustrie gehörte, gemeinsam käuflich erwerben. Gegen Ende des Zweiten Weltkriegs wurde vor allem das Werk in Cannstatt durch Luftangriffe weitgehend zerstört; auch wurde das Gesamtunternehmen durch Demontagen stark geschwächt. Dann begann jedoch bald der Wiederaufbau, der dazu führte, daß das Gesamtunternehmen im Jahre 1964 über 5000 Mitarbeiter und einen Jahresumsatz von mehr als 200 Mio. DM hatte. Es bestand damals aus drei Unternehmen: der Mahle KG, an der die Mahle-Zentralverwaltung GmbH in Stuttgart persönlich haftender Gesellschafter war, der Mahle-Werk-GmbH und der Electron-Co. mbH.

Im Dezember 1964 gründeten die beiden Brüder die Mahle-Stiftung als gemeinnützige Gesellschaft mit beschränkter Haftung und kurz vorher die Mahle-Beteiligungen GmbH, MABEG genannt. Ihre Anteile an den drei Gesellschaften übertrugen die Brüder Mahle dann schenkungsweise zu

99,9 % auf die Mahle-Stiftung und zu 0,1 % auf die MABEG, wobei diese grundsätzlich das alleinige Stimmrecht in den Gesellschaften erhielt. Die beiden Brüder wurden Gesellschafter der MABEG und Beiräte in der Stiftung. In die MABEG beriefen sie einige anthroposophisch orientierte, erfahrene Wirtschaftler. 1971 wurden die drei Gesellschaften zur Mahle GmbH zusammengefaßt. Außerdem wurde die MABEG 1989 in einen Verein umgewandelt. Im Jahre 1998 hatte die Mahle GmbH außer 19 inländischen 48 ausländische Tochtergesellschaften und Beteiligungen in Frankreich, Großbritannien, Italien, Österreich, Polen und Spanien sowie Argentinien, Brasilien, China, Indien, Japan, Mexiko, Südkorea und USA. Im Mahle-Konzern waren Ende 1998 rd. 20.590 Mitarbeiter beschäftigt. Hergestellt werden vor allem Kolben und Zylinder, Filter, Ventiltriebe und andere Motorenteile.[43]

Durch den Verzicht auf ihr Privateigentum an den Mahle-Unternehmen wollten die Brüder Mahle einen Beitrag zu einer neuen Eigentumsverfassung an Industrieunternehmen leisten und ihr Lebenswerk für die Zukunft vor Anteilszersplitterung durch Erbgänge und vor einer wirtschaftlichen Schwächung durch zu hohe Gewinnentnahmen sichern. Die Stiftung erhielt deshalb nur einen Anspruch auf mindestens 3 % des körperschaftssteuerpflichtigen Gewinns. Auch hofften die Brüder Mahle, daß durch die Übertragung der Mahle-Firmen auf die Stiftung die Mitarbeiter die Mahle-Betriebe als «ihre Betriebe» ansehen würden und daß dies dazu beitragen würde, den Gegensatz zwischen den sogenannten Arbeitgebern und den sogenannten Arbeitnehmern allmählich zu überwinden.

Die Begründung der Stiftung hat eine längere Vorgeschichte. Die Brüder Mahle hatten beide am Ersten Weltkrieg als Soldaten teilgenommen. Nach dem Krieg erlebten sie im Revolutionsjahr 1919 Rudolf Steiner, der damals unter anderem im Gustav-Siegle-Haus in Stuttgart bedeutende Vorträge über die soziale Frage und über Anthroposophie hielt. Sie waren von seiner Persönlichkeit und seinen Ideen stark beeindruckt, so daß sie später Mitglieder der Anthroposophischen Gesellschaft wurden. Nach dem Zweiten Weltkrieg bildete sich ein Kreis anthroposophisch orientierter Unternehmer, dem auch Hanns Voith angehörte und der sich regelmäßig in der Firma Voith in Heidenheim traf, weshalb er Heidenheimer Kreis genannt wurde.[44] In diesem Kreis waren die Sozialideen Rudolf Steiners, darunter seine Ideen für eine Neugestaltung des Eigentums an Unternehmen, Inhalt der Tagungen. Dem Kreis gehörte auch Prof. Georg Strickrodt an, der sich für die Stiftung als Unternehmensform einsetzte.[45] Bereits in den fünfziger Jahren entstand in Gesprächen der beiden Brüder die Idee, eine Stiftung zu gründen und das private Eigentum an den Mahle-Unternehmen auf diese zu übertragen. Der Wiederaufbau der Unternehmen nach dem Kriege geschah schon unter diesem Gesichtspunkt. Mit seinem Bruder Dr. Ernst Mahle, der mehrere Jahre in Brasilien gewirkt hatte und der 1957 zurückgekehrt war, besprach Hermann Mahle diese Idee dann eingehend, bis sie gemeinsam den Entschluß faßten, eine Stiftung zu gründen und ihr Firmenvermögen auf diese zu übertragen. Hierbei spielte eine entscheidende Rolle, daß die Brüder Mahle die Kapitalbildung in ihren Unternehmen nicht allein auf ihre unternehmerische Leistung zurückführten, sondern zugleich auf den Einsatz und die Leistung aller Mitarbeiter, so daß sie das Unternehmenskapital eigentlich nie als ihr persönliches, privates Eigentum betrachtet hatten.

Als das baden-württembergische Kultusministerium als zuständige Behörde bei der Genehmigung wegen des ziemlich umfangreichen Stiftungszwecks Schwierigkeiten machte, entschlossen sich die beiden Brüder, für die Stiftung die Rechtsform der gemeinnützigen GmbH zu wählen. Als Stiftungszweck wurde festgelegt: die Verfolgung gemeinnütziger und mildtätiger Zwecke im In- und Ausland, insbesondere durch Förderung der Gesundheitspflege und Jugendfürsorge, der Erziehung und allgemeinen Volks- und Berufsbildung sowie der Wissenschaft und Forschung, wobei insbesondere eine Förderung der anthroposophischen Medizin, der Waldorfpädagogik und der biologisch-dynamischen Wirtschaftsweise vorgesehen wurde. Vor allem lag den beiden Stiftern die Errichtung einer größeren gemeinnützigen Klinik für anthroposophisch erweiterte Medizin in Stuttgart am Herzen, was dann 1972 zum Bau der Filderklinik führte.

Die Stiftung hat gegenwärtig sechs Gesellschafter und einen etwas größeren Beirat. Stiftungsgesellschafter und -beiräte sind ehrenamtlich tätig. Auch haben die Gesellschafter keinen Anspruch auf Gewinn. Entsprechendes gilt auch für die Mitglieder des MABEG-Vereins. Der MABEG-Verein ergänzt sich wie die Stiftung durch Kooption. Auch schlägt er aus seiner Mitte die von der Gesellschafterversammlung der Mahle GmbH zu bestellenden Mitglieder des mitbestimmten Aufsichtsrats vor. Der MABEG-Verein hat sich in einem Vorbehaltskatalog als Anlage zur Satzung der Mahle GmbH eine Reihe von Rechten vorbehalten, so u.a. die Verabschiedung von Wirtschafts-, Investitions- und Finanzplänen, die Berufung und Abberufung von Geschäftsführern, die Zustimmung zu wesentlichen Grundstücksgeschäften und zur Aufnahme oder Gewährung von Krediten, soweit diese den Rahmen des laufenden Geschäftsbetriebs überschreiten und nicht in einem Finanzplan festgelegt sind. Im übrigen ist die Geschäftsführung der Mahle GmbH in ihren unternehmerischen Entscheidungen frei.

Durch die von den Brüdern Hermann und Ernst Mahle mit Zustimmung ihrer Erben gewählte Regelung der Eigentumsverhältnisse wurde erreicht, daß das Eigentum an der Mahle GmbH und an den mit ihr verbundenen Unternehmen nicht durch Erbgänge aufgeteilt und das Unternehmen dadurch gefährdet wird. Auch ermöglicht sie eine weitgehende Finanzierung und Ausweitung des Gesamtunternehmens aus Eigenmitteln. Eine Veräußerung des Unternehmens durch die Stiftung ist zwar nicht ausgeschlossen, wäre aber nur mit Zustimmung der Mahle GmbH und damit des MABEG-Vereins möglich. Die Geschäftsführung der Mahle GmbH wird regelmäßig von den dem MABEG-Verein angehörenden erfahrenen Unternehmern beraten. Wünschenswert und sachgerecht wäre, daß die Mahle-Stiftung als Haupteigentümer der Mahle GmbH auch Einfluß auf die Zusammensetzung des für das Unternehmen verantwortlichen MABEG-Vereins bekommt. Der bisher gegebenen Möglichkeit, daß sich die beiden Gesellschafter mit der Zeit auseinanderleben, wird dadurch begegnet, daß sich die Gesellschafter bzw. Mitglieder der beiden Kapitaleigner mit den Geschäftsführern außer zu den Gesellschafterversammlungen der Mahle GmbH einmal im Jahr zu wechselseitigen Berichten über die Lage des Unternehmens und die Tätigkeit der Stiftung mit gemeinsamem Abendessen treffen. Die Hoffnung der beiden Stifter, daß die Mitarbeiter durch die Eigentumsübertragung auf die Stiftung die Mahle-Betriebe als «ihre Betriebe» betrachten würden und daß dadurch der Antagonismus zwischen Arbeitgebern und Arbeitnehmern überwunden werden könnte, hat sich leider nicht bewahrheitet. Vielmehr wird die Stiftung aus bisherigen Denkgewohnheiten heraus wie ein privater Kapitaleigentümer gesehen. So wurde auch die Mahle-GmbH seit 1964 mehrmals bestreikt, was allerdings vor allem auf die überbetriebliche Gewerkschaftspolitik zurückzuführen ist. Trotzdem waren die Gründung der Mahle-Stiftung und die Übertragung des Eigentums an den Mahle-Unternehmen auf diese ein wichtiger Schritt in Richtung auf eine neue Eigentumsverfassung von Industrieunternehmen.

Filderklinik

Durch die Übertragung ihrer Eigentumsanteile an den Mahle-Firmen auf die Mahle-Stiftung und durch die vorgesehenen Gewinnausschüttungen an diese schufen die Brüder Hermann und Ernst Mahle die finanziellen Voraussetzungen für die Planung und Errichtung der Filderklinik in Filderstadt-Bonlanden bei Stuttgart. Diese hat eine längere Vorgeschichte. Bereits im Jahre 1920 hatte die Aktiengesellschaft «Der Kommende Tag» die Errichtung eines Klinisch-Therapeutischen Instituts in Stuttgart in die Wege geleitet und dazu im Frühjahr 1921 das ehemalige Sanatorium Wildermuth im heutigen Adelheidweg 3 erworben. Nach entsprechenden Umbauten konnte das Institut unter der Leitung von Dr. Otto Palmer mit ca. 20 Betten eröffnet werden. Da der Kommende Tag in den Jahren 1923/24 in wirtschaftliche Schwierigkeiten geriet und liquidiert werden mußte, wurde die Klinik wahrscheinlich 1925 von Dr. Palmer erworben und von ihm als Privatklinik bis Anfang oder Mitte der dreißiger Jahre weitergeführt. Im Jahre 1936 baute Frau Dr. Rose Erlander-Kuhn die Klinik am Sonnenberg auf, die 1937 von Dr. Walter Bopp erworben und bis in den Zweiten Weltkrieg hinein fortgeführt wurde.[46]

Unmittelbar nach dem Zweiten Weltkrieg gründete Dr. Walter Bopp im Christkönigsheim in Stuttgart-Plieningen eine private Klinik, die dann 1946 in eine der Israelitischen Kultusgemeinde gehörende Villa in der Dillmannstraße Nr. 19 in Stuttgart verlegt wurde. Sie erhielt den Namen Carl-Unger-Klinik und hatte ca. 40 Betten. Im Jahre 1965 übergab Dr. Bopp die Leitung der Klinik an Dr. Manfred Weckenmann. Das Klinikinventar wurde vom Verein «Filderklinik e.V.» übernommen, der mit Dr. Weckenmann die «Carl-Unger-Klinik GmbH» bildete.[47]

Um die Carl-Unger-Klinik hatte sich im Laufe der Jahre ein Ärztekreis gebildet, aus dem heraus der Wunsch nach einer größeren anthroposophischen Klinik mit eigenem, zweckentsprechendem Gebäude entstand. Als dann durch Dr. Elfried Fink und seinen Vater eine Verbindung zwischen Manfred Weckenmann und Hermann Mahle hergestellt wurde, konnte am 8. März 1964 der gemeinnützige Verein «Filderklinik e.V.» gegründet werden. Der Name «Filderklinik» wurde von Dr. Gisbert Husemann im Hinblick auf die Lage der Klinik auf der Filderebene vorgeschlagen, um damit zum Ausdruck zu bringen, daß die Klinik zur Behandlung aller Bewohner dieses Gebietes offensteht. Der Bau der Klinik sollte zunächst in Stuttgart-Heumaden im Gebiet «Über der Straße» erfolgen, wo bereits ein Gelände von ca. 1 ha erworben worden war. Da sich die Aufstellung des Bebauungsplans durch die Stadt Stuttgart erheblich verzögerte, wurde auf Drängen von Ernst Mahle nach einem anderen Grundstück in Stuttgart gesucht. Da die Stadt Stuttgart jedoch kein geeignetes Gelände zur Verfügung stellen konnte, ging man im Umkreis von Stuttgart auf die Suche, bis schließlich durch die Vermittlung von Landrat Schall vom Landkreis Esslingen eine Verbindung mit Bürgermeister Friedhart Pascher von Bonlanden zustande kam, der dort ein Krankenhaus ansiedeln wollte. Mit Hilfe von ihm und Bürgermeister Dieter Illig von Plattenhardt konnte das erforderliche Gelände günstig erworben und dann im Jahre 1970/71 mit der Planung und 1972 mit dem Bau der Klinik begonnen werden. Mit der Eröffnung der Filderklinik an Michaeli 1975 wurde die Carl-Unger-Klinik geschlossen und ihre letzten Patienten in die Filderklinik verlegt. Da von Anfang an geplant war, den Betrieb der Klinik vom Besitz zu trennen, wurde für den Betrieb am 30. November 1974 der «Filderklinik-Förderverein» als gemeinnütziger eingetragener Verein gegründet. Die ursprüngliche Überlegung, die Carl-Unger-Klinik GmbH als Rechtsmantel für den Betrieb der Filderklinik zu übernehmen, wurde aufgegeben, um die spätere Aufnahme von Mitarbeitern der Filderklinik in den Klinikträger leichter möglich zu machen.

Ordentliche Mitglieder des Filderklinik-Fördervereins sollen in der Regel Mitarbeiter der Filderklinik sein. Es werden jedoch nicht alle Mitarbeiter mit ihrem Eintritt in die Klinik als ordentliche Mitglieder aufgenommen. Vielmehr kann bisher nur Mitglied werden, wer die Ziele des Vereins bejaht, an ihrer Verwirklichung aktiv mitarbeitet und bereit ist, Verantwortung zu tragen. Über die Aufnahme der Mitglieder entscheidet der *Initiativkreis,* der ursprünglich aus den Gründungsmitgliedern bestand und sich durch Kooption ergänzt. Die Mitgliedschaft im Initiativkreis endet nach vier Jahren, wobei eine erneute Kooption durch die verbleibenden Mitglieder möglich ist. Außerdem endet die Mitgliedschaft im Initiativkreis mit der Mitgliedschaft im Filderklinik-Förderverein bzw. mit der Mitarbeit in der Filderklinik. Der Initiativkreis ist für die Verwirklichung der Vereins- und damit der Klinikziele verantwortlich. Ihm ist die Einstellung und Entlassung leitender Mitarbeiter und Oberärzte vorbehalten. Er soll nicht mehr als zwölf Mitglieder haben. Der *Vorstand* besteht aus mindestens drei Mitgliedern, die dem Initiativkreis und der Klinikleitung angehören. Er wird auf Vorschlag des Initiativkreises mit Zustimmung der Mitgliederversammlung für drei Jahre gewählt. Außer der Vereinssatzung gibt es noch eine Klinikverfassung, die vom Initiativkreis entwickelt wurde, wobei spätere Änderungen auf Vorschlag des Initiativkreises mit Zustimmung der Mitgliederversammlung erfolgen.

Die Verfassung der Filderklinik sieht weitere, über die Vereinssatzung hinausgehende Organe vor. Hier ist zunächst die *Klinikleitung* zu nennen, der mindestens ein Facharzt, die Pflegedienstleitung sowie der Geschäftsführer angehören sollen. Durch sie wird die Klinik kollegial geleitet. Die Klinikleitung hat die Aufgabe, die Klinikziele zu verwirklichen und alle wesentlichen Fragen zu entscheiden, welche die Klinik als Ganzes betreffen, soweit sie nicht dem Initiativkreis vorbehalten sind. Sie ist für den laufenden

Betrieb der Klinik verantwortlich. Die Mitglieder der Klinikleitung werden auf Vorschlag des Initiativkreises mit Zustimmung der Klinikkonferenz und der Mitglieder des Filderklinik-Fördervereins jeweils für drei Jahre bestellt, wobei Wiederwahl möglich ist. Sie sollen Mitglieder des Initiativkreises sein.

Als weiteres Organ der Filderklinik gibt es die *Klinikkonferenz*, die sich aus den Leitern aller Abteilungen und Bereiche zusammensetzt. Sie hat die Aufgabe, fachübergreifende arbeitsorganisatorische Probleme sowie alle wesentlichen Fragen zu beraten, welche die Klinik als Ganzes betreffen. Dazu gehören auch die Zielsetzung der Klinik, die Klinikverfassung sowie die wirtschaftliche Lage der Klinik. Ferner wird von allen Mitarbeitern der Klinik jeweils für vier Jahre ein *Vertrauenskreis* gewählt, welcher als Mitarbeitervertretung die Aufgaben nach dem Betriebsverfassungsgesetz erfüllt und den Mitarbeitern in menschlichen und sozialen Problemen beratend und unterstützend zur Seite steht. Er besteht aus sieben Mitgliedern, wobei Wiederwahl möglich ist. Der Vertrauenskreis trifft sich nach Bedarf mit der Klinikleitung, um die sich aus seiner Tätigkeit ergebenden Anregungen und Beschwerden gemeinsam zu besprechen. Außerdem gibt es noch ein *Ärztekollegium*, das sich aus den leitenden Ärzten und Oberärzten der Klinik zusammensetzt. In ihm werden fachübergreifende organisatorische und medizinische Probleme behandelt und Fragen besprochen, die mit der Erweiterung der naturwissenschaftlichen Medizin durch Anthroposophie zusammenhängen. Schließlich gibt es noch die *Mitarbeiterversammlungen*, in welchen den Mitarbeiterinnen und Mitarbeitern soweit wie möglich ein Verständnis für die Zielsetzung und die soziale Struktur der Klinik und ihre geistigen Grundlagen vermittelt werden soll. Außerdem dienen diese dazu, einen Überblick über die verschiedenen Arbeitsbereiche der Klinik und ihr Zusammenwirken zum Wohle der Patienten zu geben und dadurch zu einem besseren gegenseitigen Verständnis und Sich-Verbinden mit den Aufgaben der Klinik beizutragen. Ferner dient die Mitarbeiterversammlung der Information und der Besprechung wichtiger Fragen, die die gesamte Klinik betreffen.

Zusammenfassend kann man sagen, daß in der Filderklinik die Eigentumsidee Steiners weitgehend verwirklicht ist. Es gibt kein privates, veräußerbares und vererbliches Eigentum an der Klinik. Jeder Mitarbeiter und jede Mitarbeiterin hat grundsätzlich die Möglichkeit, Mitglied des Trägervereins zu werden. Die Mitglieder der Klinikleitung werden nicht durch demokratische Mehrheitsentscheidung gewählt; vielmehr schlägt der Initiativkreis die für diese Aufgabe relativ Fähigsten vor, die dann der Zustimmung durch die Klinikkonferenz und die Mitgliederversammlung bedürfen und durch das ausgesprochene Vertrauen für ihre Aufgabe legitimiert sind. Die Klinikleitung hat weitgehende unternehmerische Freiheit und wird in ihrer Tätigkeit vom Initiativkreis unterstützt. Die Auswahl leitender Mitarbeiter und Oberärzte erfolgt durch den Initiativkreis aufgrund persönlicher Vorstellung, eingehender Beratung und gemeinsamer Urteilsbildung.

Freie Waldorfschule Uhlandshöhe, Stuttgart

In den revolutionären Wirren nach dem Ende des Ersten Weltkriegs hat Rudolf Steiner durch seinen «Aufruf an das deutsche Volk und die Kulturwelt» und durch sein Buch *Die Kernpunkte der sozialen Frage in den Lebensnotwendigkeiten der Gegenwart und Zukunft* sowie durch zahlreiche Vorträge die geistigen Grundlagen für eine umfassende soziale Erneuerung geschaffen. Zugleich hat er in unermüdlichem und übermenschlichem Einsatz impulsierend für eine dreigliedrige Ordnung des gesamtgesellschaftlichen Lebens durch ein sich selbst verwaltendes freies Geistesleben, durch ein auf die Erhaltung der Sicherheit begrenztes demokratisches Staatsleben und durch ein sich in Assoziationen selbst ordnendes brüderliches Wirtschaftsleben gewirkt. Als ein wesentlicher praktischer Beitrag zu einer solchen Erneuerung und Neugestaltung des sozialen Lebens und als Keim für ein sich selbst verwaltendes freies Geistesleben ist die Gründung der ersten Freien Waldorfschule in Stuttgart auf der Uhlandshöhe zu verstehen. Ihr Rechtsträger ist ein gemeinnütziger Verein mit dem Namen «Verein für ein Freies Schulwesen, Waldorfschulverein e.V.». Diese Rechtsform wurde später von fast allen anderen Waldorf- und Rudolf-Steiner-Schulen übernommen.

Entstanden ist die Schule im September 1919 aus dem Impuls von Emil Molt, dem damaligen Generaldirektor der Waldorf-Astoria-Zigarettenfabrik AG in Stuttgart, für die Kinder seiner Arbeiter und Angestellten eine eigene Schule zu begründen. Molt hatte in seiner Fabrik eine Arbeiterbildungsschule für die Mitarbeiter eingerichtet und Herbert Hahn die allgemeinbildenden Kurse und Vorträge anvertraut.[48] Für Molt ergab sich bald darauf der Gedanke, daß man vor allem mit der Bildung der Kinder anfangen müsse. Im Anschluß an den Vortrag Steiners für die Mitarbeiter der Waldorf-Astoria-Fabrik am 23. April 1919 fand dort eine Betriebsratssitzung mit Rudolf Steiner statt, bei welcher Molt von seiner Absicht sprach, eine solche Schule zu gründen, und Steiner bat, die Einrichtung und Leitung dieser Schule zu übernehmen, was dieser zusagte. Die Schule wurde allerdings von Anfang an nicht nur von Kindern der Mitarbeiter der Waldorf-Astoria besucht. Für die Gründung der Schule hatte Emil Molt aus dem Gewinn der Waldorf-Astoria im Jahre 1918 einen größeren Betrag zurückgestellt. Da dieser für den Erwerb des Schulgeländes nicht ausreichte, erwarb Emil Molt das ehemalige Café Uhlandshöhe aus seinem Privatvermögen für 450.000 Reichsmark, dessen Umbau er dann ebenfalls persönlich bezahlte. Die Lehrer wurden zunächst durch Emil Molt in der Waldorf-Astoria-Fabrik angestellt und aus dem von ihm gebildeten Fonds bezahlt. Nach der freilassenden staatlichen Konzession zur Errichtung einer einheitlichen Volks- und höheren Schule, nach Abschluß des umfangreichen Umbaus und nach den umfassenden menschenkundlichen und methodisch-didaktischen Lehrerkursen durch Rudolf Steiner vom 21. August bis 5. September 1919 konnte die Schule bereits am 7. September 1919 im Stadtgartensaal feierlich eröffnet werden, am 16. September konnte mit dem Unterricht begonnen werden.[49]

Bereits in der ersten Konferenz Rudolf Steiners mit den Lehrern der Schule am 8. September 1919 wurde – wahrscheinlich von ihm – die Gründung eines Vereins «Freie Waldorfschule» angesprochen. Emil Molt betrieb anschließend die Gründung dieses Schulvereins. Die in Aussicht genommene Gründung wird danach in einem von Emil Leinhaas unterzeichneten Schreiben der Waldorf-Astoria an die Freie Waldorfschule vom 21. Januar 1920 erwähnt. Ein Grund für die Gründung war, die Schule gegenüber der Waldorf-Astoria-Fabrik zu verselbständigen. Auch konnte diese die Finanzierung der Schule nicht weiterhin allein tragen. Die Schule hatte mehr und mehr Zulauf von Kindern, deren Eltern nicht mit der Waldorf-Astoria in einem Zusammenhang standen. Sie hatte mit 253 Kindern begonnen, von denen 191 in der Waldorf-Astoria tätige Eltern oder Verwandte hatten. Das zweite Schuljahr wurde bereits mit 420 Kindern eröffnet.[50]

Die Gründung des Vereins «Freie Waldorfschule e.V.» erfolgte am 19. Mai 1920. Der Verein sollte als Träger der Schule für ihre Finanzierung sorgen und an der Verbreitung ihrer Pädagogik mitwirken. Um ihn fremden Einflüssen zu entziehen, wurde die ordentliche Mitgliedschaft auf sieben Mitglieder begrenzt, darunter nur zwei Lehrer, nämlich Herbert Hahn und E.A. Karl Stockmeyer. Rudolf Steiner wurde erster und Emil Molt zweiter Vorsitzender. Der Aufsichtsratsvorsitzende der Waldorf-Astoria, Max Marx, wurde Ehrenvorsitzender. Die übrigen Lehrer, die Mitarbeiter der Schule und die Eltern sowie die Schulpaten, die das Schulgeld für Kinder minderbemittelter Eltern übernahmen, wurden zunächst nur außerordentliche Mitglieder des Schulvereins. Außerdem gab es noch beitragende Mitglieder, welche die

Schule finanziell unterstützten. Ab dem zweiten Schuljahr war der Schulverein dann für die Schule wirtschaftlich verantwortlich. Auch wurden die Lehrer jetzt vom Schulverein angestellt. Das Schulgrundstück wurde von Molt der Schule unentgeltlich zur Verfügung gestellt. Auch zahlte die Waldorf-Astoria jetzt das Schulgeld für die Kinder ihrer Mitarbeiter an den Schulverein.[51]

Bei der Mitgliederversammlung am 29. Oktober 1922 wurde durch Beschluß der bisherigen sieben ordentlichen Mitglieder, also mit Zustimmung von Rudolf Steiner, die Satzung dahingehend geändert, daß auch die Lehrer und Mitarbeiter sowie die Schuleltern und Schulpaten ordentliche Mitglieder des Schulvereins werden konnten. Außerdem wurde der Name geändert in «Verein für ein Freies Schulwesen (Waldorfschulverein), Stuttgart (e.V.)». Der Zweck des Vereins blieb wie bisher die Erhaltung, Erweiterung und ideelle und finanzielle Förderung der in Stuttgart gegründeten «Freien Waldorfschule» sowie die Förderung von Bestrebungen, welche die Betätigung wahrhaft freien Geisteslebens nach den Prinzipien der Freien Waldorfschule zum Ziele haben. Die erwähnten Änderungen erfolgten einerseits, um die Waldorfschule geistig und wirtschaftlich auf eine breitere Basis zu stellen, andererseits, um der empfindlichen Einschränkung und Bedrohung hinsichtlich der Aufnahme von Schülern in die vier ersten (Volksschul-)Klassen durch das Grundschulgesetz vom 28. April 1920 politisch stärker entgegenwirken zu können und um für die inzwischen entstandenen neuen kleinen Schulen einen einheitlichen organisatorischen Rahmen zu schaffen. So heißt es in dem Bericht von E. A. Karl Stockmeyer über «Das dritte Jahr des Waldorfschulvereins»: «Die Waldorfschule muß zum Stammhaus eines ganzen Schulsystems werden.» Und: «Die ganze Schulbewegung muß einheitlich organisiert sein, wenn sie sich nicht durch Zersplitterung wirkungslos machen will.»[52]

Nach der Machtübernahme durch Hitler wurde der Name des Vereins geändert in «Waldorfschulverein e.V.» und der Zweck eingeschränkt auf die Erhaltung, Erweiterung sowie die ideelle und finanzielle Förderung der Waldorfschule in Stuttgart, außerdem auf die Förderung von Bestrebungen im Sinne der Waldorfschule. Der Vorstand wurde auf eine Person beschränkt, die berechtigt wurde, einen Stellvertreter zu ernennen. Außerdem wurde ein Beirat gebildet, dem der Leiter der Waldorfschule sowie fünf bis zehn weitere Personen angehören sollten, die der Vorstand etwa je zur Hälfte aus der Lehrerschaft und aus der Elternschaft zu seiner Unterstützung berufen sollte.

Im Jahre 1938 wurde die Waldorfschule in Stuttgart verboten und mußte am 31. März 1938 geschlossen werden. Eine von der Mitgliederversammlung des Schulvereins am 16. Juli 1939 beschlossene Änderung des Namens in «Verein für die Waldorfschulen in Deutschland e.V.» mit Sitzverlegung nach Berlin wurde vom Amt Rosenberg abgelehnt. Dem Vorstand wurde daraufhin bei einer Vorsprache im Vereinsregister des Amtsgerichts Stuttgart am 18. März 1940 – sicher zur Vermeidung eines Verbots – geraten, den Verein aufzulösen, was dann in einer außerordentlichen Mitgliederversammlung am Ostermontag, dem 25. März 1940, erfolgte.[53] Das Schulgelände gehörte nicht dem Schulverein, sondern war von Emil Molt nach der Gründung der Aktiengesellschaft «Der Kommende Tag» auf diese übertragen worden, die es ihrerseits dem Schulverein verpachtet hatte. Außerdem hatte «Der Kommende Tag» selbst für die Waldorfschule ein größeres Gelände gekauft. Im Zuge der am 5. Januar 1925 beschlossenen allmählichen Liquidation des «Kommenden Tages», der schließlich nur noch die Grundstücke und Gebäude der Waldorfschule und der Weleda in Stuttgart und Schwäbisch Gmünd besaß, wurde dieser im Juni 1928 in Uhlandshöhe AG umbenannt. Nach dem Verbot der Waldorfschule erklärte sich der Waldorfschulverein in einem Schreiben an die Uhlandshöhe AG vom 17. Mai 1938 mit der Auflösung des Pachtvertrages sowie mit dem Verkauf des Schulgeländes an die Stadt Stuttgart einverstanden, der dann auch erfolgte.[54]

Nach dem Ende des Zweiten Weltkriegs und der Beendigung der Naziherrschaft wurde der Waldorfschulverein am 1. November 1945 mit dem Namen «Verein für ein Freies Schulwesen, Waldorfschulverein e.V.» als Rechts- und Wirtschaftsträger der Freien Waldorfschule Uhlandshöhe in Stuttgart neu begründet und am 23. November 1945 in das Vereinsregister des Amtsgerichts Stuttgart eingetragen. In der Satzung ist ähnlich wie schon in der vom 29. Oktober 1922 vorgesehen, daß die Mitglieder des Lehrerkollegiums und die ständigen Mitarbeiter der Schule sowie die Eltern oder Erziehungsberechtigten der Schüler und der Kinder des Schulkindergartens ordentliche Mitglieder des Schulvereins werden. Mit dem Ende des Dienstverhältnisses bzw. mit dem Austritt des letzten Kindes aus der Schule oder dem Kindergarten wandelt sich die ordentliche in eine fördernde Mitgliedschaft. Vom Vorstand kann fördernden Mitgliedern sowie volljährigen Schülern die ordentliche Mitgliedschaft zuerkannt werden. Der Vorstand wird auf Vorschlag des Lehrerkollegiums nach Beratung mit dem Eltern-Lehrer-Kreis und dem bisherigen Vorstand durch die Mitgliederversammlung gewählt. Er besteht aus vier bis sechzehn Mitgliedern, wobei etwa die Hälfte aus dem Lehrerkollegium kommen soll. Dem Eltern-Lehrer-Kreis als Beratungs- und Initiativorgan können Eltern, Lehrer, Mitarbeiter, ehemalige Schüler und Freunde der Schule angehören. Beteiligen kann sich jedes Mitglied des Schulvereins, das bereit ist, mindestens ein Jahr lang mitzuarbeiten. In diesem Kreis soll jede Klasse durch zwei Eltern vertreten sein. Der Eltern-Lehrer-Kreis bestimmt aus seiner Mitte zwei bis drei Eltern als Vertreter im «Elternrat des Bundes der Freien Waldorfschulen».

Zusammenfassend kann man sagen, daß die Form des Waldorfschulvereins, wie sie bereits 1922 beschlossen und 1945 wieder aufgegriffen wurde, weitgehend der Eigentumsidee Rudolf Steiners entspricht. Eigentümer der Schule ist nicht irgendein privater Eigentümer, wie es bei einer Privatschule der Fall ist, vielmehr sind alle an der Schule Beteiligten gemeinschaftlich Eigentümer, indem sie sich korporativ im Schulverein zusammenschließen. Mit dem Ausscheiden aus dem Verein entsteht kein Anspruch auf das Vermögen der Schule. Auch eine Vererbung der Mitgliedschaft findet nicht statt. Die für den Vorstand in Frage kommenden Lehrer und Eltern werden vom Lehrerkollegium vorgeschlagen und von der Mitgliederversammlung bestätigt. Der Vorstand hat, obwohl es sich bei der Schule nicht primär um ein Wirtschaftsunternehmen handelt, weitgehende unternehmerische Freiheit. Allerdings bedarf er bei größeren Vorhaben, zum Beispiel bei Schulbauten, der Zustimmung und Unterstützung durch das Lehrerkollegium und die Vereinsmitgliedschaft. Die Lehrer und die Mitarbeiter der Schule sind zwar rechtlich Angestellte des Schulvereins, doch richtet sich ihr Einkommen nach der vereinbarten Gehaltsordnung, so daß grundsätzlich ein vertragliches Teilungsverhältnis vorliegt, wie es Rudolf Steiner für die Zukunft als notwendig ansah.[55] Da die Lehrer und die sonstigen Mitarbeiter der Schule Mitglieder des Schulvereins und damit ihr eigener «Arbeitgeber» sind, ist damit der sonst bestehende Interessengegensatz zwischen dem privaten Eigentümer und seinen «Arbeitnehmern» aufgehoben. Überhöhte Gehaltsforderungen würden das Unternehmen gefährden, an dem man selbst beteiligt ist und das einem Arbeit und Einkommen gewährleistet. Verzichte auf Gehaltserhöhung oder auf Urlaubs- bzw. Weihnachtsgeld in kritischen Zeiten kommen nicht einem privaten Eigentümer, sondern der Schule als Gemeinschaftsunternehmen zugute. Daß die Freie Waldorfschule Uhlandshöhe in Stuttgart nicht selbst Eigentümer des Schulgeländes und der Gebäude ist, sondern ihr nur die Einrichtung gehört, ist historisch bedingt und berührt nicht die Tatsache, daß die Eigentumsverfassung dieser Schule mit entsprechenden Modifikationen vorbildlich auch für eigentliche Wirtschaftsunternehmen sein könnte. Doch müssen für die Rechtsform des Vereins für Wirtschaftsunternehmen, wie bereits erwähnt, erst die rechtlichen Voraussetzungen geschaffen werden.

Zu erwähnen ist noch, daß es in Deutschland seit 1972 eine Waldorfschule in der Rechtsform einer eingetragenen Genossenschaft gibt, nämlich die

Freie Waldorfschule Bodensee in Rengoldshausen bei Überlingen. Diesem Modell sind weitere gefolgt. Diese hat gegenüber dem Verein den Vorteil, daß die Schule mit ihrer Begründung durch die eingezahlten Genossenschaftsanteile das für Investitionen erforderliche Kapital leichter erhält.[56] Doch ließe sich auch in eine Vereinssatzung eine Bestimmung aufnehmen, daß jedes Mitglied eine bestimmte Einlage zu leisten hat.

Es steht zu hoffen, daß in Zukunft mehr und mehr eingesehen wird, daß das private Eigentum an Wirtschaftsunternehmen in seiner bisherigen Form wegen der dargestellten schädlichen Auswirkungen überwunden und durch solche Eigentumsformen ersetzt werden muß, die der oben entwickelten Eigentumsidee entsprechen. Die geschilderten konkreten Beispiele möchten eine Anregung geben, die jeweils geeignete Form selbst zu finden.

Anmerkungen

1 Vgl. dazu u.a. Ernst Rabel, *Grundzüge des römischen Privatrechts,* Basel bzw. Darmstadt [2]1955, S. 52 f., 72 f., 110; Rudolf Sohm, *Institutionen. Geschichte und System des römischen Privatrechts,* München und Leipzig [17]1923, S. 256 ff., 302 ff., 344 ff., 431; Jörs / Kunkel / Wenger, *Römisches Recht,* Berlin, Heidelberg, New York [3]1978, S. 78 ff.; Max Kaser, *Römisches Privatrecht,* München [15]1989, S. 105; Max Kaser, *Römische Rechtsgeschichte,* Göttingen 1986, S. 27; Dulckeit / Schwarz / Waldstein, *Römische Rechtsgeschichte,* München [8]1989, S. 58 f.

2 Vgl. *Stuttgarter Zeitung* vom 9.1. bzw. 9.4.1999.

2a Vgl. *Statistisches Jahrbuch für die Bundesrepublik Deutschland,* 1992, S. 504, 1993, S. 512, 1995, S. 474, 1998, S. 465.

2b Vgl. *Bundesanzeiger* vom 11.7.1998 und *Staatsanzeiger für Baden-Wüttemberg* vom 5.10.1998.

3 Vgl. z.B. Karl Marx / Friedrich Engels, *Studienausgabe,* Band 3, Frankfurt am Main 1966, S. 59 ff., 76 f.

4 Vgl. Milovan Djilas, *Die neue Klasse. Eine Analyse des kommunistischen Systems,* München 1963.

5 Rudolf Steiner, *Die Kernpunkte der sozialen Frage in den Lebensnotwendigkeiten der Gegenwart und Zukunft,* GA 23, Dornach [6]1976, S. 98.

6 Vgl. Oskar Klug, *Katholizismus und Protestantismus zur Eigentumsfrage,* Reinbek bei Hamburg 1966, S. 68, 85, 90, 99.

7 Zitiert nach Oskar Klug, ebd., S. 76, 70.

8 Ebd., S. 84 f.

9 Ebd., S. 87, 112 f.

10 Ebd., S. 102.

11 «Mater et magistra», zitiert nach Oskar Klug, ebd., S. 115.

12 Vgl. «Eigentumsbildung in sozialer Verantwortung. Der Text der Denkschrift der Evangelischen Kirche in Deutschland», erläutert von Eberhard Müller, Hamburg 1962, S. 16 f.

13 Vgl. ebd., S. 78, 81.

14 Ebd., S. 70, 73 f. sowie S. 81 f.

15 Ebd., S. 83 ff., 89.

16 Ebd., S. 89.

17 Ebd., S. 102 f.

18 Vgl. *Gemeinwohl und Eigennutz. Wirtschaftliches Handeln in Verantwortung für die Zukunft. Eine Denkschrift der Evangelischen Kirche in Deutschland,* Gütersloh [2]1991, S. 95 ff.

19 Wolfgang Heintzeler, *Volkskapitalismus. Die freiheitliche Wirtschaftsordnung der Zukunft,* Düsseldorf, Wien 1968, S. 68 ff., 72, 77 f.

20 Rudolf Steiner, *Neugestaltung des sozialen Organismus,* GA 330, Dornach [2]1983, S. 231, 164.

21 Ebd., S. 235.

22 Ebd., S. 119.

23 Vgl. z.B. *Die Kernpunkte der sozialen Frage,* S. 87, 89 f.; ferner Rudolf Steiner, *Die soziale Grundforderung unserer Zeit. In geänderter Zeitlage,* GA 186, Dornach [3]1990, S. 102 f.

24 Rudolf Steiner, *Neugestaltung des sozialen Organismus,* a.a.O. (Anm. 20), S. 175.

25 Ebd., S. 176.

26 Rudolf Steiner, *Die Kernpunkte der sozialen Frage,* a.a.O. (Anm. 5), S. 109, 111; vgl. auch Franziskus M. Ott, *Befristetes Eigentum als Resultat empirischer Rechtsanschauung,* Dissertation, Zürich 1977; vgl. ferner Folkert Wilken, *Die Entmachtung des Kapitals durch neue Eigentumsformen,* Freiburg im Breisgau 1959; Hans Georg Schweppenhäuser, *Das Eigentum an den Produktionsmitteln. Studie zur Frage nach der Ursache und Überwindung des sozialen Gegensatzes,* Berlin 1963; Hans Georg Schweppenhäuser, *Macht des Eigentums. Auf dem Weg in eine neue soziale Zukunft,* Stuttgart 1970.

27 Vgl. §§ 76, 82, 84, 101, 111 des Deutschen Aktiengesetzes.

28 Vgl. Rudolf Steiner, *Die Kernpunkte der sozialen Frage,* a.a.O. (Anm. 5), S. 114 f. Wolfgang Latrille nennt diese Körperschaften in seinem Buch *Assoziative Wirtschaft. Ein Weg zur sozialen Neugestaltung,* Stuttgart 1985, S. 82, «Korporationen für Kapitalverwaltung».

29 Vgl. Rudolf Steiner, *Die Kernpunkte der sozialen Frage,* a.a.O. (Anm. 5), S. 111 f.; ferner S. 116, 118.

30 Vgl. Rudolf Steiner, a.a.O. (Anm. 5), S. 115, Latrille, a.a.O. (Anm. 28), S. 83 f.

31 Vgl. Latrille, ebd., S. 90.

32 Ebd., S. 91.

33 Rudolf Steiner, *Sozialwissenschaftliche Texte,* hrsg. von Roman Boos, Erstes und zweites Heft, Freiburg im Breisgau 1961, S. 30 f.

34 Ebd., S. 30.

35 Rudolf Steiner, *Die Kernpunkte der sozialen Frage,* a.a.O. (Anm. 5), S. 113.

36 Ebd., S. 114.

37 Rudolf Steiner, *Luzifer-Gnosis 1903–1908. Grundlegende Aufsätze zur Anthroposophie und Berichte aus der Zeitschrift «Luzifer» und «Lucifer-Gnosis»,* GA 34, Dornach [2]1987, S. 216.

38 Vgl. z.B. Folkert Wilken, a.a.O. (Anm. 26), S. 59.

39 Vgl. Urteil des Bundesverwaltungsgerichts vom 24.4.1979 – I C 8/74 –, *Neue Juristische Wochenschrift* (NJW) 1979, S. 2161 ff.; Karsten Schmidt, «Der Subsidiaritätsgrundsatz im vereinsrechtlichen Konzessionssystem», in: *NJW* 1979, S. 2939.

40 Vgl. Hans Kühn, *Dreigliederungszeit. Rudolf Steiners Kampf für die Gesellschaftsordnung der Zukunft,* Dornach 1978, S. 113, 258, 264, 314 f., 321 f., 331.

41 Zum Namen und zur Firmengeschichte der Weleda AG vergleiche man Willem F. Daems, *Die historische Weleda,* Dornach 1991.

42 Dies entspricht einem Vorschlag Rudolf Steiners, den dieser 1919 in seiner Schrift *Die Kernpunkte der sozialen Frage,* S. 97, gemacht hat.

43 Über die Einzelheiten der Unternehmensgeschichte orientiert die von der Mahle GmbH herausgegebene Broschüre *Die Mahle GmbH.*

44 Vgl. hierzu Hanns Voith, *Im Gang der Zeiten,* Tübingen 1960, S. 401 ff.

45 Vgl. seine Schriften *Die Stiftung als neue Unternehmensform,* Braunschweig 1951, und *Unternehmen unter frei gewählter Stiftungssatzung,* Baden-Baden / Frankfurt am Main 1956.

46 Vgl. Hans Kühn, *Dreigliederungszeit,* a.a.O. (Anm. 40), S. 101 ff., 112 f., 131, 258, 264, 285 f., 313, 316, 322, 332, ferner *Beiträge zu einer Erweiterung der Heilkunst,* Heft 1, 1985, S. 15 ff., 21.

47 Vgl. Manfred Weckenmann, «Aus der Geschichte der Carl-Unger-Klinik», in: *Beiträge zu einer Erweiterung der Heilkunst,* Heft 6, 1977, S. 202 ff.

48 Man vergleiche hierzu Emil Molt, *Entwurf meiner Lebensbeschreibung,* Stuttgart 1972, S. 202 f.; Herbert Hahn, *Der Weg, der mich führte,* Stuttgart 1969, S. 632 ff.

49 Vgl. Emil Molt, ebd., S. 203 ff.; Herbert Hahn, ebd., S. 653 ff.; Emil Leinhaas, *Aus der Arbeit mit Rudolf Steiner,* Basel 1950, S. 82 ff.; Alexander Strakosch, *Lebenswege mit Rudolf Steiner,* Dornach 1952, S. 23 ff.; *Konferenzen Rudolf Steiners mit den Lehrern der Freien Waldorfschule in Stuttgart 1919 bis 1924,* Konferenz vom 25.9.1919.

50 Vgl. Emil Molt, ebd., S. 209; *Mitteilungsblatt für die Mitglieder des Vereins Freie Waldorfschule (e.V.),* Heft 1, April 1921, S. 10; *Nachrichten der Rudolf Steiner-Nachlaßverwaltung,* Nr. 27/28, Michaeli / Weihnachten 1969, S. 58.

51 Vgl. Emil Molt, ebd., S. 208 f.; Stefan Leber, *Die Sozialgestalt der Waldorfschule. Ein Beitrag zu den sozialwissenschaftlichen Anschauungen Rudolf Steiners,* Stuttgart [2]1991, S. 128 ff.

52 *Mitteilungsblatt für die Mitglieder des Vereins für ein Freies Schulwesen (Waldorfschulverein) Stuttgart (e.V.),* Heft 3, April 1923, S. 17 f., 19. – Der Schulverein umfaßte im März 1923 1.063 ordentliche und 3.505 außerordentliche Mitglieder aus Deutschland und 21 anderen Ländern.

53 Dies ergibt sich aus Unterlagen im Archiv des Bundes der Freien Waldorfschulen.

54 Vgl. Emil Leinhaas, a.a.O. (Anm. 49), S. 180 ff., insbesondere S. 184 ff. Die Unterlagen über den Grunderwerb sowie das Schreiben vom 17. Mai 1938 befinden sich im Archiv des Bundes der Freien Waldorfschulen.

55 Vgl. Rudolf Steiner, *Die Kernpunkte der sozialen Frage,* a.a.O. (Anm. 5), S. 99.

56 Vgl. hierzu Stefan Leber, a.a.O. (Anm. 51), insbesondere S. 146 ff.

Christoph Strawe

Sozialbindung des Eigentums. Das Spannungsverhältnis zwischen dem § 903 BGB und dem Artikel 14 des Grundgesetzes

Bedeutung der Eigentumsfrage

Das Eigentumsrecht gibt der Gestaltung der Wirtschaftsprozesse und dem Miteinander der dabei Beteiligten einen bestimmten Rahmen vor. Dieser Rahmen kann solche Prozesse fördern oder behindern. So erwies sich das Staatseigentum des sogenannten real-existierenden Sozialismus als schweres Hemmnis für Initiative und Innovation im wirtschaftlichen Leben. Aber auch die Eigentumsformen, die wir im «freien» Westen kultiviert haben – und die seit 1989 in den Osten exportiert wurden –, können sich als Hemmschuh erweisen: Die Tatsache, daß Unternehmen als verkäufliche Vermögenswerte fungieren, räumt den Kapitalgebern gegenüber den im Unternehmen Tätigen den Vorrang ein. Im Zweifelsfall bestimmen diese Eigentümer, deren Gewinn die Zielgröße des Wirtschaftens ist, was geschieht. Durch die immer rigorosere Ausrichtung der Unternehmensführung am sogenannten shareholder value, dem Gewinn der Aktionäre, hat sich diese Tendenz in den letzten Jahren noch enorm verstärkt. Selbstverwaltung, das heißt bewußte Gestaltung der Verhältnisse durch die Tätigen, ist hiermit schwer vereinbar.[1]

Das Problem der Begrenzung unserer Handlungsspielräume durch das Eigentumsrecht verspüren wir nicht nur auf dem Gebiet des Unternehmenseigentums, auf das sich dieser Aufsatz konzentriert, sondern auch beim Eigentum an Grund und Boden (Bodenspekulation) und an Geldkapital (Zinsdruck).

Eigentumsinteressen und Angst ums Eigentum waren und sind ein mächtiges Instrument der Verhinderung sozialer Erneuerung. Die anglikanische Hochkirche verzeihe eher den Angriff auf neunzig Prozent ihrer Glaubensartikel als auf zehn Prozent ihres Grundeigentums, hieß es im vorigen Jahrhundert. Klaus Staecks Plakat mit dem Text «Deutsche Arbeiter, die SPD will Euch Eure Villen im Tessin wegnehmen» versuchte die Angstpropaganda in den 70er Jahren einmal durch Ironie zu konterkarieren.

Eng verbunden mit der Eigentumsordnung ist das Erbrecht. Objektiv führt es zu einer immer größeren Spreizung in der Vermögensverteilung. Noch nie wurde in Deutschland so viel geerbt wie heute. Allein für die Jahre 1995 bis 2000 rechneten Wissenschaftler mit 1,7 Millionen Erbschaftsfällen, bei der eine Gesamtsumme von rund 2,6 Billionen Mark die Hand wechselt.[2]

Unsere Eigentumsordnung – und auch unser Erbrecht – konservieren in hohem Maß römische Rechtsformen. Es ist die Frage, ob diese Formen den heutigen Sozialverhältnissen gegenüber nicht prinzipiell als Fessel wirken, ja eine Art soziale Gespensterhaftigkeit hervorrufen müssen.[3]

Privateigentum und Gemeinschaftseigentum

Das heutige Eigentum ist zum großen Teil privates Eigentum. Privateigentum ist nicht, wie die klassische Ökonomie glaubte, ein Naturzustand, sondern entwickelte sich in einem langen geschichtlichen Prozeß im Zusammenhang mit der zunehmenden Individualisierung der Menschen.[4] Am Anfang der Kulturzustände finden wir durchweg Formen des Kollektiv- und Lehenseigentums: Der sumerische Stadtfürst und der ägyptische Pharao verfügen über den Boden, aber im Auftrag der Götter, deren Geschenk er ist und denen er zu eigen bleibt. Erst später werden diese alten Formen durch das Privateigentum ersetzt, das seine erste Blüte im antiken Rom erlebt. In der privaten Verfügung über Eigentum erlebt sich der nun als «Erdenbürger» etablierte Mensch als Ego, dessen verfügender Wille im Testament über den Tod hinausgreift: *Der Einzige und sein Eigentum* ist mehr als der Titel einer philosophischen Schrift,[5] er drückt die Tendenz zur unbeschränkten Herrschaft des Ego über die Sache aus, eine Herrschaft, die ihre Grenze allenfalls an den Eigentumsansprüchen eines anderen Ego findet. – Der Sklave wird in Rom als «sprechendes Werkzeug» angesehen, das heißt als Sache, über die sein Eigentümer unbeschränkt verfügen kann.

Der Gedanke des Privateigentums als im Kern unbeschränkter Sachherrschaft geht auf das römische Recht zurück. In Mitteleuropa dauert die Verdrängung des germanischen durch dieses römische Recht vom 15./16. Jahrhundert bis ins 18. Jahrhundert. Altes Gemeineigentum lebt lange noch im Stammes-, Gemeinde- oder öffentlichen Eigentum weiter. Privat-, Feudaleigentum und öffentliches Eigentum koexistieren.[6]

Der moderne Eigentumsbegriff ist zwiespältig und unausgereift. Der Glaubensstreit um die Eigentumsfrage, der bis zum Ende des Systemkonflikts zwischen «Kapitalismus» und «Sozialismus» in diesem Jahrhundert anhielt, hängt mit dieser Zwiespältigkeit zusammen.

Auf der einen Seite ist der Anspruch, über «das Eigene» unbevormundet verfügen zu können, die notwendige und zwingende Folge der Mündigkeit und Selbständigkeit des modernen Menschen. In diesem Sinne proklamierte die Französische Revolution ein Jedermannsrecht (Menschenrecht) auf Eigentum. In der Erklärung der Bürger- und Menschenrechte aus dem Jahre 1789 heißt es: «La propriété est un droit inviolable et sacré.»[7]

Dieser Einschätzung des Eigentums entspricht in der ökonomischen Theorie die Annahme, daß das Eigentum Frucht und Instrument der Arbeit, das heißt an die Leistung gebunden sei. Faktisch wurde es jedoch oft genug zum Mittel des Bereicherungsstrebens der Nicht-Leistenden. Das Eigentum der einen rief die Eigentumslosigkeit der anderen hervor. Eigentum wurde so aus einer Bedingung der Freiheit zur Ursache von Unfreiheit. Äußerlich schafft man in der Neuzeit die Sklaverei ab, aber die Eigentumsmacht führt zu neuen Abhängigkeitsverhältnissen. Bei formaler Gleichheit wird ökonomisch Zwang und Gewalt geübt.

An dieser Verkehrung von Eigentumsrecht in Eigentumsunrecht setzt die sozialistische Kritik an (Saint-Simon, Proudhon, Marx – wobei letzterer deutlich zwischen privatem Produktionsmitteleigentum und persönlichem Eigentum unterscheidet). Es wird kritisiert, daß die behauptete Identität von Eigentum und Arbeit in die Nichtidentität umgeschlagen ist – bis in die endgültige Trennung von Kapitalfunktion (Manager) und Kapitaleigentum (Rentier). Der eigentumslose Proletarier gerät in die Knechtschaft des produktionsmittelbesitzenden Kapitalisten; während der Reichtum immer mehr als Resultat eines arbeitsteilig vollzogenen «gesellschaftlichen» Produktionsprozesses erscheint, wird er zugleich von einer immer kleineren Minderheit von «Expropriateurs» angeeignet. Die Schlußfolgerung von Karl Marx bestand bekanntlich darin, daß der gesellschaftliche Charakter der Produktion auch ein «gesellschaftliches Eigentum» erfordere, weshalb die Stunde des kapitalistischen Privateigentums bald schlagen werde und die

«Expropriateurs» expropriiert – enteignet – würden. In der Praxis führte diese Theorie zum bürokratischen Staatseigentum und zur Tyrannei.

So bestechend sich die Marxschen Analysen auch streckenweise ausnehmen, konstruktive praktische Lösungen werden nicht geboten. Das hängt auch damit zusammen, daß der Marxismus sich letztlich nicht aus dem Denkmuster «individuell = privat = eigennützig = unsozial» / «kollektiv = sozial» befreien konnte. Dieses Denkmuster führte dazu, daß die falschen Fragen gestellt wurden. Falsche Problemstellungen aber haben schon immer Erkenntnisfortschritte blockiert.

Man hat von antimarxistischer Seite aus dann die Parole «Freiheit *oder* Sozialismus!» ausgegeben. Vergessen hat man dabei, worauf es heute ankäme: Verhältnisse, die zugleich freiheits- und gemeinschaftsverträglich sind. In bezug auf das Eigentum läuft dies auf die Frage hinaus, wo die «private» (individuelle) Verfügung gerade auch für die Gemeinschaft Sinn macht und wo bzw. von wem dieser Verfügung unter sozialen Gesichtspunkten Grenzen gesetzt werden sollten. Um diese Frage beantworten zu können, muß zunächst der Sozial- und der Individualaspekt des Eigentums generell untersucht werden.

Verfügung zum persönlichen Gebrauch oder Verfügung im sozialen Prozeß

Unser Eigentumsbegriff – soweit er sich aus der römischen Rechtsfigur der unbeschränkten Sachherrschaft herleitet – ist in dieser Hinsicht höchst undifferenziert: Man kann heute einen Bücherschrank erben, aber auch einen Stahlkonzern. Beide gehen dadurch in das Eigentum des Erben über. Begrifflich wird dabei verwischt, daß es sich bei dem Bücherschrank um einen rein persönlich genutzten Gegenstand handelt; während es sich bei einem Unternehmen von vornherein nicht um eine «Privatangelegenheit», sondern um eine Sozialangelegenheit handelt. Ist doch mit dem Unternehmen das Schicksal zahlreicher Menschen – Mitarbeiter, Lieferanten usw. – verbunden.

Zur vollständigen Verfügungsfreiheit des einzelnen im Bereich persönlicher Nutzung gibt es unter modernen Bedingungen keine Alternative. Gegenstände des persönlichen Gebrauchs und des individuellen Konsums muß ich nach Belieben behandeln, veräußern, ja zerstören dürfen. Es geht hier um eine abzugrenzende und zu schützende Privatsphäre, die die Gemeinschaft im wahrsten Sinne des Wortes «nichts angeht».

Wo einzelne Menschen unternehmerisch über Produktionsmittel verfügen, da betätigen sie sich von vornherein sozial, entfalten ihre Fähigkeiten im sozialen Kontext. Produktionsmittel können gerade nicht zur Gesellschaft hin abgegrenzt werden, sind sie doch Instrumentarium des Wirkens in die Gesellschaft hinein. Hier dürfte es kein «Privateigentum» im Sinne willkürlichen Schaltens und Waltens geben; denn Mitarbeiter im Unternehmen können doch kein Objekt persönlicher Verfügung, kein «Eigentum» sein! Und werden sie doch dazu gemacht, muß das die sozialen Empfindungen und die Motivation zur Arbeit letztlich korrumpieren.

«Individuelle Verfügung» kann, was Produktiosmittel angeht, nur «im Sozialauftrag» erfolgen: Es handelt sich darum, daß unternehmerisch befähigte Menschen etwas aus der Sache machen, was letztlich allen Betroffenen nützt. Das heißt auch, daß eben über solche Mittel nur sollte verfügen können, wer damit auch tatsächlich unternehmerisch umgeht – und nicht, wer Gewinne zwar abschöpfen, sich im übrigen aber an der Riviera sonnen möchte (Stichworte wie «Gunther Sachs», «Flick-Erben» usw. mögen hier das Problem wenigstens andeuten).

Der Einwand, die Abgrenzung zwischen beiden Eigentumsqualitäten sei willkürlich, ist spitzfindig. Ich kann eine Eigentumswohnung, ein Ferienhaus usw. persönlich nutzen, nicht jedoch sechzig Eigentumswohnungen (es sei denn, ich würde jede Woche umziehen). Wenn es auch Abgrenzungsfragen gibt, so sollte doch jedem, den nicht eigensüchtige Interessen an der Betätigung seines gesunden Menschenverstandes hindern, der Unterschied plausibel zu machen sein.

§ 903 BGB und Artikel 14 GG

Nun haben wir im deutschen Recht zwei wesentliche Aussagen zum Eigentum, den § 903 des Bürgerlichen Gesetzbuchs von 1900 und den Artikel 14 des Grundgesetzes von 1949.

Das BGB (1900), § 903 [«Befugnisse des Eigentümers»], sagt: *«Der Eigen-*

tümer einer Sache kann, soweit nicht das Gesetz oder Rechte Dritter entgegenstehen, mit der Sache nach Belieben verfahren und andere von jeder Einwirkung ausschließen.» In dieser Formulierung erscheint das Eigentum in seiner Abgeschlossenheit gegenüber dem Sozialen, das heißt in der Art, die gegenüber Gegenständen des persönlichen Gebrauchs sinnvoll ist. Der Sozialaspekt des Eigentums kommt hingegen in dieser Formulierung eigentlich überhaupt nicht vor. Man lasse sich durch den Hinweis auf die Rechte Dritter hier nicht täuschen: Daß die persönliche Nutzung ihre Grenze findet, wo sie andere schädigt oder gefährdet, ist eine bloße Selbstverständlichkeit. Daß ich bei der Nutzung meines Autos die Verkehrsregeln beachten muß, schränkt meine ansonsten uneingeschränkte Verfügungsmacht nicht ein – eine Verfügungsmacht, die sich aber gegenüber Produktionsmitteln, Grund und Boden usw. gerade als problematisch erweist.

Sozialpflichtigkeit des Eigentums

Die Formulierung des Grundgesetzes in *Art. 14 [Eigentum und Erbrecht]* hat demgegenüber eine gänzlich andere Nuance. Hier wird gerade der Sozialaspekt des Eigentums in den Blick gefaßt:

«(1) Das Eigentum und das Erbrecht werden gewährleistet. Inhalt und Schranken werden durch die Gesetze bestimmt.

(2) Eigentum verpflichtet. Sein Gebrauch soll zugleich dem Wohle der Allgemeinheit dienen.

(3) Eine Enteignung ist nur zum Wohle der Allgemeinheit zulässig. Sie darf nur durch Gesetz oder auf Grund eines Gesetzes erfolgen, das Art und Ausmaß der Entschädigung regelt [...].»

Hier wird also eine eindeutige Sozialbindung des Eigentums – bei gleichzeitigem Eigentumsschutz – formuliert. Die Verfügung des Eigentümers wird durch diese Sozialbindung nicht einfach negativ umgrenzt (Rechte Dritter dürfen nicht tangiert werden), sondern positiv gefaßt («soll dem Wohle der Allgemeinheit dienen»). Der Absatz 2 konkretisiert zugleich den Absatz 1: Die gesetzliche Bestimmung von Inhalt und Schranken des Eigentums (z.B. auch innerhalb des Erbrechts) kann sinnvollerweise eben nur unter dem Gesichtspunkt der Sozialpflichtigkeit von Absatz 2 erfolgen. Diese gesetzliche Regelung hätte mithin auch den Differenzierungen des Eigentums (persönliche Verfügung, Verfügung im Sozialkontext) Rechnung zu tragen. Sinnvollerweise kann die Sozialpflichtigkeit im Hinblick auf diese Differenzierung nur eine abgestufte sein – auch wenn diese im Grundgesetz nicht ausdrücklich formuliert ist. Denn es macht natürlich keinen Sinn zu sagen, daß der Gebrauch meiner Zahnbürste dem Wohl der Allgemeinheit dienen solle. Eigentumsschutz im Sozialkontext würde bedeuten, die Verfügbarkeit von Produktionsmitteln sowie von Grund und Boden für die mit ihrer Hilfe für andere (wenn man so will «die Allgemeinheit») Tätigen vor vormundschaftlichen Eingriffen zu schützen.

Als das Grundgesetz entstand, war der Wille zu einem sozialen Neubeginn – unter dem Eindruck der Schrecken der Nazi-Barbarei – noch weit verbreitet. Dieser Wille ebbte jedoch ab – im Zuge der Restauration alter Besitz- und Machtverhältnisse und des «Wirtschaftswunders» der 50er Jahre. Dies führte auch dazu, daß die Konkretisierung des Artikels 14 durch die Gesetzgebung bis heute höchst unbefriedigend geblieben ist. Ähnliches gilt auch für die Bezugnahme der Rechtsprechung auf den Artikel.

Juristische Debatten

In den juristischen Debatten ist die Bedeutung des Artikels 14 immer wieder umstritten gewesen. 1988 konstatierte der Bundesverfassungsrichter i.R. Prof. Dr. Werner Böhmer, ein großer Teil der vom Bundesgerichtshof geprägten Rechtsprechung zu Enteignungsfragen bzw. dem damit verbundenen Problem, wieweit hier die Regelungskompetenz des Gesetzgebers reiche, sei mit dem Grundgesetz unvereinbar.[8] In der Rechtsprechung des Bundesverfassungsgerichts (BVerfG) und des Bundesgerichtshofs (BGH) ist der Artikel 14 in der Tat unterschiedlich interpretiert worden. So hat z.B. der sogenannte «Naßauskiesungsbeschluß» des BVerfG große Beachtung gefunden, bei dem es im Kern darum ging, ob die Versagung des Rechts auf Kies- und Sandausbeutung eines Grundstücks eine entschädigungspflichtige Enteignung darstelle, wenn diese die (durch Gesetze geschützte) Grundwasserqualität gefährde – eine Frage, die vom Gericht verneint wurde. Böhmer bestreitet, daß damit das BVerfG – wie vielfach behauptet – eine «grundsätzliche Änderung in der Exegese des Art. 14 GG vollzogen und völlig neue Maßstäbe entwickelt» habe.[9] Prinzipiell neu sei hingegen der Eigentumsbegriff des Grundgesetzes gegenüber seinen historischen Vorläufern.[10] Der Eindruck einer «kopernikanischen Wende» in der Rechtsprechung des BVerfG konnte nur durch die falsche These entstehen, der Eigentumsbegriff von Artikel 14, Absatz 1, sei durch den Artikel 903 des BGB determiniert. «*Materiellrechtlich* heißt das: Das Grundgesetz gewährleiste das Recht des Eigentümers, mit seiner Sache nach Belieben zu verfahren, als ein ‹an sich› schrankenloses Recht.»[11] Man wollte hier, so Böhmer, in unhaltbarer Weise den Text der Verfassung, die doch gerade den normativen Rahmen der Einzelgesetzgebung abstecken soll, mit Hilfe eines Einzelgesetzes interpretieren. § 903 BGB umschreibt Eigentum als absolute Sachherrschaft. «Der Eigentümer erscheint als der Berechtigte, nicht aber als Verpflichteter, gesprochen wird von seiner Freiheit, geschwiegen wird von seiner Verantwortung. Der Dritte ist der Ausgeschlossene, der sich jeder Einwirkung auf die Sache zu enthalten hat. Von Pflichten wollen die Redaktoren des BGB nichts wissen. [...] In § 903 BGB ist die Beziehung Mensch – Sache, nicht aber die Einordnung des Eigentümers in die Rechtsgemeinschaft normiert, in der er mit seinem Hab und Gut lebt.»[12] Dagegen ist der Artikel 14 Ausdruck des Menschenbildes des Grundgesetzes. Das Grundgesetz hat sich, wie auch vom BVerfG wiederholt festgehalten, für ein sozial gebundenes Privateigentum entschieden und intendiert damit ein Gleichgewicht zwischen Individual- und Gemeinschaftsinteressen.[13]

Erwähnt sei in diesem Zusammenhang noch, daß Beobachter in jüngerer Zeit eine Annäherung der Rechtsprechung des BGH an diejenige des BVerfG glauben konstatieren zu können.[14]

Wurde bisher die Bedeutung des Art. 14 des Grundgesetzes vor allem in seiner unterschiedlichen Nuancierung gegenüber dem § 903 BGB verkannt, so gibt es auch noch eine andere Möglichkeit der Mißdeutung. Sie würde darin bestehen, in der Sozialbindung eine Art Genehmigungspflichtigkeit individueller Initiative durch die Gemeinschaft zu sehen oder den Art. 14 in Verbindung mit dem Art. 15 als einen Freibrief für Verstaatlichungen zu interpretieren. Der Art. 15 lautet bekanntlich: *«Grund und Boden, Naturschätze und Produktionsmittel können zum Zwecke der Vergesellschaftung durch ein Gesetz, das Art und Ausmaß der Entschädigung regelt, in Gemeineigentum oder andere Formen der Gemeinwirtschaft überführt werden. ...»*

«Gemeinwirtschaft» im Sinne des GG: keine Staatswirtschaft

Die Frage wäre hier, was denn unter Gemeineigentum zu verstehen sei und welche Formen der Gemeinwirtschaft sinnvoll sind. Wird diese Frage nicht hinreichend reflektiert, besteht die Gefahr, daß die Form der unbeschränkten Sachherrschaft (§ 903) bloß so gewendet wird, daß der sich über den Staat – mehr oder weniger rein – artikulierende Mehrheitswille der Gemeinschaft diese Sachherrschaft ausübt. Wirtschaftliche und geistige Entscheidungen können jedoch prinzipiell nicht inhaltlich von Mehrheitsurteilen abhängig sein, bei geistigen Fragen kann nur das Individualurteil maßgebend sein, bei wirtschaftlichen Fragen kommt zusätzlich der objektive Gemeinsinn und der Zusammenklang der Urteile in Betracht, der sich durch Zusammenarbeit von Wirtschaftspartnern bilden kann.[15]

Die Pointe des Art. 14 besteht darin, daß der einzelne – ohne erst die Gemeinschaft fragen zu müssen – vom Eigentum einen dieser Gemeinschaft dienlichen Gebrauch machen soll. Umgekehrt muß «Gemeinwirtschaft» im Sinne des Grundgesetzes als etwas betrachtet werden, das die Autonomie des einzelnen nicht verhindert, sondern mündige Zusammenarbeit gerade ermöglicht. Der Art. 15 würde z.B. die Handhabe bieten, ab einer bestimmten Größe des Unternehmens Vorschriften für dessen Form zu machen, die die «Sozialbindung» sicherstellen.[16]

Eigentum im sozialen Fluß – letztlich eine Konsequenz aus dem Artikel 14 des Grundgesetzes

Wie kann der Begriff des sozialpflichtigen Eigentums inhaltlich genauer gefaßt werden? – Hier ist zweifelsohne hilfreich, was Rudolf Steiner 1919 als den Gedanken eines Kreislaufs der Produktionsmittel, eines Eigentums im sozialen Fluß darstellt[17] und was 1989 in der Umbruchbewegung in Ost- und Ostmitteleuropa als sogenanntes «operatives Eigentum» eine gewisse Zeit in der Diskussion eine Rolle spielte,[18] bevor solche innovativen Ansätze durch die Entwicklung zunächst zurückgedrängt wurden.

Rudolf Steiner stellte die sowohl gegenüber den Vertretern der alten Ordnung als auch gegenüber der orthodox marxistisch geprägten damaligen Arbeiterbewegung provokante These auf, gerade aus sozialen Gründen dürfe die freie Verfügung über Produktionsmittel nicht unterbunden werden, «solange die individuellen Fähigkeiten so verbunden bleiben mit der Kapitalgrundlage, daß die Verwaltung [des Kapitals, C.S.] einen Dienst bedeutet für das Ganze des sozialen Organismus».[19] Sozial gebundenes Eigentum ist also kein eingeschränktes Eigentum, sondern schafft erst den notwendigen

Raum für unternehmerisches Wirken, während der Unternehmer heute häufig in seinem Gestaltungsraum beschränkt ist durch seine Abhängigkeit von den Interessen der Kapitalanleger.

Nicht Privateigentum als Instrument frei verfügender unternehmerischer Intelligenz ist das Problem, so Rudolf Steiner, sondern erst das Fortbestehen des Eigentums, wenn die Bedingungen aufgehört haben zu existieren, die zu seiner tatsächlichen Sozialbindung führen. Und dies wird immer dann der Fall sein, wenn Eigentum und Tätigkeit für das Ganze auseinanderfallen (was z.B. bei Vererbung oder Verkauf der Fall sein kann). Im Hinblick auf dieses Auseinanderfallen ist Eigentum also kein ewiges, sondern ein befristetes Recht:[20] Man verfügt nur, solange man mit dem Kapital «operiert» (deshalb «operatives Eigentum»).

Eigentum in Sozialbindung ist nicht als Vermögenswert zu sehen, sondern als Instrument für das soziale Wirken der mündigen Persönlichkeit (wie bei der Kategorie «Besitz» ist die «tatsächliche» Nutzung der Sache maßgebend[21]). Nur im Hinblick auf diese Rolle des Instruments ist die Frage zu beantworten, wem denn ein Unternehmen eigentlich gehöre. Im Sinne des Eigentumsbegriffs von § 903 BGB gehört es eigentlich niemandem! Im Sinne eines durch die Nutzung bestimmten Eigentumsbegriffs gehört es allen, die im Unternehmen und mit dessen Ausstattung Leistungen für andere erbringen: Das heißt, die Gesamtheit der Mitarbeiter muß aus Funktionsgründen Eigentümer sein! Die aus diesem Eigentum resultierende Verfügungsmacht ist jedoch zu differenzieren hinsichtlich des Grades an unternehmerischer Fähigkeit der einzelnen Mitarbeiter und deren Verantwortung im Unternehmen.[22]

Kreislauf der Produktionsmittel. Widerspruch zwischen Sozialbindung und Verkäuflichkeit

Das Eigentum an Produktionsmitteln muß mit der tatsächlichen unternehmerischen Nutzung mitwandern. Oder anders gesagt: Produktionsmittel müssen bei Wegfall der Eigentumsbedingungen (Geschäftsaufgabe etc.) an neue Unternehmerpersönlichkeiten übertragen werden. Dies kann durch den alten Unternehmer oder besondere Gremien des Unternehmens oder eines Unternehmensverbundes geschehen.[23] Der Staat hätte nur in geeigneter Weise sicherzustellen, *daß* die Überleitung stattfindet, diese selbst ist keine öffentlich-rechtliche, sondern eine vertragsrechtliche Frage. Natürlich finden heute solche Übertragungsvorgänge bereits statt – nur sind sie überlagert von den Vorgängen der Eigentumsübertragung durch den Verkauf von Unternehmen und Unternehmensanteilen.[24] Eigentum ist eben heute nicht nur Nutzungsbefugnis, der Betrieb gilt nicht nur als Produktionsmittel, sondern zugleich auch als Kapitalvermögen, mit dem immer noch weitgehend im Sinne des § 903 BGB umgegangen werden kann. Beim Verkauf durch den Alteigentümer wird der Gesichtspunkt des maximalen Kaufpreises wichtiger sein als die «wirtschaftlich und sozial sinnvolle» Lösung. Und die Neueigentümer werden bei der Wahl des Managements gewiß auch nach der größtmöglichen Befähigung fragen, aber der Aspekt hierbei wird der erwartete Beitrag zur eigenen Rendite sein. Daß die Aspekte des sozial und ökologisch Sinnvollen und des maximalen Kaufpreises in Zielkonflikte führen, hat nicht zuletzt die Praxis der *Treuhand* gezeigt, die ja letztlich die Aufgabe hatte, eine ganze Volkswirtschaft zu privatisieren, das heißt das Kapital in den richtigen sozialen Fluß zu bringen.

An dieser Stelle ist auf die eingangs angestellte Betrachtung über den Unterschied zwischen Gegenständen persönlicher und sozialer Nutzung zurückzukommen. Denn auch die Frage der Verkäuflichkeit des Eigentums muß sich im Hinblick auf diese Unterscheidung notwendig differenzieren. Gibt jemand sein persönliches Eigentum weg, so verzichtet er auf dessen weiteren Genuß, in den nun der Käufer gelangt, was durch den Kaufpreis entgolten wird. Das ist ein klar durchschaubarer und sinnvoller Vorgang! Anders beim Eigentum an Grund und Boden und Produktionsmitteln. Hier wird ja der Kaufpreis erhoben, wenn sich der Verkäufer von der Nutzung und damit von seiner bisherigen Leistung für die Allgemeinheit mit Hilfe des Eigentums zurückzieht! Es wird im Grunde genommen – durchaus im Widerspruch zur behaupteten Systembedingung, «Leistung müsse sich lohnen» – die Nichtleistung honoriert!

Dies stellt den vorherigen Nutzer prinzipiell besser als seinen Nachfolger. Der Nachfolger, wenn er selber Unternehmer ist, wird in seiner unternehmerischen Freiheit beengt. Wo die Neueigentümer das Unternehmen nur als Renditeobjekt erworben haben, müssen ihnen Management[25] und Mitarbeiter den Kaufpreis wieder herauswirtschaften, was eine Beschränkung ihrer unternehmerischen Handlungsmöglichkeiten darstellt. Die «Freiheit», der die Verkäuflichkeit angeblich dient, ist also eine höchst einseitige. Das geschilderte Problem hängt natürlich auch mit den heutigen Formen der Unternehmensfinanzierung zusammen. So wird es sich bei der Ausgestaltung der Sozialbindung des Eigentums auch darum handeln müssen, Finanzierung wirtschaftlicher Tätigkeit und Eigentumsansprüche konsequent zu entkoppeln. Denn die Sozialbindung des Eigentums und die Verkäuflichkeit von Unternehmen[26] müssen immer wieder miteinander in Konflikt geraten.[27]

Indem Verfügungsrechte durch Verkauf übertragen werden, wird im Grunde das Recht selber zur Ware gemacht. An die Stelle individueller Beurteilungen, wie sie für den Übertragungsvorgang allein maßgebend sein können, treten weitgehend anonyme Marktmechanismen. Dieses Problem wird auch durch eine «Befreiung der Marktwirtschaft vom Kapitalismus» via Nullzins und Wegsteuern der Bodenrente nicht gelöst. Die Hoffnung, dann weiterhin dem ‹Daseinskampf (sprich dem Marktmechanismus) und nicht der irrenden Vernunft des Menschen› die wirtschaftlichen Entscheidungen überlassen zu können (Silvio Gesell), trügt. Die Meinung, wer am meisten herauswirtschaften und damit zahlen könne, sei auch a priori «der beste Wirt», ist nur dann richtig, wenn man Rendite als Wert für sich sieht, während für die Beurteilung unternehmerischer Fähigkeiten eben noch ganz andere Gesichtspunkte in Betracht kommen.[28] Nicht der Markt als solcher, sondern nur Menschen, die ihre Vernunft bewußt betätigen und damit den Irrtum bekämpfen, können Verhältnisse sinnvoll ordnen. Für eine solche Neuordnung der Ökonomie auf der Basis von Zusammenarbeitsverhältnissen – mit einem von Rudolf Steiner geprägten Terminus kann man von «assoziativer Wirtschaft» sprechen – sind neue Wege im Umgang mit der Eigentumsfrage nur *eine* Bedingung.[29]

«Treuhandeigentum», «Kapitalneutralisierung»

Man hat die Form des sozialgebundenen Eigentums auch mit dem Ausdruck des «Treuhandeigentums» bzw. der «Kapitalneutralisierung» belegt. Beide Ausdrücke bringen Aspekte der Sache richtig zum Ausdruck. Allerdings sind sie auch nicht unmißverständlich: Der Unternehmer ist in der Tat Treuhänder, insofern der Umgang mit Produktionsmitteln, wie schon ausgeführt, eine Art Sozialbeauftragung beinhaltet. Dies bedeutet aber nicht, daß es sich um ein Eigentum zweiten Grades handelt, bei dem die Gemeinschaft eine Art Obereigentum behielte, welches Interventionen dieser Gemeinschaft in die unternehmerische Tätigkeit rechtfertigen würde.

Aus demselben Grund ist der Ausdruck «Kapitalneutralisierung» nicht ganz eindeutig. Richtig daran ist, daß das Kapital als reine Geldmacht neutralisiert wird. In bezug auf individuelle unternehmerische Verantwortung ist es allerdings durchaus kein Neutrum, sondern gerade hochgradig individualisiert. Ein «Neutralisierungsbedarf» tritt erst ein im Moment der Loslösung des einzelnen von der Aufgabe, die ihn mit der Sache verbunden hat, so daß man eher von einem Pendelschlag zwischen Kapitalindividualisierung und Kapitalneutralisierung sprechen könnte.

Innovation ist nötig

Es wäre sicherlich zu weitgehend, wenn man behaupten würde, der Art. 14 des Grundgesetzes erzwinge eine Veränderung der Eigentumsordnung im hier skizzierten Sinne. Es wäre aber sicher auch zu schwach, wenn man nur feststellen würde, er verhindere sie nicht. Vielmehr liegt eine solche Veränderung in der Richtung des mit dem Art. 14 wesentlich Intendierten. Denn im Konzept des «operativen Eigentums» ist der Sozialbindungsgedanke konsequent zu Ende gedacht.

Es ist tragisch, daß die Möglichkeiten einer Neugestaltung der Eigentumsverhältnisse in den Umbruchländern Ost- und Ostmitteleuropas nicht genutzt wurden. In den Staaten der GUS mischten alte Nomenklatura und Mafia bei der Privatisierung kräftig mit. In den neuen Bundesländern hat das Prinzip «Rückgabe vor Entschädigung» zu Blockierung von sinnvollen Maßnahmen insbesondere im Bereich der Bodennutzung geführt und auf Jahre hinaus für Verunsicherung und Unfrieden gesorgt.

Angesichts wachsender Eigentumsungerechtigkeiten in Deutschland und der Welt werden wir letztlich gar nicht umhin können, neue Eigentumsformen zu schaffen, wenn wir nicht heillose soziale Konflikte in Kauf nehmen wollen. Einzelne Initiativen können im Kleinen mit neuen Eigentumsformen vorangehen,[30] letztlich wird man aber nicht um eine Neuordnung im Großen herumkommen. Nur durch ein menschenwürdiges Eigentumsrecht ist ein Zustand erreichbar, der die allgemeinen Menschenrechte auch im Wirtschaftsleben Realität werden läßt.[31]

Anmerkungen

1 Auch für Bemühungen um eine Kooperation von Unternehmen jenseits der Konkurrenzlogik des Marktes ist das Eigentumsrecht oft eine Behinderung, da die bestehende Form der Gewinnbesteuerung freivertragliche Zusammenarbeit und die Kooperation im Rahmen beispielsweise eines Konzerns nicht gleichberechtigt behandelt.

2 Thomas Bastar: Was am Ende übrigbleibt. «DS – Das Sonntagsblatt» Nr. 35, September 1995. Beim Erbrecht schafft auch das bestehende «Jus sanguinis», das die Blutsverwandten bei der Erbschaftssteuer (bzw. der Schenkungssteuer als vorgezogener Erbschaftssteuer) erheblich begünstigt, einen bestimmten Rahmen für Handlungsmöglichkeiten. Dabei fragt es sich, ob unser Recht mit den Verhältnissen Schritt gehalten hat. Eine Begünstigung der Blutsverwandten machte Sinn, solange der Sohn den Hof erbte. Wenn der Sohn in die Stadt geht, andere Menschen dagegen aus rein ideellen Motiven heraus z.B. biologischen Landbau treiben wollen, wird das bestehende Erbrecht zum Verhinderungsinstrument für Initiativen auf diesem Felde.

3 R. Steiner führt einmal aus, wie schlechte soziale Einrichtungen Gespenster produzieren müssen (*Das Hereinwirken geistiger Wesenheiten in den Menschen,* GA 102, Dornach ³1984, Vortrag vom 4. Juni 1908).

4 Auf die Tatsache der Individualisierung, heute von der Soziologie in ihren sozialen Folgen und Risiken breit diskutiert, macht R. Steiner bereits 1898 in zwei Aufsätzen aufmerksam («Die soziale Frage» und «Freiheit und Gesellschaft», in: *Gesammelte Aufsätze zur Kultur- und Zeitgeschichte 1887–1901,* GA 31, Dornach ³1989, S. 247 ff., 251 ff.). Er bezeichnet die Tendenz der zunehmenden Emanzipation des einzelnen von der Herrschaft der Kollektive («Verbände») als «soziologisches Grundgesetz».

5 Max Stirner, *Der Einzige und sein Eigenthum* (1845).

6 Vgl. zum ganzen Komplex: Hans Georg Schweppenhäuser, *Macht des Eigentums. Auf dem Weg in eine neue soziale Zukunft,* Stuttgart 1970. Das römische Zivilrecht wird um 534 von Justinian aufgrund von Schriften römischer Juristen, kaiserlicher Dekrete usw. zusammengestellt (Codex juris civilis). Das germanische Recht kennt gegenüber dem römischen ein Nutzungseigentum, im Sinne zweckgebundener Verfügung. Noch 1499 wehrt sich die Schweiz in der Schlacht von Dornach («Schwabenkrieg») erfolgreich gegen die Einführung des römischen Rechts durch Maximilian und verteidigt ihre eigene Rechtsordnung.

7 «Das Eigentum ist ein unverletzliches und geheiligtes Recht.»

8 Werner Böhmer, Grundfragen der verfassungsrechtlichen Gewährleistung des Eigentums in der Rechtsprechung des Bundesverfassungsgerichts. In: Neue Juristische Wochenschrift 1988, S. 2561 ff.

9 Ebd., S. 2561.

10 Ob diese in dem von Böhmer behaupteten Ausmaß gegenüber dem Art. 153 der Weimarer Reichsverfassung der Fall ist, sei hier dahingestellt. Der Artikel 153 [Eigentum, Enteignung] der Weimarer Verfassung lautet: «Das Eigentum wird von der Verfassung gewährleistet. Sein Inhalt und seine Schranken ergeben sich aus den Gesetzen.
Eine Enteignung kann nur zum Wohle der Allgemeinheit und auf gesetzlicher Grundlage vorgenommen werden. Sie erfolgt gegen angemessene Entschädigung, soweit nicht ein Reichsgesetz etwas anderes bestimmt. Wegen der Höhe der Entschädigung ist im Streitfalle der Rechtsweg bei ordentlichen Gerichten offenzuhalten, soweit Reichsgesetze nichts anderes bestimmen. Enteignung durch das Reich gegenüber Ländern, Gemeinden und gemeinnützigen Verbänden kann nur gegen Entschädigung erfolgen.
Eigentum verpflichtet. Sein Gebrauch soll zugleich ein Beitrag sein für das Gemeine Beste.»
Nach: *Deutsche Verfassungen,* hrsg. von Prof. Dr. Rudolf Schuster. München 1992, S. 201 f.

11 Böhmer, a.a.O. (Anm. 8), S. 2567.

12 Ebd., S. 2568.

13 Vgl. ebd., S. 2572.

14 Vgl. Joachim Lege: «Enteignung als Güterbeschaffungsvorgang. Folgt der BGH dem BVerfG? Und bleibt dieses sich selbst treu?» In: *Neue Juristische Wochenschrift,* Heft 40/1993, S. 2565 ff. «Der *BGH* ist in den Fällen des recht*mäßigen* Vollzugs recht*mäßiger* Gesetze i.S. des Art. 14 I 2 oder III GG praktisch – wenn auch nicht explizit – auf die Linie des *BVerfG* eingeschwenkt.» (S. 2570) Andererseits sei der Enteignungsbegriff des *BVerfG* nicht als eindeutig und endgültig geklärt anzusehen (S. 2565).

15 Vgl. Christoph Strawe, «Brüderlichkeit im Wirtschaftsleben – Utopie oder aktuelle Gestaltungsaufgabe?», in: *Die Drei,* Heft 2/1994, S. 95 ff.

16 Daß die Formulierung von der «Vergesellschaftung» sicherlich auch eine Konzession an alte Denkgewohnheiten im Umgang mit dem Begriffspaar «privat» und «sozial» darstellt, versteht sich am Rande. Dem Wesensgehalt nach stellen Art. 14 und 15 GG jedoch bereits eine weitgehende Überwindung dieses Dualismus dar.

17 Rudolf Steiner, *Die Kernpunkte der sozialen Frage in den Lebensnotwendigkeiten der Gegenwart und Zukunft* (1919), GA 23, Taschenbuchausgabe Dornach/Schweiz 1984.

18 Vgl. Rolf Henrich, *Der vormundschaftliche Staat. Vom Versagen des real existierenden Sozialismus,* Reinbek bei Hamburg 1989.

19 *Kernpunkte,* a.a.O. (Anm. 17), S. 89.

20 Rudolf Steiner nennt als Modell solcher Befristung das Urheberrecht.

21 BGB, § 854: «[Erwerb des Besitzes] (1) Der Besitz einer Sache wird durch die Erlangung der tatsächlichen Gewalt über die Sache gewonnen.»

22 Der Gemeinschaft als ganzer wiederum ist das Unternehmen dadurch verpflichtet, daß es seine Erträge nur im größeren sozialen Kontext, unter Benutzung der Früchte geistiger Arbeit der gegenwärtigen und vergangener Generationen usw., erwirtschaften kann. So fließt ein Teil des Ertrages an Kulturleben und Staat ab.

Einen Überblick über Arbeitsansätze zum Thema «Eigentum», die an R. Steiner anschließen, gibt Wolfgang Latrille, *Assoziative Wirtschaft. Ein Weg zur sozialen Neugestaltung. Die pragmatischen Aspekte der sozialen Dreigliederung,* Stuttgart 1985, S. 69 ff.

23 R. Steiner dachte seinerzeit an besondere Organe, die er «Korporationen für Kapitalverwaltung» nannte. Solche Organe sollen durch ihre Zusammensetzung sicherstellen, daß unternehmerische Qualifikation nicht bloß eng wirtschaftlich, sondern unter Einbeziehung geistig-sozialer Gesichtspunkte beurteilt wird. (In diesem Sinne verstand Steiner sie als Organe des Geisteslebens.)

24 In Amerika gibt es den Begriff des «Business-butchers», des Unternehmensmetzgers, der Unternehmen ausschlachtet und verkauft, wobei die berühmten Filetstücke natürlich die begehrtesten sind.

25 Auf das Phänomen des Management-Buy-Outs sei in diesem Zusammenhang nur hingedeutet.

26 Gleiches gilt für Grund und Boden, was hier aber nicht näher ausgeführt werden kann. Auch hier muß an die Stelle des Verkaufs die kaufpreislose Übertragung treten. Verkäuflich sind Immobilien als Sachwerte, nicht das Recht der Bodennutzung. Für dieses Recht, das beim Handwechsel der Immobilien durch Verkauf mitwandert, wäre ein – nach verschiedenen ökonomischen (Ertragswert), sozialen und ökologischen Gesichtspunkten staffelbarer – Bodennutzungsausgleich an die Allgemeinheit zu entrichten. Vgl. hierzu: Udo Herrmannstorfer, «Die Unverkäuflichkeit von Grund und Boden. Vorschlag für ein neues Bodenrecht», in: ders., *Scheinmarktwirtschaft. Die Unverkäuflichkeit von Arbeit, Boden, Kapital und die Globalisierung der Wirtschaft,* Stuttgart [3]1997.

27 Im Sinne dieser Entkoppelung muß auch der Grundsatz gelten: Nur was man in einen Betrieb mitgebracht hat, kann man wieder herausnehmen! (Wobei ein Ausgleich der Inflation selbstverständlich, eine gewisse angemessene Verzinsung möglich wäre.) Auch für Mitarbeiteraktien gilt, daß der Besitz an die Betriebszugehörigkeit gebunden sein müßte. Geldgeber eines Unternehmens sollten sinnvollerweise nur Kreditgeber (mit dem Recht auf Zins und Tilgung), nicht aber Inhaber von Vermögensansprüchen sein. Eine Entwicklung in dieser Richtung zöge dann wieder notwendig Veränderungen im Bereich der Kreditzugänglichkeit – und damit verbunden neue Formen des Umgangs mit Risiko und Haftung – nach sich. Diese Fragen hat Udo Herrmannstorfer in verschiedenen Veröffentlichungen behandelt. Vgl.: Udo Herrmannstorfer, «Anstöße. Eine aktuelle Studie zur sozialen Neugestaltung in der DDR», in: *«Info3»-Extra,* Frankfurt/M., I/Frühjahr 1990; «Neue Wege der Zusammenarbeit. Zur Überwindung des anachronistischen Gegensatzes von Arbeitgebern und Arbeitnehmern», in: *Die Drei,* 3/1994, S. 170 ff., und: *Scheinmarktwirtschaft,* a.a.O. (Anm. 26), hier besonders der Beitrag «Zur sozialorganischen Bewältigung des Geldwesens» zur Haftungsfrage.

28 Auf die Unterscheidung Schumpeters zwischen dem «Unternehmer» und dem «Wirt», als dem den Unternehmer immer mehr ablösenden Typus, sei nur am Rande hingedeutet.

29 Vgl. «Gestaltungsversuch im Wirtschaftsleben. Durch Kooperation Krisen meistern. Gespräch mit Christian Czesla über den Verbund Freie Unternehmensinitiativen», in: *Die Drei,* 1/1994. Ferner: Christoph Strawe, «Brüderlichkeit im

Wirtschaftsleben – Utopie oder aktuelle Gestaltungsaufgabe?», in: *Die Drei,* 2/1994, S. 95 ff.

30 Bei der Gestaltung neuer Eigentumsformen im Kleinen tritt die Frage auf, wieweit dabei an bestehende Rechtsformen angeknüpft werden kann oder wieweit neue Formen geschaffen werden müssen. Auf die Frage, wieweit dabei die Form der Stiftung (seit Ernst Abbe ein beliebtes Instrument der «Kapitalneutralisierung»), die GBbR, die GmbH, der wirtschaftliche Verein usw. benutzt werden können, wird in anderen Beiträgen in diesem Band eingegangen. Herrmannstorfer schlug seinerzeit im Zusammenhang mit dem Umbruch im Osten neue Formen vor wie die «GmaH» («Gesellschaft mit assoziativer Haftung») und die «GoE» («Gesellschaft in operativem Eigentum») (vgl. Anstöße, a.a.O., Anm. 27).

31 Eine Neuordnung der Eigentumsverhältnisse hätte eine Reihe von Folgen, die hier nicht weiter behandelt werden können. So würde z.B. an die Stelle des Lohnverhältnisses eine vertragliche Ertragsteilung zwischen den Mitarbeitern treten. Der «Arbeitnehmer» als «unselbständig Erwerbender» würde tendenziell zum sozial gleichberechtigten «Mitunternehmer», was selbstverständlich je unterschiedliche Funktionsprofile, Verantwortungsgrade und Entscheidungskompetenzen im Unternehmen nicht ausschließen würde. (Vgl. hierzu Herrmannstorfer, «Neue Wege der Zusammenarbeit», a.a.O., Anm. 27.)

III. NEUE UNTERNEHMENS-FORMEN

Benediktus Hardorp

Das Kapital des Unternehmens und seine Bedeutung

Neue Erkenntnisanforderungen?

Im Zusammenhang eines überwiegend von Anthroposophen verantworteten Unternehmens war vor einiger Zeit die Frage zu erörtern, ob sich die rechtsformbedingte Veräußerbarkeit des Kapitals dieses Unternehmens (seiner Anteile also) in der Rechtsform einer (schweizerischen) Aktiengesellschaft zurücknehmen läßt. Die «Verdinglichung» der Kapitalanteile, die aus Mitgliedschaftsrechten Aktien (Wertpapiere) macht, läßt das ja wie selbstverständlich erscheinen. Zu dieser Frage wurden vom Verfasser in einem Ausschuß des Unternehmens einige Grundüberlegungen vorgetragen. Die einleitende Darstellung schloß an die drei von Rudolf Steiner genannten Grundbegriffe der wirtschaftlichen Welt – *Ware, Arbeit, Kapital* – an. Deren Realitäten leben in zumeist völlig unzureichender Form im Bewußtsein unserer Zeitgenossen. Ihnen gegenüber ist aus anthroposophischer Sicht bewußtseinsmäßige Aufhellungsarbeit zu leisten.[1] Die mit diesen drei Begriffen angesprochenen sozialen Sachverhalte müssen durch eine solche Aufhellung dem Zeitbewußtsein in ihren wesenhaften Dimensionen besser zugänglich werden. Derzeit verfügen wir hinsichtlich dieser Dimension nur über sachlich unzureichende «Außenbegriffe» oder «Außenanschauungen» der genannten Themen:

– Beim Begriff der *Ware* denken wir vielleicht an «volle Ladenregale», an ein überquellendes Warenangebot, an «Konsumrausch» etc. Nicht deutlich ist dagegen dem allgemeinen Bewußtsein, daß es sich bei jedem Warenbezug letztlich immer um die Widmung von *Lebenszeitergebnissen* (anderer) tätiger Menschen handelt, die jeweils beim Austausch von Waren oder Leistungen in deren Preis – d.h. abrechnungsfähig – zu einem gesellschaftlichen Bewußtseinspunkt gebracht werden. Auf diesem Felde ist die Aufmerksamkeit vor allem darauf zu lenken, wie bei der Verwandlung der Naturgrundlage (durch menschliche Arbeit) zur Ware ein existentielles Füreinander-tätig-Sein von Menschen stattfindet, dessen einander begegnende Leistungsergebnisse sich gegenseitig bewerten («Markt»). Urteils- und handlungsfähig für diesen Prozeß wird man, wenn man für die damit genannte Dimension der sozialen Realität bewußtseinsmäßig erwacht und sich deren Gesamtzusammenhang bildhaft-imaginativ – zu sodann zu leistender assoziativer Gestaltung – vergegenwärtigen kann.[2]

– Einer vergleichsweise größeren Anstrengung bedarf demgegenüber die Aufhellung von Sachverhalt und Begriff der menschlichen *Arbeit*, weil es dabei auf die Wahrnehmung des Fähigkeitswesens jedes einzelnen Menschen – auf dessen Wesensenthüllung in der Arbeit – ankommt! Auf diesem Felde geht es darum, sich die Entstehung des Fähigkeitswesens jedes einzelnen Menschen in seinen vergangenen Werdestufen (Erdenleben), mit dem er als gegenwärtig tätiges Ich wirksam ist, zu vergegenwärtigen und dem einzelnen Felder für die Entwicklung seines eigenen Wesens – Aufträge – im Prozeß der tätigen Arbeit (für andere) zu geben. Dieser Vorgang wird durch die gängige Vorstellung von «Arbeit», von «Arbeitsmarkt» und «Arbeitsbezahlung» fast vollständig verdeckt. Er wird eher in den Phänomenen des Mißlingens – der Arbeitslosigkeit z.B. – als menschliches Problem unserer Gesellschaft gegenwärtig bewußt, weil die durch Arbeitslosigkeit aus dem Leistungsprozeß ausgegliederten Menschen sich als sozial ausgegrenzt – und dadurch in ihrem Wesen getroffen – erleben; ihr Fähigkeitspotential wird weder genutzt noch entwickelt. Der Arbeit gegenüber muß hier ein Element einfühlender Wesenserschließung – ein bewußt ergriffenes Fühlen – entwickelt werden, das im weiteren letztlich in das konkrete Erfassen der Zusammenhänge von Reinkarnation und Karma hineinführt.

– Noch schwerer ist für die Gegenwart der Sach- und Lebenszusammenhang des *Kapitals* zu verstehen, noch schemenhafter erscheint dessen Wesen in den Gegenwartsbegriffen von «Profit», «Kapitalanlage» etc. Vom Sachverhalt her beginnt die erste Anschauung des Kapitals damit, daß der einzelne die unternehmerische Umwendung des Wertschöpfungsstromes in die sozial gegenläufige Wertschöpfungsschleife der Investition imaginativ denken lernt, welche konsumfähige Werte nicht zum Konsumgut, sondern zum *Werkzeug der Wertschöpfung* selbst (zum Produktionsmittel) werden läßt. Das Bewußtsein kann so in der Beobachtung dieser Richtungsumkehr des Wertschöpfungsgeschehens zur Beobachtung des wertevermehrenden, das Produktionsmittel ergreifenden *unternehmerischen Geistwillens*, der Arbeit und Natur verwandelt, aufsteigen. In seiner Schicksale-fügenden Kraft kann dieser Wille selbst als übersinnlich wesenhaft durchpulst und befruchtet erfahren werden. Das Erfassen der hier gegebenen Realitäten (Wesen) bedarf des tätigmitlebenden Erkennens oder der Umwendung des Wollens selbst zum intuitiven Erkenntnisinstrument der Seele.

Auf allen drei Gebieten stellen sich damit für uns Erkenntnisforderungen gegenüber den Lebensfeldern unseres Unternehmens:

- Auf dem ersten Felde, dem *Waren-Werte-Strom*, müssen wir seine Leistungen für Abnehmer und Anwender einerseits und die menschlichen Lebensverhältnisse auf dem Gebiet der Beschaffung, der Vorleistungen anderer für den Wertschöpfungsprozeß des Unternehmens andererseits in assoziativer Bewußtseinsbildung verstehen lernen.
- Auf dem Gebiet der *Arbeit* geht es darum, die mitarbeitenden Menschen schrittweise in die persönlich-überpersönliche Sinnhaftigkeit ihres Tuns und in den ihnen jeweils möglichen Erkenntnis- und Gestaltungszugriff für dieses Geschehen einzuführen: Dies kann durch das Bewußtmachen des Wertschöpfungsprozesses (z.B. in Form einer Wertschöpfungsrechnung), durch die Beteiligung an den unternehmensbezogenen Ertragsteilungsentscheidungen – für Kapitalbildung und die nachfolgende Einkommensbildung etc. – geschehen.
- Das bewußte Ergreifen der prozeßhaften Realitäten der *Kapitalbildung* führt schrittweise zum Bewußtsein der mitwirkenden Geistkräfte und Geistwesen, die Menschen und Produktionsmittel zu wirksamer Leistungseinheit als sozialgebildehaftes Unternehmen schicksalsmäßig formen.

Thema der nachfolgenden Erörterung sollte insbesondere das dritte Themengebiet sein, dem die anderen Themengebiete – an anderer Stelle – folgen müssen.

Wie lernen wir Kapital verstehen?

Zwei äußere Ansatzpunkte haben zur Erörterung der Thematik geführt: die Forderung des (neuen) *schweizerischen Aktienrechts*, einerseits den «wirklichen Wert» der Aktien in Übertragungsfällen festzustellen, und andererseits die Frage, welche *rechtliche Form* das Unternehmen aus anthroposophischer Sicht haben sollte, ob und wie es Modell anthroposophischen Sozialgestaltens werden könnte.

Versucht man, sich dem Phänomen des Kapitals unseres Unternehmens mit diesem Frageansatz zu nähern, so kann man dies anhand von dessen *Bilanz* tun. Deren «Aktivseite» zeigt die Investitionsentscheidungen der Vergangenheit in ihrer noch nutzbaren Gegenwartsform als *Anlagevermögen* und sodann das gegenwärtige Handlungsfeld im *Umlaufvermögen.* Beides ist durch Tätigkeit der Menschen im Unternehmen und durch Mithilfe anderer zustande gekommen; die Mitwirkung letzterer zeigt sich im Umfang der *Verbindlichkeiten* auf der «Passivseite» der Bilanz. Sie spiegeln das Ausmaß in dem andere unserem Unternehmen vertraut haben (Kredit), ihm etwas zutrauen. Zieht man nunmehr von der durch Addition der Aktivwerte sich ergebenden Bilanzsumme die Verbindlichkeiten der Passivseite ab, so erhält man als Differenzgröße das *Eigenkapital* des Unternehmens. Dieses ist im Sinne der Vergegenwärtigung von Sinnesweltsachverhalten ein «Nullum», weil es bei ihm – im Gegensatz zu den anderen Bilanzfeldern – äußerlich gar nichts festzustellen gibt. Das «Kapitalgeld» der Bilanz, sofern es verpflichtungsfrei aus eigener Wertschöpfung stammt, bildet im Gegensatz zum Anlage- und Umlaufvermögen keinen Sinneswelttatbestand mehr ab – und ist insoweit ein «Nichts». Dieses äußerliche Nullum repräsentiert aber gerade die Eigenpotenz des Unternehmens, dessen die Unternehmenswelt gestaltende Konfigurationskraft, und beschreibt damit dessen jetzt errungenen Freiheitsgrad für die Verwendung der in ihm erzeugten Überschuß-Wertschöpfung (Gewinne und Gewinnrücklagen). Der Vorgang der Gewinnerzielung in der Vergangenheit hat zu «Entpflichtungen» von früheren Verbindlichkeiten (durch deren Tilgung) geführt und bildet dadurch den gegenwärtigen freien *Eigenhandlungsraum* des Unternehmens als Eigenkapital ab. Der *Kapitalbereich* eines Unternehmens ist – bilanziell gesehen – gewissermaßen ein «schwarzes Feld» nichtsinnesmäßiger Dimension, das in der «bunten» Umgebung der Sinnesweltsachverhalte der Aktivseite und der «verbindlichen» Sozialtatbestände der Passivseite (Schulden) vom Sachverhalt her wie *ausgespart* erscheint.[3] Durch ihn wird die Wesenssubstanz des Unternehmens, die in ihm geistig wirksame Leistungskraft als Bewegungsfigur der Erzielung von Gewinn oder Verlust (als Atmungsvorgang gleichsam des Kapitals) anschaubar. Erzielt das Unternehmen *Gewinn,* so wächst sein Eigenkapitalraum; muß es *Verluste* hinnehmen, so schwindet dieser.

Dringt man in ähnlicher Weise in die Finanzierungsphänomene des Unternehmens – auf der Passivseite der Bilanz – verstehend ein, so bemerkt man dort *zwei Grundsachverhalte*: den Außenfinanzierungsbereich einerseits, den Innenfinanzierungsbereich andererseits. Dem *Außenfinanzierungsbereich* sind alle zugeflossenen Mittel zuzuordnen: vom Einlagekapital (mit der längsten Fristigkeit und dem rechtlichen Rangrücktritt gegenüber anderen Gläubigern) über objektbezogene Finanzierungskredite bis zu kurzfristigen Restschulden aus Lieferungs- und Leistungsbezügen. Auch das eingezahlte Eigenkapital bleibt ja grundsätzlich tilgungsverpflichtet und wird insoweit in seinem Anleihecharakter erkennbar. Diesem Außenfinanzierungsbereich steht die *Innenfinanzierung* gegenüber, bei der es sich um eine Kapitalwidmung aus eigenem früherem Wertschöpfungsüberschuß (Unternehmensertrag) handelt. Bilanzrechtlich handelt es sich um «Gewinnrücklagen» (gegenüber einlagebedingten «Kapitalrücklagen»). Gewinnrücklagen sind ihrem Wesen nach Wertschöpfungseinbehalte (Reste) aus früherer Überschußerzielung unseres Unternehmens.

Was bestimmt den Wert des Kapitals? Wem gehört das Unternehmen?

Wem gehören die zu Kraftfeldern des Unternehmens gewordenen Wertschöpfungsreste? Dem Aktionär? Dem Unternehmen? Nach gegenwärtiger rechtlicher Auffassung sind sie dem dinglich gedachten Eigenkapital des Anteilseigners zugewachsen und deswegen z.B. bei Kauf und Verkauf von Unternehmensanteilen der freien spekulativen Bewertung (Aktienkurse börsenmäßiger Art etc.) ausgesetzt oder zugänglich. Bei solcher Außenbewertung knüpft man – sofern diese Außenbewertung im Gegenwartsverständnis «rational» geschieht – in der Regel an die *Ertragskraft* des Unternehmens, d.h. an die in der Zukunft nachhaltig erzielbaren Überschüsse aus den Leistungen des Unternehmens, an. Insofern stellt die *spekulative Außenbewertung* und der Handel mit Unternehmensanteilen grundsätzlich eine Art *Terminhandel mit* (noch nicht erbrachten) *Zukunftsleistungen* von Menschen in diesem Unternehmen dar – soweit nicht substanzmäßig vorhandene Wertschöpfungsreste der Vergangenheit (oder spekulative stille Reserven in einzelnen Vermögensgegenständen wie oft im Grundbesitz etc.) bewertet werden. Solche «Vorwegbewertungen» schon oder noch nicht erbrachter Leistungen des «gekauften» Unternehmens oder Unternehmensanteiles (Aktien etc.), die heute in rechtlicher Hinsicht (noch) als zweifelsfrei zulässig angesehen und daher geduldet werden, wirken naturgemäß auf dessen *soziales System* zurück, das die vorweg erworbenen (bereits bezahlten) Leistungen in der Folgezeit erst noch erbringen muß und daher entsprechend «rentierlich» sein muß; letzteres prägt dann die Arbeitsbedingungen nach Unternehmenskäufen neu.

Dem zuvor beschriebenen innenfinanzierten Eigenkapitalanteil des Unternehmens gegenüber könnte man aber sehr wohl die Auffassung vertreten: es gehört nur dem Unternehmen – als Entität wie die «juristische Person» genommen – selbst; denn es handelt sich um die Leistungskraft der im Unternehmen zusammenwirkenden Menschen mit der sich ihnen aussprechenden (besser: der darin mitwirkenden) Geistpotenz des Unternehmens selbst, das über die Addition ausgeübter Einzelfähigkeiten der beteiligten Menschen hinausgeht. Mit solchen Zukunftsleistungen von Menschen darf nicht vorab (auf Termin) «spekuliert» werden, weil man diese Menschen so an der Mitwirkung über die Ertragsteilung (nach deren späterer tatsächlicher Erzeugung) der von ihnen miterzeugten Werte ausschließt. Werden daher, wo es notwendig ist, *Anteile* des Unternehmens *übertragen*, so kann aus dessen Sicht nur ein Interesse daran bestehen, beim Ausscheiden bisher mitwirkender Unternehmer (oder Gesellschafter) die mit den übertragenen Anteilen verbundene Mitwirkungs- und «Wächteraufgaben» an die bestmöglichen, die fähigsten Menschen, die im konkreten Fall gefunden werden können, weiterzugeben. Die Frage (oder Tatsache), ob und wieviel ein Erwerber dafür (finanziell) aufwenden kann, ist für das Unternehmen jedenfalls zweitrangig, weil solche Zahlungen nicht zu einer einlagemäßigen Verstärkung seiner Eigenmittel führen – was beim Börsenhandel mit Unternehmensanteilen ja zumeist nicht der Fall ist. Werden in solchen Fällen die Eigenmittel dagegen tatsächlich – durch Einlagen oder Beteiligungen – verstärkt, so handelt es sich wieder um eine Außenfinanzierung mit Anleihecharakter – und um die daraus notwendig folgenden Verpflichtungen zu späterer Tilgung.

Anleihecharakter von Unternehmenskapital

Das *Unternehmenskapital* darf grundsätzlich *Anleihecharakter* haben, weil es für die unternehmerische Kraftentfaltung nur auf die ausreichende Verfügbarkeit erforderlicher Investititonsmittel zum Einsatz im Wertschöpfungsprozeß ankommt.[4] Die eingesetzte Kraft muß der übernommenen Verpflichtung gewachsen sein – und selbst an ihr wachsen. Denn der Wertschöpfungsprozeß des Unternehmens muß ja letztlich in der Lage sein, die für seine Finanzierung übernommenen Verpflichtungen – soweit ihr tatsächliche, nicht spekulative Leistungen zugrunde liegen – auch aus dem erwirtschafteten Ertrag zu tilgen und insoweit aus Fremdkapital Eigenkapital zu machen, das Unternehmen entsprechend zu «entpflichten». Eine Verkäuflichkeit von Unternehmensanteilen ist, wenn sie dem Unternehmen keine Mittel zuführt, für dieses – wie dargelegt – uninteressant und als Finanzierungsinstrument ungeeignet. Lediglich ein Gläubigerwechsel dieser Finanzierung kann aus Unternehmersicht in Betracht kommen. Führt ein «Verkauf» von Anteilen (Wertpapieremissionen mit Agio z.B.) dem Unternehmen allerdings Mittel zu, so sollten diese – in unterschiedlichen Abstufungen haftungsmäßiger Art – Anleihecharakter erhalten und nicht am «Mehrwert» partizipieren. Hier liegen ungelöste Aufgaben rechtspolitischer Art.

Für das hier angesprochene Unternehmen ergibt sich aus dem Dargestellten, daß auf diesem Felde gegenwärtig der Versuch unternommen werden sollte, die veräußerbaren Unternehmensanteile freier Aktionäre rechtlich so in das weitere Unternehmenssystem der «Anteilseigner» einzubinden, daß der Anleihecharakter dieses Einlage-Finanzierungsvorganges wiederhergestellt wird und für die Zukunft erhalten bleibt. Bei einem großen Teil der derzeitigen Gesellschafter unseres Unternehmens kann man davon ausgehen, daß diese das Kapital im Sinne einer finanziell unveräußerlichen «Wächterfunktion» halten, so daß insoweit kein akutes Gestaltungsproblem gegeben ist. Auch bei den weiteren freien Aktionären wird deren Einstellung überwiegend eine fördernde sein – wie man vielfach erfahren konnte. Der Zeitverlauf bringt es durch unsere Eigentumsauffassungen allerdings mit sich, daß Aktien, wenn sie zum Privatvermögen natürlicher Personen gehören, bei Erbgängen (oder in anderer, aber im Ergebnis gleicher Weise) an Empfänger gelangen, die diesen Zusammenhang mit dem Unternehmen nicht (mehr) haben und ihr ererbtes (erworbenes) Vermögensrecht womöglich «bestmöglich» verwerten wollen. Es besteht insoweit die Aufgabe, diese Aktien in eine neue *Unverkäuflichkeitsbindung* – gegebenenfalls unter Reduzierung auf den Anleihecharakter des einmal gezahlten Kapitals – zurückzuführen oder sie notfalls auch zurückzuerwerben. Im wirtschaftlichen Verein – der rechtlichen Urform aller Kapitalgesellschaften – würde das Unternehmen sich selbst gehören, nicht den Mitgliedern als «Be-sitz». Das gleiche gilt für die Rechtsform der Stiftung – für die es ja sehr markante Beispiele gibt (Zeiss, Bosch und andere).

Damit stellt sich die Aufgabe einer *Konkretisierung der in Frage kommenden rechtlichen Gestaltungen* (Umwandlung der Anteilssubstanz in Leihkapital) auch im Hinblick auf *künftige Kapitalbeschaffungsmaßnahmen.* Sie sollten grundsätzlich Anleihe- oder Fondscharakter haben.[5] Sie müssen in anderen nationalen Rechtsräumen selbstverständlich den rechtlichen und sozialen Gegebenheiten dort entsprechend ausgestaltet werden. Für die Kapitalausstattung solcher (gruppenzugehöriger) Unternehmen in verschiedenen Ländern Europas oder in Übersee wurde dabei als *Leitlinie* gesehen, daß eine Verkäuflichkeit von Anteilen (im Sinne eines spekulativen Handelns mit Unternehmensanteilen) möglichst ausgeschlossen wird.

Anmerkungen

1 Seit Vorlage dieses Manuskripts (September 1993) hat der Verfasser zu dieser Frage folgendes veröffentlicht:
– Ware, Arbeit, Kapital – drei Grundphänomene wirtschaftlichen Lebens. In: *Wissenschaft, Kunst, Religion. Festschrift für Manfred Krüger*, Dornach 1998; auch in: *Die Drei* 11/1998, S. 24 ff.
– Lebensgesten der Zeitkultur – Ware, Arbeit, Kapital als Lernfeld der Schule? In: *Erziehungskunst*, 12/1998, S. 1376 ff.
– Was ist Kapital, wie lernen wir es verstehen? In: *Die Drei*, 4/1997, S. 425 ff.

2 Vgl. «Geld und Gold» – wirtschaftliche Wertschöpfung und gesellschaftliche Sinnfindung im Geldwesen. In: *Goetheanum*, 9/1999, S. 153 ff.

3 Zu dieser Darstellungsform greift Rudolf Steiner in seinem Buch *Von Seelenrätseln* (GA 21), wenn er zeigen will, wie sich der menschliche Wille im gewöhnlichen Bewußtsein bemerkbar macht, d.h. als Bewußtseinsphänomen auftritt (vgl. *Von Seelenrätseln*, Abschnitt IV, Kapitel 6, «Von der geistigen und physischen Abhängigkeit des Menschenwesens»).

4 Vgl. Rudolf Steiner, 7. Vortrag im *Nationalökonomischen Kurs* (GA 340), wenn er vom «Leihcharakter des Unternehmerkapitals» spricht.

5 Vgl. «Geld ist ein soziales Gestaltungsmittel». In: *WELEDA-Nachrichten* (D), Michaeli 1998, S. 13 ff.

Helmut Hagenauer, Karl Kossmann

Das Modell der WALA-Stiftung

Die Entstehung der WALA-Stiftung und der mit ihr verbundenen Produktionsunternehmen WALA-Heilmittel GmbH, WALA-Nederland, WALA-USA, WALA-Schweiz, WALA-Italien und WALA-France ist nur zu verstehen, wenn man auf die Anfänge dieses Unternehmens zurückblickt. Dabei steht der Ausdruck «Unternehmen» im wahrsten Sinne des Wortes für ein Tätigsein, für ein Handeln aus Berufung und Überzeugung im Dienste anderer Menschen, und in keiner Phase der Entwicklung haben Eigennutz und materieller Gewinn das Tun bestimmt.

Die WALA-Idee

Die Idee der WALA beruht auf der Einsicht in die Verantwortung, die der Mensch gegenüber der Natur hat. Dabei kommt es darauf an zu erkennen, mit welchen «Kunstgriffen» die Natur es anstellt, in tausendfältig differenzierter Weise Lebensformen sinnvoll zu gestalten und zu verwandeln.

Es ist heute noch wenig bekannt, daß Goethe seine naturwissenschaftlichen Schriften höher einschätzte als die Ergebnisse seines künstlerischen Schaffens. Gemäß Goethes Forschungsergebnissen sind die äußerlich sichtbaren Pflanzenerscheinungen aus realen Ideen hervorgegangen. Es war das Verdienst des Goetheforschers Dr. Rudolf Steiner, dem Begründer der Anthroposophie, die zukunftsweisende Bedeutung der Goetheschen Naturerkenntnis neu aufzuzeigen.

Eine an Goethe und Rudolf Steiner orientierte Naturforschung beruht auf der exakten Beobachtung der Naturerscheinungen. Diese Beobachtung weist auf das Hereinwirken gestaltbildender, nichtsinnlicher Kräfte hin, die die Quelle aller sichtbaren Lebenserscheinungen sind.

Durch die Forschungsergebnisse Rudolf Steiners hat die Heilkunst vor einigen Jahrzehnten eine wesentliche Erweiterung erfahren. Durch seine ausführlichen Darstellungen der hier nur angedeuteten Zusammenhänge ergaben sich grundlegende neue Impulse für die Heilmittelherstellung und für das ärztliche Handeln.

Dr. Rudolf Hauschka (1891–1969), der Begründer der WALA, warb schon als Student für die Idee, die Erde sei als ein lebendiges Wesen aufzufassen. Dieses lebendige Wesen Erde, so meinte er, darf der Mensch nicht ausbeuten, sondern er hat die Pflicht, mit der Erde und der Natur pfleglich umzugehen. Hauschka studierte physiologische Chemie, Pharmakologie und Agrikulturchemie, später auch noch Anatomie und Psychiatrie. Er konnte jedoch damals seinen Ideen noch keine bestimmte Richtung geben. Erst 1924 in einem Gespräch mit Rudolf Steiner ergaben sich wichtige Anregungen für den weiteren Forschungsweg. Um dem Geheimnis des Lebens näherzukommen, bemühte sich Hauschka seither vor allem darum, die Rhythmen der Natur zu studieren. Rudolf Steiner hatte ihm den bedeutungsvollen Hinweis gegeben: «Rhythmus trägt Leben.»

Entwicklung der WALA

Im Jahre 1929 begann Dr. R. Hauschka im Klinisch-Therapeutischen Institut (heute Ita-Wegman-Klinik) in Arlesheim/Schweiz mit der Heilmittelherstellung. Anstelle der sonst üblichen alkoholischen Auszugsweise entstand ein neues Verfahren für wäßrige Pflanzenauszüge, das sich auf die polaren Wirkungen der Zeiten des Sonnenaufgangs und Sonnenuntergangs gründete, ebenso auf die Polarität Wärme – Kälte. Es gelang Hauschka, den Pflanzenauszug so in diesen zeitlich-räumlichen Rhythmus hineinzustellen, daß jene unsichtbaren Gestaltungskräfte, die vorher die Pflanzengestalt zur Erscheinung gebracht hatten, mit der Pflanzensubstanz weiter verbunden blieben. Diese Forschungsarbeit wurde begleitet von der kapillar-dynamischen Methode zum Sichtbarmachen qualitativer Veränderung von Pflanzensäften (Steigbilder).

Nachdem die rhythmische Herstellungsweise für Heilpflanzenauszüge in den ersten Grundzügen ausgereift war, wurde es notwendig, diese neue Forschungsarbeit in eine Heilmittelfirma einfließen zu lassen. So entstand 1935 in Ludwigsburg das erste eigenständige WALA-Labor mit einer Mitarbeiterin. 1936 erfolgte die erste Warenzeichenanmeldung: «WA-LA» entstand aus den abgekürzten Bezeichnungen *Wä*rme-*A*sche-Verfahren und *L*icht-*A*sche-Verfahren. 1940 erfolgte die Übersiedlung nach Dresden, im darauffolgenden Jahr wurde das Labor aus politischen Gründen geschlossen. 1946 entstand das WALA-Heilmittel-Laboratorium neu auf dem Grundstück des Homöopathischen Krankenhauses München-Höllriegelskreuth. 1950 konnte das Laboratorium nach Boll-Eckwälden (Kreis Göppingen) übersiedeln. 1953 wurde als neue Rechtsform die Offene Handelsgesellschaft gewählt.

Zwei Jahre später legte man in Eckwälden den Grundstein zum ersten Bauabschnitt eines eigenen Gebäudes. Am Rande der Schwäbischen Alb entstand dann im Laufe der Jahre ein vielfach gegliedertes Bauwerk, in dem sich das Leben der WALA voll entfalten konnte.

Bei ständig steigenden Umsätzen zeichnete sich bereits Ende der 80er Jahre die Notwendigkeit einer umfassenden Betriebserweiterung ab. So kam die Planung für eine völlig neue Form des Unternehmens der WALA in Gang, und schon 1994 konnte der erste Bauabschnitt am Ortseingang von Eckwälden von 110 Mitarbeitern bezogen werden. Heute (1999) sind 260 Mitarbeiter in der WALA-GmbH tätig. Reduziert um die internen Konzernumsätze, macht das Gesamtunternehmen einen Umsatz von ca. 65 Millionen DM.

Die sozialen Ziele

Die Gründungsmitglieder der WALA sahen von Anfang an in der Heilmittelherstellung nach den Prinzipien einer anthroposophisch-goetheanistischen Menschen- und Naturanschauung – im Zusammenhang mit einer Erweiterung der Medizin durch die Anthroposophie Rudolf Steiners in unserer Zeit – eine Kulturaufgabe. Damit verbunden war das ständige Bemühen, der sozialen Struktur des sich entwickelnden Unternehmens eine passende Form zu geben.

Als Schlüssel für eine Lösung der sozialen Probleme in den Wirtschaftsbetrieben kann das «Soziale Hauptgesetz» Rudolf Steiners dienen. Es beinhaltet – sinngemäß auf einen Fabrikationsbetrieb bezogen –, daß das Wohl einer Gesamtheit von zusammenarbeitenden Menschen um so größer ist, je mehr der einzelne seine Dienstleistungen den anderen Menschen zur Verfügung stellt und je mehr er seine betrieblichen «Bedürfnisse» aus den Dienstleistungen der anderen sicherstellen kann. Damit wird auch die Arbeitsteilung in einem Produktionsbetrieb bejaht. Diese Ideen waren und sind in der WALA immer lebendig und trugen wesentlich mit dazu bei, daß das WALA-Modell in der heutigen Form entstehen konnte. Weiterer wichtiger Faktor für die Betriebsgestaltung ist die Einbindung der Mitarbeiter in Entscheidungen und in Fragen der Arbeitsplatzgestaltung. Zusammen mit dem Betriebsrat wurde außerdem ein Modell für die flexiblen Arbeitszeiten und Teilzeitarbeit geschaffen. Ebenso gibt es ein Modell für die Lohngestaltung und soziale Leistungen ohne Anlehnung an Tarife.

Die Eigentumsform

Die Überwindung des Antagonismus von Arbeit und Kapital ist in der Geschichte der WALA ein zentrales Anliegen. Bereits in den 60er Jahren wurden schrittweise die erwirtschafteten Gewinne so «neutralisiert», daß diese über den Gesellschaftervertrag einem «Sozialkapital» zugeführt wurden, das in vollem Umfange als Finanzierungsmittel dem Unternehmen zur Verfügung stand und damit dem familiären Erbgang der damaligen Gesellschafter entzogen war. Diesem Vorgehen lag der Gedanke zugrunde, daß wirtschaftliche Werte wesentlich durch die Arbeit aller an einem Produkt arbeitenden Menschen entstehen. Das Kapital hingegen muß als ein Werkzeug in der Hand des Menschen betrachtet werden, es ist Mittel zum Zweck, nicht der Zweck selbst.

In einem weiteren Schritt wurden Ende 1986 zwei Stiftungen gegründet:

Die *WALA-Stiftung* wurde Nachfolgerin der bisherigen «WALA-Heilmittel Dr. Hauschka OHG». Die bisherigen persönlichen Eigentümer der OHG verzichteten in einer konsequenten, freiheitlichen Willensentscheidung auf ihre persönlichen Eigentumsrechte und übertrugen das gesamte Firmenvermögen der steuerlich nicht gemeinnützigen WALA-Stiftung. Damit war also nach der Neutralisierung der Gewinne auch das Firmeneigentum selbst «neutralisiert» und jeglichem familiären und einzelpersönlichen Einfluß entzogen. Der Stiftungsvorstand besteht aus mindestens drei, maximal sechs Mitgliedern, die verantwortlich für die Realisierung der Stiftungssatzung sind. In der Präambel zu dieser Satzung heißt es unter anderem: «Nach dem Prinzip der Gegenseitigkeit von Leistung und Gegenleistung soll der Gewinn aus den wirtschaftlichen Aktivitäten im wesentlichen an die Mitarbeiter verteilt werden. Das für die langfristige Erhaltung des Unternehmens notwendige Eigenkapital soll jedoch angemessen sein. Die Beurteilung der Angemessenheit unterliegt dem Wandel des Unternehmens und der Zeit.»

Der wirtschaftende Betrieb des Unternehmens ist die WALA-Heilmittel GmbH. Eigentümer der GmbH ist die WALA-Stiftung. Es ist die Aufgabe der WALA-Stiftung, der WALA-Heilmittel GmbH eine gedeihliche Entwicklung zu sichern. Das bedeutet praktisch, daß zwar die Stiftung im juristischen Sinne Eigentümerin der GmbH mit allen Betriebsmitteln ist, daß aber gleichzeitig die unternehmerischen Entscheidungen von der Geschäftsführung der GmbH getroffen werden. Einstellung und Abberufung der GmbH-Geschäftsführer obliegen wiederum dem Stiftungsvorstand. Eine Geschäftsordnung regelt Aufgaben und Zuständigkeit von Stiftung und GmbH, wobei eben die «gedeihliche Entwicklung» des Produktionsunternehmens, der WALA-Heilmittel GmbH, für Stiftung und GmbH-Geschäftsführung im Vordergrund stehen. Bezogen auf Einzelpersonen, sind damit eigennützige Aktivitäten und Absichten sowie Ausübung von Macht aufgrund von Kapitalbesitz durch die Neutralisierung des Eigentums ausgeschlossen.

Es ist bedeutsam, daß mit der steuerrechtlich nicht gemeinnützigen Stiftung und einer mit dieser verbundenen Produktions-GmbH der in einem kapitalistischen Wirtschaftsleben gewollte Egoismus mit all seinen unsozialen und damit unmenschlichen Folgen eliminiert werden kann. Stiftungsvorstand und GmbH arbeiten uneigennützig an den gleichen Zielen: der gedeihlichen Entwicklung der GmbH. Bemerkenswert ist noch, daß auch das heutige Gesellschaftsrecht durchaus die Möglichkeit eröffnet, eine Neutralisierung des Produktionseigentums vorzunehmen (z.B. durch eine Stiftung). Dazu bedarf es keiner neuen Rechtsform, sondern lediglich der aus Einsicht getroffenen freiwilligen Entscheidung bisheriger persönlicher Eigentümer. Überdies ist es von besonderer Bedeutung, daß nach geltendem Stiftungsrecht die neu geschaffenen Besitzrechte nicht wieder dahingehend geändert werden können, daß persönliches Eigentumsrecht entsteht.

Die *Dr. Hauschka-Stiftung* wurde gleichzeitig als zweite, aber gemeinnützige Stiftung gegründet; sie verfolgt den Zweck, die medizinische Wissenschaft und die medizinische Ausbildung auf den Gebieten einer durch die Geisteswissenschaft Rudolf Steiners erweiterten Medizin, Pharmazie und Naturwissenschaft, der Naturheilkunde und der Homöopathie zu fördern. Das Grundvermögen in Höhe von DM 400 000,– wurde von den früheren Gesellschaftern der WALA OHG gestiftet. Durch Zustiftungen in den letzten Jahren ist das Vermögen heute (1999) auf DM 2,7 Millionen angewachsen.

Gewinnverteilung – Partnerschaft – Risiko

Während in der kapitalistischen Gesellschaftsordnung der Unternehmer im Sinne des Kapitaleigners den aus dem Warenerlös erzielten Gewinn für sich beansprucht, ihm also der Restgewinn zufließt, steht im Verständnis des WALA-Gesamtunternehmens der am Ende einer Abrechnungsperiode festgestellte Firmengewinn *allen* in dem Unternehmen Tätigen zu, da er das Ergebnis der unternehmerischen Einzel- und Gesamtleistung aller Betriebsangehörigen ist.

Deshalb erhalten die WALA-Mitarbeiter eine Beteiligung am gemeinsam erwirtschafteten Ertrag. Angebote der Mitbeteiligung an diesem Ertrag werden nach ausreichender Berücksichtigung betrieblicher Notwendigkeiten jährlich von der Geschäftsleitung bekanntgegeben. Die Verteilung wird jährlich neu geregelt. Ein juristischer Daueranspruch besteht nicht. Da die Erhaltung einer ausreichenden Liquidität und damit die Sicherung der Unabhängigkeit als primäres Ziel verfolgt wird, können solche Ausschüttungen nur zu einem geringeren Teil bar ausgezahlt werden. Den Hauptbetrag der jährlichen Ertragsbeteiligung stellt der Mitarbeiter dem Unternehmen durch Abschluß eines Gratifikations- bzw. Darlehensvertrages wieder zur Verfügung. Damit wird erreicht, daß dem Unternehmen die gemeinsam erwirtschafteten Erträge als Liquidität zur Verfügung stehen.

Im einzelnen regelt die Vereinbarung zwischen der WALA-Heilmittel GmbH und ihren Mitarbeitern die Darlehensdauer, die Auszahlung und die Verzinsung des Darlehens. Darüber hinaus muß aus steuerlichen Gründen vorgesehen werden, daß die durch die Gratifikationen ausgewiesenen Rückstellungen in der konsolidierten Bilanz der WALA-Unternehmensgruppe 70 Prozent der Bilanzsumme nicht übersteigen dürfen, weil andernfalls so entstehende Gewinne ausgezahlt werden müssen. Dieser Gratifikationsvertrag enthält unter anderem folgende weitere Einzelheiten:

- Für jeden «ausgeschütteten» Jahresgewinn wird ein neuer Darlehensvertrag abgeschlossen. In der Bilanz des Unternehmens wird dafür eine Rückstellung gebildet. Somit gelten diese Darlehensbeträge steuerlich als noch nicht zugeflossen.
- An der Ausschüttung nimmt jeder Mitarbeiter teil, der eine einjährige Wartefrist erfüllt hat.
- Die Höhe der Gesamtausschüttung für jeden Begünstigten richtet sich nach dem Jahresarbeitsentgelt.
- Das Darlehen wird in 10 Jahresraten im Rentenalter oder nach einer maximalen Vertragslaufzeit von 25 Jahren zurückgezahlt (Generationenvertrag).
- Das Mitarbeiter-Darlehen wird variabel verzinst. Die Zinsen werden jährlich ausgezahlt. Die Zinsen bilden beim einzelnen Mitarbeiter Einkünfte aus Vermögen und müssen entsprechend versteuert werden. Sozialversicherungsbeiträge fallen an dieser Stelle nicht an.

An einem eventuellen Jahresverlust des Unternehmens werden die Mitarbeiter zwar nicht direkt beteiligt, aber der im Unternehmen angelegte Mitarbeiter-Darlehensbetrag unterliegt keinerlei Insolvenzsicherung durch den Pensionssicherungsverein. Insofern tragen alle Mitarbeiter das volle Unternehmens- und Kapitalrisiko gemeinsam mit. Dieser Regelung liegt der Gedanke zugrunde, daß zu große Sicherheit einschläfert.

Mitarbeiter-Verträge

Im Unternehmen sind die Begriffe «Arbeiter und Angestellte» unbekannt – es gibt nur gleichberechtigte Mitarbeiter. Damit wird der Weg bereitet zur Überwindung des «Arbeitnehmerverhältnisses».

Der Arbeitsvertrag besteht aus kollektiven und individuellen Rahmenbedingungen. Er hat einen allgemeinen Teil. Die Aufgabe der Geschäftsleitung bei der Gestaltung dieser Verträge ist unter anderem: zu gewährleisten, daß

- die Arbeitsplätze der Mitarbeiter abgesichert sind
- die Qualität der Erzeugnisse sichergestellt ist
- behördliche Auflagen erfüllt werden
- Arbeitsüberlastungen und Leerlauf vermieden werden
- die Produktivität gesteigert wird
- der reibungslose Betriebsablauf durch Koordination gefördert wird
- die Mitarbeiter vor Unfällen und Erkrankungen geschützt werden
- Streitigkeiten vermieden werden
- die Mitarbeiterschulungen und Informationen gepflegt werden
- das Bewußtsein der Mitarbeiter für betriebliche Zusammenhänge erkennbar wird.

Der individuelle Teil des Arbeitsvertrages ist abgestimmt auf den speziellen Arbeitsplatz und die Person des Mitarbeiters. Dabei werden Rahmenbedingungen mit den Stellenbewerbern so ausgehandelt, daß bei vorgegebenen betrieblichen Zielsetzungen der Mitarbeiter unter Einsatz von Sachverstand und Verantwortungsbewußtsein Befähigung hinsichtlich der eigenen Tätigkeit entwickeln kann. Der Mitarbeiter soll ersehen, welche Freiheiten, Pflichten und Möglichkeiten ihm selbst an seinem Arbeitsplatz angeboten werden.

Das Einkommen der Mitarbeiter

Bestandteile des Gehalts

Grundsätzlich sind drei verschiedene Verteilungsarten möglich.

1. Alle Mitarbeiter erhalten gleiches Gehalt.
2. Alle Mitarbeiter werden nach den von anderen gesehenen Bedürfnissen bezahlt.
3. Alle Mitarbeiter werden nach ihren Fähigkeiten und Leistungen bezahlt.

Würden wir ausschließlich nach der *1. Variante* entlohnt, entstünden Ungerechtigkeiten, da keine Rücksicht auf die realen Bedürfnisse genommen wird. Eine Familie mit mehreren Kindern braucht einfach mehr Geld zum Leben als ein Alleinstehender. Die «Gleichheit» der Menschen hat ihre notwendige Berechtigung in der Rechtssphäre (Gesetze); im Bereich der Wirtschaft sollte mehr und mehr das Element der Brüderlichkeit herrschen.

In der *3. Variante* kann der Warencharakter der Arbeit nicht verborgen bleiben. Sie ist Ausdruck einer «freien Marktwirtschaft», in welcher das soziale oder brüderliche Element noch nicht genügend ausgeprägt ist.

Dieses erscheint in der *2. Variante*, in der die beiden anderen Varianten als Sonderfälle enthalten sind; sie ist die beweglichste, wenngleich auch dadurch die allerschwierigste.

Die WALA hat sich für eine «Mischung» dieser drei Möglichkeiten entschieden:

Variante 1 findet sich im *Sockelanteil* des Gehalts.

Variante 2 steckt im *Sozialanteil* des Gehalts.

Variante 3 ist berücksichtigt im *Aufgabenanteil* des Gehalts.

Diese drei Elemente sind im Verhältnis zueinander durch die WALA im Idealfall frei bestimmbar, wobei eine Hinorientierung nach Variante 2 das stetige Ziel sein sollte. Es mag sein, daß es erst in einer fernen Zukunft erreicht wird.

Um der Arbeit noch deutlicher den Warencharakter einer verkäuflichen Ware zu nehmen, wird mit dem WALA-Gehalt nicht eine im zurückliegenden Monat geleistete Arbeit «bezahlt», sondern jeder Mitarbeiter erhält bereits zum Monatsanfang sein Gehalt als Vorableistung. Dieser Zahlungsmodus geht auch auf eine Anregung Rudolf Steiners zurück. Er sprach vom «Ermöglichungsgehalt». Dieses wird dem Mitarbeiter vorab für seinen Lebensunterhalt zur Verfügung gestellt, damit seine Lebenshaltungskosten gedeckt sind und er sich frei von existentiellen Sorgen seinen Aufgaben widmen kann.

Soziale Leistungen

Zusätzlich erhalten die Mitarbeiter soziale Leistungen z.B. durch Übernahme der Kosten für Betriebseurythmie, Massagen, Malkurse, Sprachgestaltungskurse, das Schulgeld, Kindergartenzuschüsse und Kindergeldzulagen.

Der Unternehmer

Ein Unternehmen braucht in erster Linie fähige Unternehmer, die mit dem nötigen Sachverstand das Unternehmen leiten und bereit sind, Verantwortung zu übernehmen. Damit verbunden ist in einer Gemeinschaft zusammenarbeitender Menschen Autorität, die sich aus den fachlichen Fähigkeiten speist und keinesfalls durch Titel oder Rangordnung entstehen darf. Daß man in wichtigen Entscheidungsprozessen einem Menschen, der in seiner geistigen Erkenntnis fortgeschritten oder auch in seinen Erfahrungen sachkompetenter ist und möglicherweise auch über mehr Lebenserfahrung verfügt, ein kompetenteres Urteil zutraut oder es ihm abnimmt, liegt auf einer anderen Ebene.

Die nachstehenden Eigenschaften zeichnen z.B. einen erfolgreichen Unternehmer aus: schnelle Entschlußkraft, klares Urteilsvermögen, Wagemut, Wendigkeit, gute Menschenkenntnis.

Zu dem Emotionalen, das der Unternehmer oder eine Führungskraft oder letztendlich auch jeder Mitarbeiter einbringen sollte, gehören auch menschliche Wärme, Mitgefühl, Hoffnung und Mut als Motivation für gemeinsames Tun. Somit entspricht der Unternehmer mit seinen unternehmerischen Qualitäten, Initiativen, Selbständigkeit und Selbstverantwortung, die so sehr im Wesen des Menschen wurzeln, am meisten dem freien Menschenbild des Grundgesetzes der Bundesrepublik. Es gibt jedoch auch äußere Sachzwänge, so daß der Spielraum zum Teil auch begrenzt ist für freie Entscheidungen. Um diesen Spielraum gegen mögliche Widerstände durchsetzen zu können, benötigt der Unternehmer eine ausreichende und nachhaltige Ausstattung mit Vollmachten. Im WALA-Verständnis kann ihm diese Vollmacht nur durch vertragliche Vereinbarungen mit seinen Mitarbeitern zufließen.

Die Geschäftsleitung der WALA beansprucht z.B. für sich die nachstehenden Entscheidungsfreiheiten, um sinnvoll arbeiten zu können:

- Auswahl der Vertragspartner
- Durchführung von Strukturveränderungen
- Wahl der Finanzierungsform des Unternehmens
- Wahl der Produktionsmittel
- Wahl des Produktions- bzw. Handelsprogramms im Rahmen der gesteckten Unternehmensziele
- Abschluß von Verträgen mit Geschäftspartnern, Mitarbeitern, Lieferanten, Kunden, Versicherungen etc.

- Übertragung solcher Rechte, Kompetenzen, Vollmachten und Entscheidungsbefugnisse auf Einzelpersonen oder Gruppen im Betrieb.

Solche Rechte können und dürfen beispielsweise nicht auf dem Wege einer sogenannten Mitbestimmung bis hin zu einer sogenannten basisdemokratischen Abstimmung eingeschränkt werden.

In der Wirtschaft geht es den Tarifpartnern meistens weniger um Partnerschaft und Kooperation im Betrieb als vielmehr um Macht, um schließlich in Form von Druck und Drohung eine stärkere Verhandlungsposition zu bekommen, die jeweiligen Interessen durchzusetzen, ohne auf die betriebliche Gemeinschaftsleistung zu achten. Das Herausragende in der WALA ist, daß das soziale Verhalten des Geschäftsführers von einem Menschenbild geprägt sein soll bzw. ist, welches in jedem Mitarbeiter einen gleichwertigen Menschen sieht, womit auch die Wahrung und der Schutz der Menschenwürde jedes einzelnen Partners gewährleistet ist. Dadurch entsteht ein neues Vertrauensverhältnis zwischen Unternehmern und Mitarbeitern. Unterstützt wird dieses Verhältnis dadurch, daß für jeden Tätigen ein Freiheitsspielraum geschaffen ist, in dem er sich an seinem Arbeitsplatz unternehmerisch entfalten kann. Auf diese Weise werden auch die Mitarbeiter in der WALA als Unternehmer angesehen und ihnen das Recht auf Selbstbestimmung und freie Persönlichkeitsentfaltung eingeräumt. So gesehen kann man dann davon sprechen, daß jeder Mitarbeiter an seinem Arbeitsplatz Unternehmer sein soll und kann.

Der Arbeitsprozeß erfordert das Zusammenwirken der Mitarbeiter in möglichst großer Bereitschaft zur gegenseitigen Hilfe. Dabei ist ein Leitgedanke, daß die Würde des Menschen in dem Maße der Verantwortung für seine Taten liegt. Auf dieser Grundlage beruht die Arbeitsordnung, die ergänzt wird durch Betriebsvereinbarungen, durch den Arbeitskatalog, die Organisationspläne und die Qualitätsrichtlinien.

In dem nachfolgenden Gedicht ist in sehr schöner Weise ausgedrückt, welche Qualität von Menschen wir uns in der Wala wünschen:

Wir brauchen Menschen

Wir brauchen Menschen
voll Kraft und Mut,
in heiliger Glut,
trutzig wie Helden
in Kampf und Streit,
Still und geduldig
in Not und Leid.

Wir brauchen Menschen
wie Bergluft klar,
die bis ins Innerste
treu und wahr,
Menschen, in deren Augen
das Licht
des offenen Himmels
sich strahlend bricht.

Wir brauchen Menschen,
an Gott gebunden,
die unter dem Kreuze
sich selbst überwunden;
Sonnenmenschen,
die wortlos uns segnen,
in deren Wesen wir
Gott begegnen.

Wir brauchen Menschen
von großem Lieben
in tiefster Demut
zum Dienst getrieben;
Menschen, die glauben,
alles wagen,
betende Menschen,
von Gott getragen.

«Wo sind die Menschen?»
hör ich dich fragen.
Nun, Seele, laß dir
dies eine sagen.
Nur einer war vollkommen
auf Erden –
Und alle anderen …
sind noch im Werden.

Blick nicht um dich, sondern
in dich hinein;
du sollst selbst einer
von denen sein,
die in die Quellen
des Lebens tauchen –
ein Mensch zu werden,
wie wir ihn brauchen!

(Verfasser unbekannt)

Mitarbeiter-Mitwirkung

In der WALA geht das Bestreben dahin, an jedem Arbeitsplatz fähige und verantwortungsbewußte Mitarbeiter zu haben, die im Einzelfall wie in der Gruppe für *ihren* Bereich die Entscheidungen selbständig treffen und die sie dann auch zu verantworten haben.

Bei Entscheidungsprozessen sollen generell nicht Personen oder Positionen ausschlaggebend sein, sondern lediglich der Sachverstand. Die Selbstbestimmung der Mitarbeiter bleibt ein wichtiges Ziel im Rahmen des Zusammenlebens und der Erfüllung der Arbeitsaufgaben. Die WALA-Stiftung und die Geschäftsleitung der WALA-Heilmittel GmbH legen die Unternehmensziele fest. Der Mitarbeiter macht sich diese Ziele zu eigen und setzt sie an seinem Arbeitsplatz um. Gegenüber den sozialen Spannungen und den Interessengegensätzen, wie sie heute allgemein weit verbreitet zu finden sind, ist ideal-typisch die Zusammenarbeit aller in einem Wirtschaftsunternehmen tätigen Menschen zu sehen, die – nach Maßgabe ihrer Fähigkeiten – in freier Selbstbestimmung und auf vertraglicher Grundlage gemeinsame Produktionsziele verfolgen.

Wenn man diesen Gedanken Raum gibt, wird die oft als ideal und wünschenswert betrachtete demokratische Willensbildung (bis hin zur Basisdemokratie mit endlosen Diskussionen) in einem Unternehmen gegenstandslos. Das schließt aber nicht aus, daß vor Entscheidungen eine vielfältige Meinungsbildung, eine sachbezogene Mitwirkung angestrebt wird: Die Entscheidung trifft aber letztlich allein der Verantwortliche, der «Unternehmer».

Dieser Mitwirkungsprozeß wird in der WALA durch eine Reihe von Institutionen und Gruppen ermöglicht und gefördert, wie z.B.:

- Betriebsrat
- Planung und Vorschlagwesen für Investitionen und Verbesserungen innerhalb der Abteilungen
- Budgetierung aller Kosten in einem Arbeitsbereich (Federführung: Gruppen- und Abteilungsleiter)
- Projekt-Arbeitsgruppen (zeitlich befristet)
- Mitgestaltung der Betriebsordnung
- Arbeitsgruppengespräche
- Mitarbeiterinformation für den Gesamtbetrieb (monatlich)
- Schiedsgericht bei Streitigkeiten im persönlichen Bereich
- Sozialer Hilfsverein.

Bezüglich der monatlichen Mitarbeiterinformation ist noch bedeutsam, daß diese während der regulären Arbeitszeit stattfindet und außerdem kein betriebliches Thema tabuisiert. Die Geschäftsleitung beantwortet dabei alle Fragen mit größtmöglicher Offenheit.

Erwähnenswert ist des weiteren, daß innerhalb der WALA keine gewerkschaftliche Einflußnahme stattfindet, ebenso wie auch das Unternehmen selbst keinem Arbeitgeberverband angehört.

Zu all diesen Gedanken noch ein Zitat von Rudolf Steiner aus *Die Kernpunkte der sozialen Frage:* «Wenn einmal ein wirklicher Vertrag zwischen Arbeitgeber und Arbeitnehmer geschlossen wird – der heute übliche Vertrag ist nur ein Scheinvertrag –, wird der Arbeitnehmer einsehen, daß seine Interessen am besten vertreten sind, wenn der Unternehmer den Betrieb mit seinen individuellen Kräften gut leitet, *ohne ihn zu besitzen.*»

Zukunftsgedanken

Das WALA-Modell in seiner heutigen Form ist in einem steten Wandel begriffen, und die Entwicklung in die Zukunft hinein wird von allen mitarbeitenden Kräften im Unternehmen beeinflußt. Dabei bestimmen allerdings die anthroposophischen Wertvorstellungen und das daraus resultierende Menschenbild die Sozialgestalt des Unternehmens. Mit dem Vollzug der Neutralisierung des Eigentums an den Produktionsmitteln wurde eine entscheidende Voraussetzung geschaffen, um unter Verzicht auf Macht durch Kapitalbesitz alle Menschen im Unternehmen WALA in Freiheit und Eigenverantwortung am Betriebsgeschehen zu beteiligen – zum Nutzen des einzelnen wie der Gemeinschaft. Diese Entwicklung hat auch zur Folge, daß Kapital und Arbeitskraft nicht mehr als Ware behandelt werden und so für die Mitarbeiter ein Stück Menschenwürde dazugewonnen wird.

Christian Czesla

Rechtsformen – einmal anders betrachtet

Allgemeine Hinweise

Die nachfolgende Übersicht gibt kurze Hinweise zu einigen ausgesuchten Rechtsformen unter unkonventionellen Gesichtspunkten. Sie ist keinesfalls erschöpfend und soll lediglich Gestaltungshilfen geben, erspart also damit nicht den Gang zum «Experten» (z.B. zu einem Rechtsanwalt oder Notar). Mit den Gesichtspunkten, unter welche die Übersicht gestellt ist, sollen eher die inneren, sozialen Grundgesten der jeweiligen Rechtsform deutlich gemacht werden. Sie weichen damit vollständig von den üblichen Darstellungen ab, in denen mehr die äußeren «Vor- und Nachteile der Rechtsform» (z.B. aus steuerlicher Sicht) zusammengefaßt werden. Dabei sind nur die gesetzlich vorgesehenen Regelungen dargestellt. Das Recht ist jedoch in weiten Bereichen abweichend von diesen gestaltbar. Besprechen Sie diese Gestaltungsmöglichkeiten mit einem «Experten», wenn Sie etwas «stört» (z.B. das Abstimmungsprinzip).

Aus den Erfahrungen meiner Beratungspraxis hat sich folgende Methode bei der Rechtsformwahl als sinnvoll erwiesen:

1. Formulieren Sie zunächst die Satzung oder den Gesellschaftsvertrag weitestgehend selbst (auch wenn rechtlich unscharfe oder sogar falsche Begriffe verwendet werden). Dies kann z.B. unter folgenden Fragestellungen erfolgen:

a) Was wollen wir gemeinsam tun?
b) Wer soll dabei sein?
c) Wie soll die Haftung sein, wo sollen Haftungsbegrenzungen greifen?
d) Wie regeln wir untereinander Kompetenzen und Verantwortungen, Delegation und Rechenschaft?
e) Welche Organe brauchen wir?
f) Wie verteilen wir Gewinne und Verluste?
g) Wie regeln wir Entnahmen oder Ausschüttungen?
h) Wie kann man austreten, wann muß man ausscheiden?
i) Was bekommt man beim Austritt, Ausscheiden oder bei der Auflösung unserer Gemeinschaft zurück?

j) Was ist mit Erben?
k) Wollen wir die ordentliche Gerichtsbarkeit oder ein selbst gewähltes Schiedsverfahren?

2. Mit den Antworten auf diese Fragen haben Sie Ihre Satzung oder Ihren Gesellschaftsvertrag inhaltlich weitestgehend selbst formuliert. Erst nach diesen Antworten sollten Sie zusammen mit einem «Experten» die Rechtsform wählen und Satzung bzw. Vertrag rechtlich ausgestalten.
3. Gehen Sie die Satzung oder den Vertrag mindestens einmal jährlich durch und überprüfen Sie dabei, ob das tatsächlich Geschehene mit dem ursprünglich Gewollten übereinstimmt, welche Veränderungen oder Ergänzungen notwendig sind.

Rechtsvorschriften für Personenvereinigungen

- juristische
  - Vereine
§ 21 ff Bürgerliches Gesetzbuch (BGB)
  - Gesellschaft mit beschränkter Haftung (GmbH)
GmbH-Gesetz (GmbHG)
  - Aktiengesellschaft (AG)
Aktiengesetz (AktG)
  - Kommanditgesellschaft* auf Aktien (KGaA)
§§ 278 ff Aktiengesetz
  - Genossenschaft (eG)
Genossenschaftsgesetz (GenossenschaftsG)
- natürliche
  - Gesellschaft bürgerlichen Rechts (GbR)
§§ 705 ff BGB
  - Gütergemeinschaft *
§§ 1415 ff BGB
  - Erbengemeinschaft *
§§ 2032 ff BGB
  - offene Handelsgesellschaft (OHG)
§§ 105 ff Handelsgesetzbuch (HGB)
  - Kommanditgesellschaft (KG)
§§ 161 ff HGB
  - Partnerschaft
Partnerschaftsgesellschaftsgesetz (mit wesentlichen Verweisen auf die Vorschriften zur GbR bzw. OHG)

* = nicht im einzelnen dargestellt

Rechtsform:	**Eingetragener Verein (e.V.)**
Zweck:	Ausschließlich nichtwirtschaftlicher (ideeller) Art
Gestaltungsorgan:	Mitgliederversammlung
Handlungsorgan:	Vorstand
Stimmrechte:	Nach Köpfen
Abstimmungsprinzip:	Mehrheit
Haftung des einzelnen:	Keine
Tendenz in der Entwicklung:	«Schlafwagen» für die Mitglieder
Heilmittel:	Kleine Vereine mit ausschließlich aktiven Mitgliedern. Bei größeren Vereinen: Organbildung über den Vorstand hinaus (in der Satzung verankern! z.B. Kuratorium, Beiräte, Konferenzen).

Rechtsform:	**Nicht eingetragener Verein**
Zweck:	Jeder gesetzlich zulässige (also sowohl wirtschaftlich wie nichtwirtschaftlich)
Gestaltungsorgan:	Mitgliederversammlung
Handlungsorgan:	Vorstand
Stimmrechte:	nach Köpfen
Abstimmungsprinzip:	Mehrheit
Haftung des einzelnen:	– beim nichtwirtschaftlich tätigen, nicht eingetragenen Verein (Idealverein) begrenzbar auf Vereinsvermögen – beim wirtschaftlich tätigen nicht eingetragenen Verein wie bei der OHG oder GbR, also volle Haftung
Tendenz in der Entwicklung:	weil selten gewählte Rechtsform «zwischen» GbR und e.V. bisher kein klares Bild, aber interessante Gestaltungsmöglichkeit für sehr rechtsbewußte Menschen
Heilmittel:	Sorgfältige Gestaltung der Satzung; hohes Rechtsbewußtsein
Hinweis:	Der sogenannte «Wirtschaftsverein» nach § 22 BGB, der seine Rechtsfähigkeit durch

staatliche Verleihung erhält, spielt als Neu-gründungsmöglichkeit praktisch keine Rolle mehr, weil er unter Hinweis auf andere Rechtsformen von den zuständigen Landesbehörden nicht mehr genehmigt wird.

Rechtsform:	**Gesellschaft mit beschränkter Haftung (GmbH)**
Zweck:	Jeder gesetzlich zulässige (auch gemeinnützige oder ideelle Zwecke)
Gestaltungsorgan:	Gesellschafterversammlung
Handlungsorgan:	Geschäftsführer
Stimmrechte:	Nach Kapitalanteilen
Abstimmungsprinzip:	Mehrheit
Haftung des einzelnen:	Über die Stammeinlage hinaus keine
Tendenz in der Entwicklung:	Verselbständigung der juristischen Person gegenüber ihren Gesellschaftern, Machtinstrument von Geschäftsführern
Heilmittel:	Zusätzliche Organe schaffen (z.B. Beirat, Kundenrat, Lieferantenrat)

Rechtsform:	**Aktiengesellschaft (AG)**
Zweck:	Jeder gesetzlich zulässige
Gestaltungsorgan:	Hauptversammlung
Handlungsorgan:	Aufsichtsrat, Vorstand
Stimmrechte:	Nach Aktien
Abstimmungsprinzip:	Mehrheit
Haftung des einzelnen:	Über die Einlage auf die Aktien hinaus keine
Tendenz in der Entwicklung:	Abspaltung der Kapitalinteressen von den Unternehmensinteressen (Stichwort: shareholder value) und damit Vereinseitigung des Zwecks auf Gewinn- bzw. Kursmaximierung; Größenwucherung; Erstarrung im hohen Formaufwand; ritualisierte Schein-

	vorgänge (Stichwort: Depotstimmrechte der Banken)
Heilmittel:	Die «kleine» AG mit überschaubarem Aktionärskreis (Vorsicht: immer noch sehr hoher Formaufwand!); offene Trennung von Kapital- und Unternehmensverantwortung (z.B. im Wege der sog. Betriebsaufspaltung).

Rechtsform:	**Eingetragene Genossenschaft (eG)**
Zweck:	Wirtschaftliche Förderung der Interessen der Mitglieder (auch ideelle Interessen)
Gestaltungsorgan:	Generalversammlung
Handlungsorgan:	Aufsichtsrat, Vorstand (und indirekt der Genossenschaftsverband!)
Stimmrechte:	Nach Köpfen
Abstimmungsprinzip:	Mehrheit
Haftung des einzelnen:	Über den gezeichneten Anteil und einen eventuellen Haftzuschlag hinaus keine
Tendenz in der Entwicklung:	Erstarrung (u.a. in der Kontrolle des Verbandes, mangelnde Beweglichkeit im Wirtschaftsleben, Lähmung durch «demokratische» Prozesse (Mehrheitsbeschlüsse bei unterschiedlichen Zielvorstellungen)
Heilmittel:	Nur bei klarer, eindeutiger Ausrichtung der Interessen der Genossen auf einen Zweck hin wählen (eher im ideell-gemeinnützigen Bereich).

Rechtsform:	**Gesellschaft bürgerlichen Rechts (GbR)**
Zweck:	Jeder gesetzlich zulässige
Gestaltungsorgan:	Gesellschafterversammlung
Handlungsorgan:	Jeder Gesellschafter
Stimmrechte:	Nach Köpfen
Abstimmungsprinzip:	Einheitliche Willensbildung der Gesellschafter

Haftung des einzelnen:	Voll, also auch mit Privatvermögen (im Ausnahmefall begrenzt auf das Gesellschaftsvermögen)
Tendenz in der Entwicklung:	Chaos (insbesondere bei vielen Gesellschaftern)
Heilmittel:	Kleine Gesellschafteranzahl (möglichst Menschen, die sich kennen), sorgfältiger Gesellschaftsvertrag mit Regelungen des rechtlichen Umgangs miteinander

Rechtsform:	**Offene Handelsgesellschaft (OHG)**
Zweck:	Handelsgewerbe (auch Landwirtschaft) ab einer gewissen Größe
Gestaltungsorgan:	Gesellschafterversammlung
Handlungsorgan:	Jeder Gesellschafter
Stimmrechte:	Nach Köpfen
Abstimmungsprinzip:	Einheitliche Willensbildung der Gesellschafter
Haftung des einzelnen:	Voll, also auch mit Privatvermögen
Tendenz in der Entwicklung:	Chaos (insbesondere bei vielen Gesellschaftern)
Heilmittel:	Kleine Gesellschafterzahl (möglichst Menschen, die sich kennen), sorgfältiger Gesellschaftsvertrag mit Regelungen des rechtlichen Umgangs miteinander

Rechtsform:	**Kommanditgesellschaft (KG)**
Zweck:	Handelsgewerbe (auch Landwirtschaft) ab einer gewissen Größe
Gestaltungsorgan:	Gesellschafterversammlung (mit Einschränkung für die Kommanditisten = Teilhafter)
Handlungsorgan:	Komplementäre = Vollhafter
Stimmrechte:	Nach Köpfen (für die Kommanditisten mit Einschränkungen)

Abstimmungsprinzip:	Einheitliche Willensbildung der Gesellschafter
Haftung des einzelnen:	Komplementäre: voll, also auch mit Privatvermögen Kommanditisten: begrenzt auf die Hafteinlage
Tendenz in der Entwicklung:	Zweiklassengesellschaft (Kommanditisten nur noch als «Juniorpartner»)
Heilmittel:	Sorgfältiger Vertrag, der insbesondere Rechte und Pflichten zwischen Kommanditisten und Komplementären genau regelt, gegebenenfalls Erweiterung zur GmbH & Co. KG, also einer Kommanditgesellschaft, bei der Komplementär eine GmbH ist (deren Gesellschaftsanteile z.B. von den Kommanditisten gehalten werden können)

Rechtsform:	**Partnerschaft**
Zweck:	ausschließlich freie Berufe (kein Handelsgewerbe)
Gestaltungsorgan:	Gesellschafterversammlung
Handlungsorgan:	Jeder Gesellschafter
Stimmrechte:	Nach Köpfen
Abstimmungsprinzip:	Einheitliche Willensbildung der Gesellschafter
Haftung des einzelnen:	Grundsätzlich voll (also auch im Privatvermögen). Jedoch vertraglich oder gesetzlich (standesrechtlich) begrenzbar auf Schäden aus der Berufsausübung einzelner Partner oder auch der Höhe nach.
Tendenz in der Entwicklung:	Wandlung einer Gesellschaft in ein reines «Zweckbündnis»
Heilmittel:	Regelmäßige, intensive Arbeit an der gemeinsamen Aufgabe.

IV. ANHANG

Albrecht Quecke

Buchbesprechung: Franziskus M. Ott, Befristetes Eigentum als Resultat empirischer Rechtsanschauung

Durch den Zusammenbruch der kommunistischen Diktatur scheint die Eigentumsfrage, für viele zu Recht die Schlüsselfrage des bisherigen Ost-West-Gegensatzes, urplötzlich an Brisanz verloren zu haben. Das vordergründige Scheitern der sozialistischen Rechts- und Wirtschaftsordnung vermag aber nicht die Tatsache dem wachen Blick zu entziehen, daß die Eigentumsfrage nach dem Ende der offenen Auseinandersetzung zwischen Kapitalismus und Sozialismus mehr denn je eines der wichtigsten sozialen Probleme unserer Zeit darstellt. Man empfindet die Ungelöstheit dieses Problems um so mehr, wenn man sich vor Augen hält, daß sich das so gut wie unangefochtene herkömmliche Eigentumsverständnis – für den deutschen Rechtskreis vor allem an die Eigentumsgarantie des Artikel 14 des Grundgesetzes und die Rechtsgrundsätze des BGB anknüpfend – aus Quellen vor unserer Zeitrechnung speist, also aus einer Zeit, in der der menschlichen Persönlichkeit ganz andere Entwicklungen aufgegeben waren. Letztlich beruht das heute noch herrschende Eigentumsverständnis auf nicht mehr tragfähigen erkenntnistheoretischen Voraussetzungen.

Diese Zusammenhänge zu beleuchten hat sich Franziskus M. Ott in seiner vorliegenden, in der Schweiz erschienenen Publikation zur Aufgabe gemacht.[1] Dieser liegt eine von Professor Arthur Meier-Hayoz betreute und von der Rechts- und staatswissenschaftlichen Fakultät der Universität Zürich angenommene Dissertation zugrunde, die in mehrfacher Hinsicht bemerkenswert ist. In geradezu revolutionärer Abwendung von den geltenden Rechtsvorstellungen vertritt sie für den Untersuchungsgegenstand, das Eigentum an Produktionsmitteln, ein «befristetes Eigentum als entwicklungsgeschichtliche Notwendigkeit». Die sich als «kritische Grundlagenforschung» verstehende eigentumstheoretische Untersuchung ist gebietsübergreifend angelegt und umfaßt keineswegs nur rechtswissenschaftliche, sondern insbesondere auch sozial- und wirtschaftswissenschaftliche Aspekte. «Befristetes Eigentum als Resultat empirischer Rechtsanschauung» ist die Ottsche Arbeit überschrieben. Der Autor nimmt diesen selbstgesetzten Anspruch ernst und bemüht sich zunächst um sachgemäße Urteilsgrundlagen. Hierbei orientiert er sich – hierin dürfte eine Besonderheit, wenn nicht Einmaligkeit liegen – u.a. explizit an der Erkenntnistheorie Rudolf Steiners. Auffällig ist schließlich, daß die bereits 1977 erschienene Arbeit bisher, soweit ersichtlich, in anthroposophischen Zusammenhängen kein nennenswertes Echo gefunden hat.

Der Verfasser, der in seinem «Lebenslauf» angibt, neun Jahre die Rudolf-Steiner-Schule in seinem Geburtsort Zürich besucht zu haben, verdankt, wie er in der Einleitung ausführt, die Idee, sich mit den Befristungstheorien des Immaterialgüterrechts auseinanderzusetzen und die dadurch gewonnenen Erkenntnisse auf das Gebiet des materiellen Eigentums anzuwenden, dem Studium der *Kernpunkte der sozialen Frage* von Rudolf Steiner. Dort wird die Befristung des sogenannten geistigen Eigentums dadurch gerechtfertigt, daß ein rein geistiges Gut trotz der Bindung an die individuelle Begabung des einzelnen zugleich ein Ergebnis des sozialen Zusammenlebens ist, in welches es deshalb im rechten Augenblick übergeleitet werden muß. Rudolf Steiner fährt dann fort: «Nicht anders aber steht es mit anderem Eigentum. Daß mit dessen Hilfe der einzelne im Dienste der Gesamtheit produziert, das ist nur möglich im Mitwirken dieser Gesamtheit. Es kann also das Recht auf die Verfügung über ein Eigentum nicht von den Interessen dieser Gesamtheit getrennt verwaltet werden. Nicht ein Mittel ist zu finden, wie das Eigentum an der Kapitalgrundlage ausgetilgt werden kann, sondern ein solches, wie dieses Eigentum so verwaltet werden kann, daß es in der besten Weise der Gesamtheit diene.»[2] Ott sah im befristeten Eigentum an den Produktionsmitteln eine fruchtbare und notwendige Alternative zu den (aus seiner damaligen Sicht) antagonistischen Eigentumsformen in Ost und West. Er «meinte zu erkennen, daß die den beiden Gesellschaftsordnungen zugrundeliegenden Eigentumsvorstellungen sowohl historisch wie sachlich überholt und die eigentlichen Ursachen zum heutigen ideologischen und politischen West-Ost-Konflikt sind».

Die Untersuchung ist klar aufgebaut und übersichtlich gegliedert in die drei Abschnitte «Urteilsgrundlagen», «Geistiges Eigentum» und «Materielles Eigentum». Im ersten Abschnitt bemüht sich der Verfasser vor Beginn der eigentlichen Sachuntersuchungen zunächst um eine sachgemäße Urteilsgrundlage. Er möchte sich nicht «auf irgendeine sogenannte fundierte Eigentumstheorie» stützen, weil er nicht von ungeprüften Überzeugungen ausgehen will. Ebensowenig will er von Grenzen eingeengt sein, deren Marksteine meist irgendwelche ideologisch oder weltanschaulich verbrämten Glaubenssätze bilden wie etwa «Menschenwürde», «Privatautonomie», «historischer Materialismus» usw. Hiermit wird ein Anspruch erhoben, angesichts dessen ganze Bibliotheken wissenschaftlicher Untersuchungen relativiert werden. Ausgehend von der Frage, «inwiefern menschliche Erkenntnis mittels Begriffen, Ideen usw. etwas über die Wirklichkeit auszusagen hat», setzt sich Ott mit dem Kantschen erkenntnistheoretischen Axiom der Subjekt-Objekt-Beziehung auseinander, überwindet dieses, indem er das Erkennen selbst zum Erkenntnisobjekt macht und zu dem Ergebnis gelangt, daß erst Wahrnehmung und Begriff zusammen zur Erkenntnis führen. Nach Auffassung des Verfassers kommen wir «dann zu einem sachgemäßen Urteil über eine Sache, wenn wir deren Wesen begrifflich erfaßt haben, unabhängig davon, ob die Sache materieller oder immaterieller Natur ist». Auf der in dieser Weise gewonnenen erkenntnistheoretischen Grundlage entwickelt der Verfasser sodann ebenso radikal, also bis «auf die Wurzel gehend», die Voraussetzungen wirklichkeitsgemäßer sozialwissenschaftlicher und rechtswissenschaftlicher Begriffe.

Franziskus M. Ott geht im sachlichen Hauptteil seiner Untersuchung methodisch ähnlich vor wie Rudolf Steiner in dem erwähnten Text der *Kernpunkte.* So setzt er sich im zweiten Abschnitt «Geistiges Eigentum» zunächst mit den Theorien für und gegen die Befristung der Immaterialgüterrechte auseinander. Als Resultat empirischer Rechtsanschauung leitet er deren Befristung aus der Synthese zwischen dem Wesen der Immaterialgüter und deren sozialen Bezügen ab. Von dieser Grundlage aus wendet sich Ott im dritten Abschnitt seinem eigentlichen Thema, dem materiellen Eigentum, zu. In scharfsinniger historischer Betrachtung weist er nach, daß die heute absolut herrschende Theorie des unbefristeten materiellen Eigentums letztlich auf einer unkritischen Übernahme und Perpetuierung römisch-rechtlicher Eigentumsvorstellungen beruht. Den entscheidenden Bruch sieht der Verfasser bereits in römischer Zeit im Übergang vom quiritischen auf das bonitarische Eigentum, durch den die aus sakralen Ursprüngen von einer bestimmten Person ausgehende Macht sich anonymisiert und nur noch an die bloße Sachinhaberschaft anknüpft. Hierbei handelt es sich um eine «Umwälzung von unübersehbarer Tragweite», aufgrund derer der bis heute geltende rationale Eigentumsbegriff eine allgemein übersehene irrationale Komponente aufweist. Was in römischer Zeit für die Persönlichkeitsentwicklung, für die Erkraftung und Behauptung des Individuums gegenüber dem öffentlich-staatlichen Bereich notwendig war, entspricht zeitgemäßen Rechtsvorstellungen im Bewußtseinsseelenzeitalter nicht mehr. Ott konzentriert die Kritik am geltenden Eigentumsbegriff auf das unbefristete Produktiveigentum, wobei er in bemerkenswerter Klarsicht die geltenden Eigentumstheorien sowohl liberalistischer als auch marxistischer Prägung als ein «Sekundärsystem» entlarvt, das auf abstrakten Fiktionen beruht. Der Verfasser stellt dem «Primärbegriffe» entgegen, bei denen Begriff und Wahrnehmung zusammenfallen und die «den Vorstellungscharakter der Sekundärbegriffe überwinden, indem sie an die Stelle der Abstraktion die begriffliche Empirik treten lassen».

Im folgenden wird das befristete Eigentum an Produktionsmitteln als Resultat empirischer Rechtsanschauung nachgewiesen, das zum einen aus dem Wesen der Produktionsmittel, zum anderen aus den sozialen Bezügen beim Produktiveigentum hergeleitet wird. So gelangt Franziskus M. Ott schließlich zu einem «trinitarischen Eigentumsbegriff», der ein materielles Eigentum der Gesamtbelegschaft, ein funktionelles befristetes Eigentum der Fähigkeitsträger und ein geistiges Eigentum der Gesellschaft als Anspruch auf neue Fähigkeitsträger zum Inhalt hat. Das so definierte befristete Eigentum sieht der Verfasser als entwicklungsgeschichtliche Notwendigkeit an. Der dem heutigen Privateigentum zugrundeliegende bonitarische Eigentumsbegriff, der in früheren Zeiten zur Persönlichkeitsentwicklung erforderlich war, wurde «durch die Macht der westlichen Ideologien als Mythos für heilig erklärt» und wirkt sich in den heutigen Verhältnissen als schädlich aus, «weil er sich gegen den in der arbeitsteiligen Wirtschaftsweise tätigen Menschen richtet».

Abschließend befaßt sich Ott mit den Folgen des befristeten Eigentums. Innerbetrieblich geht es um die Polarität zwischen Arbeit und Intelligenz, hinsichtlich derer dem der Mitbestimmung zugrundeliegenden Anliegen der Entfaltung individueller Kräfte auf dem Boden sachenrechtlicher Gleichberechtigung entsprochen werden kann. Eine andere Konsequenz des befristeten Eigentums sieht der Verfasser in der Überwindung des Lohnsystems durch Einkommensverhältnisse, die dem Wesen menschlicher Arbeit und Intelligenz entsprechen. Die überbetrieblichen Folgen betreffen vor allem die Grundelemente einer Bedarfswirtschaft. Ott sieht auf der Basis eines differenzierten Eigentumsbegriffs ausgezeichnete Voraussetzungen dafür, «daß Produktion und Konsumtion ihrem polaren Wechselverhältnis entsprechend kooperieren, indem sie sich assoziieren». Der Verfasser kann insofern auf entsprechend erfolgreich verlaufene praktische Erfahrungen wirtschaftlicher Selbstverwaltung in der Schweiz in den Jahren 1948 und 1949 verweisen. Auch hinsichtlich des Lohnproblems (aus überbetrieblicher Sicht), der Unternehmensfinanzierung und der Unternehmernachfolge kann er auf der Grundlage des befristeten Eigentums sachgerechte Lösungen nachweisen.

Insgesamt kommt Franziskus M. Ott das Verdienst zu, hinsichtlich einer rechts-, wirtschafts- und gesellschaftspolitischen Grundfrage unserer Zeit das Zukünftige bis in die Einzelheiten «vorgedacht» und die Voraussetzungen und Folgen des befristeten Eigentums in unserem modernen Rechts- und Wirtschaftssystem aufgezeigt zu haben. Wie weit der Weg bis zur Verwirklichung des befristeten Eigentums noch sein wird, mag man daran ermessen, daß die erstmalige Realisierung eines wenigstens differenzierten Eigentumsbegriffs für persönliches und Produktiveigentum im modernen deutschen Rechtskreis, nämlich im Zivilgesetzbuch der Deutschen Demokratischen Republik, durch den Beitritt der DDR zur Bundesrepublik zunächst einmal in die geschichtliche Versenkung entschwunden ist.

Anmerkungen

1 Franziskus M. Ott, *Befristetes Eigentum als Resultat empirischer Rechtsanschauung,* Juris Druck und Verlag Zürich 1977, 142 Seiten, broschiert.
2 Rudolf Steiner, *Kernpunkte der sozialen Frage,* Dornach [6]1976, S. 110 f.

Konzept zur Reform der Bodenordnung

vom Seminar für freiheitliche Ordnung e.V., 73087 Bad Boll[1]

Kurze Vorstellung des Seminars für freiheitliche Ordnung: Das Seminar für freiheitliche Ordnung betreibt als gemeinnütziger Verein seit vier Jahrzehnten sozialwissenschaftliche Forschung und Erwachsenenbildung. Es veranstaltet Tagungen und gibt die Schriftenreihe «Fragen der Freiheit» heraus. Seine ordnungspolitischen Bemühungen gelten der Freiheit der Initiative und Selbstverwirklichung des Menschen ebenso wie striktem Streben nach sozialer Gerechtigkeit; Freiheit und Gerechtigkeit dürfen im Denken keine Gegensätze bleiben, wenn sich Freiheits- und Gerechtigkeitsimpulse in der sozialen Wirklichkeit nicht weiterhin gegenseitig blockieren sollen. Die Bodenfrage ist eines der Felder, dem sich das Seminar von Anfang an gewidmet hat, wobei Themen wie Bodenordnung und Städteplanung, Bodenordnung und Verteilungsgerechtigkeit usw., kurzum die verschiedensten Aspekte der Bodenfrage behandelt wurden.

Im Frühjahr 1991 haben wir durch ein Rundschreiben und ein Merkblatt alle Bürgermeister in den neuen Bundesländern vor den Folgen einer sprunghaften Bodenpreisentwicklung gewarnt und darauf aufmerksam gemacht, daß die Bodennutzung auch mit dem Erbbaurecht im marktwirtschaftlichen Sinne privatisiert werden kann, ohne daß die verteilungspolitisch und städtebaulich problematische Bodenspekulation neue Nahrung erhält – vorausgesetzt, das Erbbaurecht wird richtig ausgestaltet.[2] Der angebotene Mustervertrag[3] für die Bestellung eines Erbbaurechts wurde von mehreren hundert Gemeinden angefordert. Vor Ort wurden zahlreiche Beratungsgespräche geführt, deren Quintessenz sich in ergänzenden Papieren[4] niederschlug.

Mit dem Ankauf von Boden und der Vergabe von Erbbaurechten kann jede einzelne Gemeinde einen ökonomisch bedeutsamen Beitrag zur Verbesserung der Bodenordnung leisten. – Dem Bundesgesetzgeber machen wir in erster Linie Vorschläge zur Änderung der Bodenbesteuerung.

Erster Teil: Reform der Bodenordnung – eine Menschheitsfrage!

Zeitgemäße Überlegungen zur Reform der Bodenordnung müssen nach unserem Verständnis von der Tatsache ausgehen, daß Politik, Wirtschaft, Ökologie und viele andere Momente die Welt wie nie zuvor zu einer Einheit haben zusammenwachsen lassen. Die Frage nach einer zukünftigen Bodenordnung stellt sich daher für die Menschheit als Ganzes. Wie soll sie ihr Verhältnis zur Erde, zu ihrer Lebensgrundlage, ordnen? Wie können bei der weltweit bestehenden Knappheit an Boden und Bodenschätzen die dadurch entstehenden Zuordnungs- und Verteilungsprobleme gelöst werden?

Bodenpolitik als Bestandteil einer Welt-Innenpolitik kann nur zum Ausgangspunkt haben, daß die Erde der gesamten Menschheit gehört und anvertraut ist und daß jedem einzelnen Menschen ein gleicher Anteil an der Erde und ihren Gütern zusteht. Der Abbau aller Vorrechte im nationalen, internationalen und weltweiten Maßstab muß das Ziel einer Bodenpolitik sein, die nicht ererbte Besitzstände konservieren will, sondern zur Kenntnis genommen hat, daß die Welt eine Einheit und die Menschheit eine Schicksalsgemeinschaft geworden ist.

Diesen Grundgedanken wird eine Bodenordnung am besten gerecht, bei der der einzelne für seine Bodennutzung ein deren Knappheitswert entsprechendes, laufendes Entgelt an die Allgemeinheit zahlt, die diese Einnahmen gleichmäßig pro Kopf der (Welt-)Bevölkerung zurückverteilt. Das hat zur Folge, daß für jeden, der nicht mehr Boden als der Durchschnitt aller anderen in Anspruch nimmt, die Nutzung kostenlos ist, weil sich Zahlung und Rückverteilung ausgleichen. Eine wertmäßig gleiche Teilhabe jedes Menschen an dieser Erde wäre damit sichergestellt. Ein solches Teilhaberecht kann nicht durch eine Einmal-Zahlung abgegolten werden. Es ist als Menschenrecht nicht abtretbar, nicht handelbar, unverkäuflich und unverzichtbar. Es steht auch jeder Generation neu zu: die Väter können den Anteil ihrer Kinder nicht kapitalisieren und den Kapitalwert durchdringen! Die gleiche Teilhabe jedes Menschen kann daher nur in laufenden Zahlungen bestehen, die mit seiner Geburt beginnen und mit dem Tod enden.

Zweiter Teil: Die Trennung von Boden und Kapital Grundlage der Reformvorschläge des 3. und 4. Teils

1. Die Funktion der Bodenpreise

Es gibt noch einen anderen Grund, der dafür spricht, den Boden zur individuellen Nutzung nur gegen laufendes Entgelt und nicht gegen einmalige Zahlung eines Kaufpreises zur Verfügung zu stellen: das ist seine ewige Nutzbarkeit! Der Boden ist nämlich nicht nur nicht vermehrbar, er ist auch nicht verminderbar. Anders als bei den von Menschen geschaffenen Gütern führt bei ihm der richtige Gebrauch nicht zum Verbrauch. Er kann nicht konsumiert werden. Seine Nutzbarkeit ist in der Zeit gesehen unendlich.

Preise können beim Boden daher auch nicht als Äquivalente seines Verbrauchernutzens oder gar seiner Herstellkosten angesehen werden. Würden sie sich hieran orientieren, so müßten sie im letzteren Fall bei Null DM liegen und im ersteren gegen unendlich tendieren. Preise stellen vielmehr die kapitalisierte Bodenrente dar. Das bedeutet: Der in der Zeit unendliche, durch keinen Verbrauch sich vermindernde Wert der laufenden Bodennutzung (Bodenrente) wird dem Kapitalbetrag gleichgesetzt, der ein ebenso hohes laufendes Zinseinkommen abwirft. Der Bodenpreis stellt also den Kapitalbetrag dar, dessen Zinsertrag der Bodenrente entspricht.

Man muß sich einmal in aller Schärfe klarmachen, daß es ohne den Blick hinüber auf den Kapitalmarkt nie zu Bodenpreisen käme. Ohne das Hereinwirken des Kapitals in die Bodenverhältnisse gäbe es dort keine Preise. Bodenpreise bedeuten, daß es noch etwas dem Boden wirtschaftlich Vergleichbares gibt. Da aber alle hergestellten Güter nur einen endlichen, der Boden jedoch einen unendlichen Verbrauchsnutzen hat, kann der Wert des Bodens nie in Warenwerten ausgedrückt werden. Sein Wert ist im Verhältnis zum Wert der Ware immer unendlich.

Anders verhält sich das Kapital zum Boden: Es wirft ähnlich wie dieser eine im Prinzip unendliche Reihe von Erträgen ab, und deshalb gibt es auch für die Bodenrente eines Grundstücks immer einen Kapitalbetrag, der den gleichen wirtschaftlichen Wert hat, weil er ein Zinseinkommen in Höhe der Bodenrente abwirft. Solange Kapital Zinsen bringt, läßt sich daher der Wert der Bodenrente immer in einen Kapitalbetrag, den Bodenpreis, umrechnen. Dieser Preis ist die kapitalisierte Bodenrente.

2. Der Boden als Kapitalgut

Der Bodenpreis stellt also den Kapitalwert des Bodens, den Wert des Bodens auf dem Kapitalmarkt, dar. Nach dessen Gesetzen steigen die Bodenpreise, wenn der Kapitalzins sinkt, und sie sinken, wenn der Kapitalzins steigt. Die nachfolgende Tabelle veranschaulicht die Zusammenhänge:

Bodenrente in DM	Kapitalzins in %	Grundstückspreis in DM
1.000,–	10	10.000,–
1.000,–	5	20.000,–
1.000,–	1	100.000,–
1.000,–	0,5	200.000,–
1.000,–	0,1	1.000.000,–
1.000,–	0,00	===============

Bemerkenswert ist, daß sich das Niveau der Bodenpreise in Abhängigkeit vom Kapitalmarktzins auch dann ändert, wenn sich real am Bodenmarkt, d.h. bei der Knappheitssituation der Grundstücke bzw. bei Angebot und Nachfrage nach Bodennutzungen, keine Veränderungen ergeben. Die Entwicklung der Bodenpreise hängt damit von etwas ab, das mit dem Boden gar nichts zu tun hat. Die Tabelle zeigt sogar, daß der Boden nur deshalb einen – endlichen – Preis hat, weil und solange Kapital Zinsen abwirft. Preisbildung und damit auch Käuflichkeit des Bodens sind daher rein kapitalbedingte und damit von den Entwicklungen auf dem Kapitalmarkt abhängige Phänomene.

Unmittelbarer Ausdruck der Verhältnisse auf dem Bodenmarkt sind nur die Bodenrenten, nicht die Preise. Die Bodenrenten zeigen die Knappheit der Bodennutzungen an, wie sie sich aus Angebot und Nachfrage ergeben. Nur laufende Entgelte können daher auch unmittelbar und unverfälscht wiedergeben, was der Boden dem Menschen bietet und ihm wert ist: die Möglichkeit der laufenden Nutzung! Die Preisbildung knüpft zwar an die Bodenrenten an, findet selbst aber in der Kapitalsphäre statt, vollzieht sich nach deren Bedingungen und verwandelt dabei den Boden in ein Kapitalgut.

All das zeigt, daß Preise für die Bodenordnung keine originären Phänomene, sondern eher Fremdkörper sind.[5]

3. Der kapitalfreie Zugang zum Boden

Kann der Boden nicht gekauft werden, weil er nur gegen laufendes Nutzungsentgelt zur Verfügung gestellt wird, so können Ersparnisse, so kann Kapital nicht mehr in den Boden gesteckt werden. Boden und Kapital sind dann getrennt.

Es ist eine Frage des politischen Wollens, dem Kapital den Zugang zum Boden zu versperren. Man sollte dabei immer bedenken, daß nur so dem Menschen der unmittelbare Zugang zum Boden geebnet werden kann. Nur indem man dem Kapital den Zugang zum Boden versperrt, eröffnet man ihn dem Menschen! Es ist ein bedeutsamer Fortschritt für die Chancengleichheit aller Menschen, wenn der Kapitalbesitz nicht mehr Voraussetzung für den Zugang zum Boden und für seine Nutzung ist. Auswirkungen wären zu erwarten nicht nur für das Verhältnis kapitalstarker und kapitalschwacher Unternehmer und Investoren rund um den Erdball, das Verhältnis der Generationen zueinander.

4. Die beiden Wege

Die Trennung von Boden und Kapital erfordert je nach Ausgangslage verschiedene rechtliche Gestaltungen: wo der Boden der Allgemeinheit gehört und zur individuellen Nutzung nur gegen laufendes Entgelt, etwa im Erbbaurecht, überlassen wird, wird er dem Kapital gar nicht erst zugänglich gemacht. Wo sich der Boden dagegen in privater Hand befindet, kann ihm nur durch eine laufende Abgabe, die schließlich den Wert der Bodennutzung erreicht, der Kapitalwert entzogen werden. Sobald die Abgabe den Wert der laufenden Bodennutzung vollständig erfaßt, werfen Grundstücke für den Privaten keinen Ertrag mehr ab, der kapitalisiert werden könnte. Das bewirkt, daß die Preise der Grundstücke auf Null sinken. Im Boden ist dann kein Kapital mehr gebunden; er ist entkapitalisiert.

Die nachfolgende Tabelle zeigt, welche Wirkungen eine stufenweise Anhebung der Abgabe auf den Boden bis zur Höhe der vollen Bodenrente für die Bodenpreise hat:

Bodenrente	Abgabe	Restrente	Zinssatz	Grund- stückspreis
in DM	%	in DM	%	in DM
1.000,–	0	1000,–	5	20.000,–
1.000,–	50	500,–	5	10.000,–
1.000,–	90	100,–	5	2.000,–
1.000,–	99	10,–	5	200,–
1.000,–	100	0,–	5	0,–
				=======

Bei aller Verschiedenheit, die zwischen der Vergabe von Erbbaurechten für öffentliche Grundstücke und der Besteuerung privater Grundstücke in Höhe der Bodenrente zunächst besteht, ergibt sich bei näherem Hinsehen und bei entsprechender Ausgestaltung doch weitgehende Übereinstimmung. Denn rechtlich kann und sollte die Position des Erbbauberechtigten der des Eigentümers soweit als möglich angenähert werden, und wirtschaftlich sollten sowohl der Erbbauzins als auch die Abgabe die volle Bodenrente erfassen, beide also die gleiche Höhe haben. Was bleibt und beiden gemeinsam ist, ist also ein Nutzungsrecht, das mit einer Abgabe in Höhe der Bodenrente belegt ist. Ob die Nutzungemöglichkeit dann durch den Rechtstitel «Erbbaurecht» oder «Privateigentum» vermittelt wird, ist nicht mehr entscheidend.

5. Das Resultat

Ein solches System vollentgeltlicher Bodennutzungen fügt sich bruchlos in die moderne Umweltgesetzgebung ein, die Nutzung von Gemeinschaftsgütern kostenpflichtig macht, soweit dabei das Gut selbst oder sein Gebrauch durch andere beeinträchtigt werden. Ob Erbbauzins oder Besteuerung des Bodens: der Sache nach handelt es sich um eine Öko-Abgabe auf Bodennutzung, die das ökonomische Verhältnis der Menschen zum Boden nach dem Maße der Inanspruchnahme verursachergerecht und ökonomisch sinnvoll regelt.

Die Konzeption hat den Vorteil, daß sie im kleinsten Maßstab bereits verwirklicht werden kann und offen ist für immer weiträumigere Realisierungen, die schließlich in einc weltweite Lösung der Bodenfrage münden. So können das Erbbaurecht auf kommunaler und eine Reform der Grundsteuer auf nationaler Ebene durchgeführt und dann als Stufen mit Modellcharakter betrachtet werden. In deren Einfluß auf die Bodenpolitik vor allem der osteuropäischen Staaten mit ihrem hohen Anteil an öffentlichem Grundbesitz kann eine kaum zu überschätzende Chance für die Einführung sozialgerechter Bodenverhältnisse auf der Welt liegen.

Da der Schwerpunkt des Konzepts bei der innerstaatlichen Betrachtung der Bodenfrage liegt,[6] wird im folgenden nur dargestellt, was im kommunalen und im nationalen Rahmen realisierbar ist, und darauf verzichtet, die Konsequenzen darzustellen, die eine solche weltweite Lösung der Bodenfrage für die Frage des Nationalstaats, die internationale Politik, die Migrationsprobleme unserer Zeit und eine Weltfriedensordnung hätten.[7]

Dritter Teil: Das Erbbaurecht für Grundstücke der öffentlichen Hand

1. Das öffentliche Planungsrecht

Als Grundlage aller Lösungsansätze zur ökologisch notwendigen Verdichtung, zur Einschränkung des Individualverkehrs usw. ist eine großräumige Raumordnungsplanung und die städtebauliche Flächennutzungs- und Bebauungsplanung notwendig, die entsprechende Nutzungsvorgaben macht und die unerwünschten Nutzungen ausschließt.

2. Verteilung von Nutzungswerten nach ökonomischen Anreizen

Diese Planung schafft ökonomische Nutzungswerte. Deren Verteilung ist deshalb eine Aufgabe, die sinnvoll nur über ökonomische Instrumente zu leisten ist. Das Seminar empfiehlt deshalb, sich verstärkt dieser Instrumente zu bedienen statt der rechtlich-bürokratischen, wie z.B. des Systems der städtebaulichen Gebote nach §§ 175 ff Baugesetzbuch. Ähnliche Tendenzen setzen sich auch sonst im Umweltrecht zu Recht immer mehr durch.

3. Zur Eignung des Erbbaurechts

Ein geeignetes Instrument der Privatisierung von Grundstücken der öffentlichen Hand ist das Erbbaurecht. Es kann ohne Änderung von Bundes- und Landesrecht eingesetzt werden. Es leistet die gestellte Aufgabe aber nur in folgender (liberaler) Gestalt:

- Das Erbbaurecht muß ein dem Grundstückseigentum vergleichbares Nutzungsrecht am Grund und Boden vermitteln. Der Erbbauberechtigte muß insbesondere – wie der Grundstückseigentümer – volle Baufreiheit im Rahmen des öffentlichen Baurechts haben.[8]
- Die ökonomische Verteilungs- und Steuerungsaufgabe kann und muß der Erbbauzins übernehmen. Er muß bei der Erbbaurechtsausgabe dem Marktwert der Bodennutzung entsprechen und dessen Entwicklung während der Erbbaurechtszeit immer wieder angeglichen werden.[9]

Bei laufend an die Entwicklung der Bodenrente angepaßten Erbbauzinsen hat das Erbbaurecht die Vorteile, die im Papier «Argumente für das Erbbaurecht als Instrument der kommunalen Bodenpolitik»[10] im einzelnen aufgeführt sind. Hier seien erwähnt:

1. Die Unterbindung von Bodenhortung und -spekulation: Wenn Bodenwertsteigerungen mit dem Erbbauzins abgeschöpft werden, entfällt die Spekulation und mit ihr das Motiv, Boden in Erwartung steigender Werte ohne Nutzung zu halten (Hortung). Die laufende Last des Erbbauzinses treibt den Boden demjenigen zu, der ihn im Rahmen der Vorgaben des allgemeinen Planungsrechts am besten nutzt.
2. Freizügigkeit für Wohnen und Arbeiten:
   Der Erbbauzins bewirkt mit sanftem, aber beständigem ökonomischem Druck, daß jeder, der ein Grundstück nicht oder nicht ausreichend nutzt, sich von ihm trennt (s. Ziff. 1.). Damit wächst die Chance, daß der, der ein Grundstück nutzen will, ein für seine Zwecke geeignetes findet.

3. Kapitalfreier Zugang zum Boden:
   Das Erbbaurecht wird gegen eine laufende Abgabe vergeben und spart so den Kapitaleinsatz, der beim Grundstückskauf notwendig ist. Der Unternehmer kann sein Kapital ausschließlich für die konjunkturpolitisch allein wirksamen Investitionen in Gebäude, Maschinen usw. einsetzen.
4. Ausschöpfung städtebaulicher Angebote:
   Marktgerechte Erbbauzinsen setzen starke Anreize, Baurechtsangebote der städtebaulichen Planung voll zu nutzen und Baulücken zu schließen. Das bewirkt die ökologisch notwendige Verdichtung.
5. Ökologischer Beitrag: sparsamer Flächenverbrauch:
   Die mit der Grundstücksnutzung verbundenen Kosten (Erbbauzinsen) tragen zum sparsamen Verbrauch von Flächen bei. Der an den Wert des Nutzungsrechts angepaßte Erbbauzins fügt sich bruchlos in die moderne Umweltgesetzgebung ein, die die Nutzung von Gemeinschaftsgütern kostenpflichtig macht.
6. Beitrag zur Verteilungsgerechtigkeit:
   Für die Inanspruchnahme vergleichbarer Grundstücke – sei es Bauland oder bebauter Bestand – müssen alle Erbbauberechtigten den gleichen Preis bezahlen. Das Erbbaurecht leistet damit einen Beitrag zur Verteilungsgerechtigkeit.

4. Nicht marktgerechte Erbbauzinsen weniger wirksam

In dem Maße, wie der Erbbauzins hinter dem Marktwert der Bodennutzung zurückbleibt, bekommt das Erbbaurecht zu Lasten des Grundstückswerts einen Kapitalwert. Für ein Grundstück mit einem Nutzungswert von DM 5.000,– pro Jahr lassen sich diese Vermögensverschiebungen an folgender Tabelle veranschaulichen:

Erbbauzins pro Jahr in DM	Vermögen der Gemeinde Bodenpreis in DM	Vermögen des Erbbauberechtigten Preis des nackten Erbbaurechts in DM
5.000,–	100.000,–	0,–
2.500,–	50.000,–	50.000,–
0,–	0,–	100.000,–

Der steigende Kapitalwert regt zur Spekulation mit dem Erbbaurecht an, wie es sonst vom Boden her bekannt ist. Erbbaurechtserwerber müssen dann Kapital zur Zahlung von Kaufpreisen für das reine Erbbaurecht, nicht nur für das Bauwerk aufwenden.[11] Die oben aufgeführten Vorteile des Erbbaurechts werden nur in vermindertem Umfang erreicht.

5. Erbbaurechtsausgabe durch Bodenfonds

Das Erbbaurecht kann für öffentlichen Grundbesitz von den Kommunen, den Ländern und dem Bund ausgegeben werden. Bei liberaler Handhabung des Erbbaurechts ist die Gefahr, von den politischen Organen der Gebietskörperschaften abhängig zu werden, nicht erheblich, aber doch gegeben. Von dieser Einsicht ausgehend fällt der Schritt nicht schwer, die Aufgabe, Erbbaurechte auszugeben, einem unabhängigen, nationalen Bodenfonds oder – aus wettbewerblichen und föderalistischen Gründen – mehreren unabhängigen regionalen Bodenfonds zu übertragen, und zwar für alle Grundstücke der öffentlichen Hand einschließlich der der Treuhandanstalt. Die Mitglieder der leitenden Organe der Bodenfonds sollten die Unabhängigkeit der Mitglieder des Zentralbankrats der Bundesbank haben.

6. Verwendung der Erträge zur Bodenvorratspolitik

Die Erträge aus den Erbbauzinsen sollten zum Ankauf von Grundstücken, zur Aufstockung des Bodenvorrats der öffentlichen Hand oder der Bodenfonds und zur Verbreiterung des Angebots von Erbbaurechten verwendet werden. Soweit dem kommunal- und haushaltsrechtliche Beschränkungen entgegenstehen, sollten sie aufgehoben werden.

In weiter Zukunft könnten die Erträge an die Bevölkerung gleichmäßig zurückverteilt werden, damit die durchschnittliche Netto-Belastung der Haushalte trotz steigender Erbbauzinsen nicht mehr steigt und Bodennutzung bezahlbar bleibt.[12]

7. Sozialpolitik mit Erbbaurechten?

Wird der Erbbauzins aus sozialpolitischen Gründen unter dem Marktwert der Bodennutzung festgesetzt, so ist zu bedenken, daß diese Objektverbilligung ebenso problematische Folgen hat wie die Objektförderung im Wohnungsbau. Deren bekannte negative Folgen wären auch hier zu erwarten. Außerdem wären alle Anreize zum ökologisch sparsamen Flächenverbrauch, zur Ausnutzung des städtebaulich gesetzten Rahmens, zur notwendigen Verdichtung usw., bei der Herabsetzung des Erbbauzinses in ihrer Wirksamkeit gemindert.

Daher sollte mit der über ökonomische Anreize gesteuerten Erbbaurechtsausgabe die Subjektförderung als Instrument der Sozialpolitik verbunden werden, z.B. über das Wohngeld oder das Baugeld (Baukostenzuschüsse).

Die für die Förderungsbedürftigen notwendigen Mittel sind durch die übrigen Erbbauzinseinnahmen vorhanden. Die Verwendung von Erbbauzinseinnahmen für sozialpolitische Zwecke zeigt die Richtung an, in die gleichmäßig zurückverteilte Erbbauzinsen wirken.

Vierter Teil: Umgestaltung der Grundsteuer für Privatgrundstücke

Das Seminar für freiheitliche Ordnung empfiehlt dem Bundesgesetzgeber eine Reform der Grundsteuer. Diese Steuer erfaßt heute neben den Bodenwerten auch den Wert der darauf stehenden Häuser. Die heutige Grundsteuer ist also eine Grund- und Gebäudesteuer. Wir besteuern nicht nur den Boden, sondern auch die auf ihm getätigten Kapitalinvestitionen. Es ist daher nicht übertrieben, die Gebäudesteuer als investitionsfeindlich zu bezeichnen. Die Gebäudebesteuerung sollte abgeschafft und dafür der Bodenwert durch eine «reine» oder «echte» Grundsteuer um so höher besteuert werden, schon deshalb, damit die Reform für die Kommunen aufkommensneutral bleibt.[13]

Eine echte Grundsteuer erhöht das Angebot an Bodennutzungen, weil die Bodeneigentümer die Steuer erwirtschaften wollen durch Vermietung und Verpachtung oder intensivierte Eigennutzung. Wenn sie dazu nicht in der Lage sind, trennen sie sich vom Bodeneigentum durch Verkauf, um die Steuer nicht auf Dauer aus anderen Einkommen bestreiten zu müssen. Eine echte Grundsteuer löst mit sanftem, aber beständigem ökonomischem Druck alle Bodenhorte auf; sie trägt damit zur Überwindung der künstlichen Verknappung des Bodenangebots bei, löst also eine Tendenz zur Verbilligung der Mieten, Pachten und Bodenpreise aus. Dies erleichtert den Zugang zu Bodennutzungen für Zwecke des Wohnens und Arbeitens.

Der städtebauliche Vorteil einer echten Grundsteuer ist der ökonomische Druck zur baldigen Schließung aller Baulücken und zur vollen Ausschöpfung der Grenzen der baurechtlich zulässigen Nutzung auf allen Grundstükken.[14] Dies bewirkt Verdichtung im Altbestand, wo dies planungsrechtlich zulässig ist, und erspart damit zumindest teilweise die Ausweisung von Neubaugebieten, trägt daher zum sparsamen Flächenverbrauch bei.[15]

In den neuen Bundesländern würde eine reformierte Grundsteuer manchen sogenannten Alteigentümer veranlassen, auf seine Ansprüche zu verzichten oder sie zumindest so rasch wie möglich zu verkaufen. Die verschiedenen Interessenten für ein und dasselbe Grundstück geraten unter einen heilsamen ökonomischen Einigungszwang. Nur der echte Investor bleibt interessiert, die Spekulanten ziehen sich so rasch wie möglich zurück.

Fünfter Teil: Erhaltung des Artikels 15 GG

Das Seminar empfiehlt dem Bundesgesetzgeber, Artikel 15 GG im Zuge der Verfassungsreform nicht aufzuheben. Die politische Chance, eine Bodenreform mit einfacher Mehrheit durchzusetzen, darf nicht eingeschränkt werden. Die oben vorgeschlagene Reform der Grundsteuer ist nur der erste Schritt in die richtige Richtung.

Mittel- und langfristig sollte die echte Grundsteuer immer weiter erhöht werden, bis alle Grundstücke ihren Kapitalwert verloren haben, weil die Steuer zum vollen Entgelt für die Bodennutzung geworden ist. Dann werden alle Grundstücke voll genutzt, aber gleichzeitig die Nachfrage nach Bodennutzungen infolge der hohen Grundsteuer soweit wie nötig zurückgedrängt sein.

Da der Verlust des Kapitalwertes der Grundstücke trotz fortbestehenden Privateigentums am Boden eine Entschädigungspflicht auslöst, wird eine Verfassungsbestimmung wie Artikel 15 GG dringend gebraucht werden, damit die Allgemeinheit durch die Entschädigung nicht überfordert wird.[16]

Sechster Teil: Zukunft beider Lösungswege

Wenn die Grundsteuer die volle Höhe der Bodenrente erfasst und damit dem marktmäßigen Erbbauzins entspricht, gibt es keinen Grund mehr, die Zweigleisigkeit von öffentlichen Grundstücken, die im Erbbaurecht vergeben werden, und privaten Grundstücken, auf denen die Steuer lastet, aufrechtzuerhalten.

Die rechtliche Seite – die Nutzungsfreiheit – sollte bei beiden Gestaltungen ohnehin weitgehend angenähert sein, und die wirtschaftliche Seite stimmt, wenn Grundsteuer und Erbbauzins die gleiche Höhe haben, ebenfalls überein. Auch lassen sich die im 3. Teil, Abschnitt 3. aufgeführten Vorteile des Erbbaurechts ebensogut auf dem Steuerwege erreichen. Eine Überführung der öffentlichen Grundstücke in Privateigentum bei gleichzeitiger Umwandlung des Erbbauzinses in eine Grundsteuer im oben genannten Sinne liegt näher als der umgekehrte Weg.

Anmerkungen

1 Dieses Konzept zur Bodenordnung, erarbeitet von Fritz Andres, Eckhard Behrens und Jobst v. Heynitz, hat das Seminar für freiheitliche Ordnung e.V. als «Positionspapier» der SPD-Bundestagsfraktion zur Anhörung am 30. April 1992 mit dem Thema «Reform der Bodenordnung» vorgelegt. Es ist erstmals veröffentlicht in *Fragen der Freiheit* (FdF), Heft 215, S. 9 ff., erhältlich beim Seminar für freiheitliche Ordnung e.V., Badstraße 35, 73087 Bad Boll. Der Text ist gegenüber dem Positionspapier nur insoweit geändert worden, als Bemerkungen, die sich auf die Anhörung bezogen, weggelassen sind und geringfügige zeitbedingte Anpassungen vorgenommen wurden. Einige Fußnoten sind hinzugekommen, um auf Veröffentlichungen und neuere Entwicklungen hinzuweisen.

2 «Privatisierung der Grundstücksnutzung durch Vergabe von Erbbaurechten»; Bezugsquelle Seminar für freiheitliche Ordnung e.V., Badstraße 35, 73087 Bad Boll.

3 Muster eines Erbbaurechtsvertrages und Merkblatt «Die Anpassung des Erbbauzinses» sowie eine Graphik zur «Erbbauzins-Anpassung nach verschiedenen Indices»; Bezugsquelle siehe Anm. 2.

4 «Argumente für das Erbbaurecht als Instrument der kommunalen Bodenpolitik» und «Wohngrundstücke und Erbbaurecht – Wohnungsgenossenschaften und kommunale Wohnungsgesellschaften in den neuen Bundesländern»; dieses letzte Merkblatt hat aber durch die Änderung der Gesetzgebung keine Bedeutung mehr. Bezugsquelle für beide Merkblätter siehe Anm. 2.

5 Die hier angesprochenen Zusammenhänge hat Fritz Andres in folgenden Aufsätzen, die sich mit den gesamten wirtschaftlichen Aspekten des Bodens befassen, eingehend untersucht: Gedanken zur Bodenordnung – Rechtliche Formen und wirtschaftliche Realitäten, in: FdF 208, S. 28 ff.; Wirtschaftliche Aspekte des Erbbaurechts, in: FdF 218, S. 35 ff.; Grundlagen und Auswirkungen einer Bodenwertsteuer, in: FdF 242, S. 3 ff.; Bemerkungen über Boden, Bodenschätze und Arbeit, Eigentum, Wohlstand und Verteilung, in: FdF 247, S. 20 ff., und FdF 248, S. 51 ff.

6 Die Anhörung vor der SPD-Bundestagsfraktion bezog sich schwerpunktmäßig auf die innerstaatliche Bodenordnung, so daß das Konzept im Blick darauf entwickelt wurde.

7 Vgl. jedoch dazu Eckhard Behrens, Ökologische Rohstoffwirtschaft – Eine ordnungspolitische Studie, in: FdF 222, S. 56 ff.; Jobst v. Heynitz, Mensch und Boden – Gedanken zu einer den Weltfrieden fördernden, umwelt- und naturverträglichen marktwirtschaftlichen Bodenordnung, in: FdF 224, S. 4 ff.

8 Die Einzelheiten können dem Muster-Erbbaurechtsvertrag des Seminars, insbesondere dem dort auf S. 1 abgedruckten Leitgedanken entnommen werden (vgl. Anm. 3).

9 Die Einzelheiten können dem Muster-Erbbaurechtsvertrag und dem Papier zur Anpassung des Erbbauzinses entnommen werden (vgl. Anm. 3).

10 Siehe Anm. 4.

11 Denn man kann mit dem Erbbaurecht ebenso spekulieren wie mit dem Grundstückseigentum, wenn die Erbbauzinsen zu niedrig festgesetzt sind und der Entwicklung des wirtschaftlichen Wertes des Erbbaurechts der laufenden Bodennutzungen nicht ausreichend angepaßt werden. Der Teil der Bodennutzungen, deren Gegenwert nicht über den Erbbauzins an die Gemeinde abgeliefert wird, wird
1. vom Erbbauberechtigten in Form eingesparter Erbbauzinsen bis zum Verkauf des Erbbaurechts eingenommen, und
2. wenn das Erbbaurecht verkauft wird, kapitalisiert als Kaufpreis für das nackte Erbbaurecht (ohne Bauwerke) vom Käufer des Erbbaurechts an den Verkäufer bezahlt. Das macht die Tabelle im Text deutlich (vgl. auch die Leitgedanken zum Mustervertrag des Seminars, siehe Anm. 3).

12 Siehe dazu den 1. Teil.

13 Die Expertenkommission Wohnungspolitik hat in ihrem, im Auftrage der Bundesregierung errichteten und im Herbst 1994 übergebenen Gutachten «Wohnungspolitik auf dem Prüfstand», Bundestagsdrucksache 13/159, S. 406 ff., ebenfalls vorgeschlagen, die Grundsteuer aufkommensneutral zu reformieren, mit dem Ziel, die baulichen Investitionen auf den Grundstücken zu entlasten und die Baulandzurückhaltung zu erschweren (siehe insbesondere S. 408 ff., Abschnitt-Nr. 8205 ff.); vgl. auch Johann Eekhof, Wohnungspolitik, Tübingen 1993, S. 10 f., der den gleichen Vorschlag mit der gleichen Begründung macht; Ulrich Pfeiffer, Mitglied der Expertenkommission Wohnungspolitik schlägt in seiner Untersuchung «Wohnung für Alle», herausgegeben von der Friedrich-Ebert-Stiftung, Bonn 1993, S. 37 ff., eine Erhöhung der Grundsteuer vor, andere fordern sie auch. Das Bundesverfassungsgerichts hat am 22. 6. 1995 die Erbschafts-, Schenkungs- und Vermögensbesteuerung von Grundbesitz für verfassungswidrig erklärt und das Erbschafts- und Schenkungssteuer- sowie das Vermögenssteuergesetz mit Ablauf des 31.12.1996 für unanwendbar erklärt, weil die sehr niedrigen Einheitswerte zu einer extremen Privilegierung von Grundbesitz bei der Vermögens-, Erbschafts- und Schenkungsbesteuerung gegenüber anderen Vermögenswerten führte (siehe Entscheidungen des Bundesverfassungsgerichts Band 93, S. 121 ff. = Neue Juristische Wochenschrift 1995, S. 2516 ff.). Die Hoffnung, dieser verfassungsgerichtliche Impuls reiche auch für die Umwandlung der Grundsteuer in eine Bodenwertsteuer aus, hat sich nicht erfüllt. Erst seit dem Herbst 1998 wird in den Bundes- und Landesfinanzministerien an einer Grundsteuerreform gearbeitet, aber es ist völlig offen, ob die Grundsteuer dabei in eine Bodenwertsteuer umgewandelt wird.

14 Es kommt etwas noch hinzu: Eine demokratische Raumordnung, Landes- und Entwicklungs- und städtebauliche Planung ist letztlich nur möglich, wenn sie von dem Druck der mit dem Boden gegenwärtig verbundenen Bodenpreiserhöhungs- bzw. Bodenpreiserhaltungsinteressen, d.h. genauer: von den Kapitalmehrungs- bzw. Kapitalerhaltungsinteressen, befreit ist. Auch dafür ist daher die vollentgeltliche Bodennutzung und die damit verbundene Trennung von Boden und Kapital notwendig. Vgl. dazu im einzelnen Eckhard Behrens, Das kommunale Erbbau-

recht erleichtert die Stadtplanung, in: FdF 220, S. 3 ff., wobei sich dieser Aufsatz über das Erbbaurecht hinaus mit den Fragen der gegenwärtigen Bodenordnung und ihren Wirkungen auf die städtebauliche Planung als einer Sparte aller Raumordnungsfragen befaßt.

15 Es treten letztlich durch die so reformierte aufkommensneutrale Grundsteuer, obwohl sie die Bodenrente nur teilweise erfaßt, jene positiven Wirkungen im kleineren Maßstab bereits ein, die im 3. Teil unter 3. als Vorteile eines an die Entwicklung der Bodenrente angepaßten Erbbauzinses aufgezählt sind.

16 Die durch den Einigungsvertrag notwendig gewordene Verfassungsreform ist verabschiedet worden, ohne an Art. 15 GG etwas zu ändern. Mit einiger Sicherheit ist die Reform der Bodenordnung nach dem Konzept auch mit Art. 14 GG voll vereinbar, wenn das Reformgesetz die notwendige Entschädigung vorsieht, die im Text angesprochen ist.

Über die Autoren

Christian Czesla, vereidigter Buchprüfer und Steuerberater in Stuttgart. Beratungsschwerpunkte in Gründung, Krise, Nachfolge sowie innerbetrieblicher und überbetrieblicher Zusammenarbeitvon Unternehmen und gemeinnützigen Einrichtungen.

Roland Geitmann, geb. 1941 in Sildemow (Mecklenburg), Jurist, 1974 – 1982 Oberbürgermeister der Stadt Schramberg, seit 1983 Professor für öffentliches Recht und Kommunalpolitik an der Fachhochschule für öffentliche Verwaltung in Kehl; 1. Vorsitzender der Christen für gerechte Wirtschaftsordnung (CGW).

Heinz Genswein, geb. 1959 in Wehr / Baden. Mechanikerlehre, Jurastudium in Freiburg, anschließend Referendariat in Waldshut-Tiengen, Dresden, Berlin (Bundeskartellamt), Tätigkeit als Rechtsanwalt. Waldorflehrerausbildung in Wien. Seit 1997 Waldorflehrer an der Rudolf Steiner-Schule Wien-Mauer.

Helmut Hagenauer, geb. 1928 in Lindenberg /Allgäu. Buchdruckerlehre, leitender Angestellter in einer Großdruckerei, 1970 – 1986 Geschäftsführer einer Konzerndruckerei, 1986 – 1996 Mitglied des Vorstandes der WALA-Stiftung, vielseitige Referententätigkeit.

Benediktus Hardorp, geb. 1928, promovierter Volkswirt. Wirtschaftsprüfer und Steuerberater mit eigener Praxis.

Jobst von Heynitz, Notar in München, Mitarbeit im Seminar für freiheitliche Ordnung, Bad Boll.

Axel Janitzki, geb. 1951 in Gelsenkirchen. Jurastudium in Bonn und Berlin. Lehrtätigkeit an der RuhrUniversität in Bochum. Rechtsanwalt seit 1980, Ernennung zum Notar 1990. Aufsichtsratsmitglied der GLS Gemeinschaftsbank e.G.

Karl Kossmann, geb. 1927, Industriekaufmann. Von 1952 bis 1996 Mitarbeiter und Geschäftsführer der WALA. Mitbegründer der WALA-Heilmittel GmbH (1980), der WALA-Stiftung und der Dr. Hauschka-Stiftung (1986).

Stefan Leber, geb. 1937, seit 1962 Waldorfleher, seit 1973 Dozent am Seminar für Waldorfpädagogik in Stuttgart. Zahlreiche Veröffentlichungen zur Pädagogik und zur Sozialwissenschaft.

Albrecht Quecke, geb. 1936 in Berlin. Verwaltungsjurist. Langjährige Tätigkeiten u.a. im Staatsministerium und im Innenministerium Baden-Württemberg.

Albert Schmelzer, geb. 1950, unterrichtete an der Freien Waldorfschule Mannheim Deutsch, Geschichte und Kunstgeschichte. Heute ist er als Dozent an der Freien Hochschule für anthroposophische Pädagogik in Mannheim tätig.

Dietrich Spitta, geb. in Istanbul. Jurastudium in München. Tätigkeit in einem Rechtsanwaltsbüro und als Leiter der Warenzeichenabteilung in einem Patentanwaltsbüro. Tätigkeit beim Bund der Freien Waldorfschulen in Stuttgart, ab 1962 selbständiger Rechtsanwalt in Stuttgart.

Christoph Strawe, geb. 1948 in Bonn. Studium der Philosophie, Politologie, Psychologie und Soziologie. Studium der Waldorfpädagogik. 1986 Habilitation. Begründung der Initiative «Netzwerk Dreigliederung». Redaktionelle Mitarbeit in der Zeitschrift *Die Drei*. Überregionale Vortrags- und Seminartätigkeit.